KB199173

전륜성왕 아쇼까

이거룡

동국대학교 대학원 인도철학과를 졸업하고 마드라스대학교 라다크리슈난연구소에서 석사학위를 받고
델리대학교 대학원에서 철학 박사학위를 받았다. 동국대 연구교수를 거쳐 현재 서울불교대학원대학교
교수로 후학을 양성하고 있다.
지은 책으로 『아름다운 파괴』 『두려워하면 갇혀버린다』 『이거룡의 인도사원순례』 『구도자의 나라』
『인문학의 창으로 본 과학』(공저) 『논쟁으로 보는 불교철학』(공저) 『몸 또는 욕망의 사다리』(공저) 등
이 있으며 번역한 책에는 S. 라다크리슈난의 『인도철학사』(전 4권), 『달라이라마의 관용』 등이 있다.

大悲救世 1

전륜성왕 아소까

글 · 이거룡 | 펴낸이 · 김인현 | 펴낸곳 · 도서출판 도피안사

2009년 4월 15일 1판 1쇄 인쇄
2009년 4월 25일 1판 1쇄 발행

책임편집 · 이상옥 | 디자인 · 마루한 | 마케팅 · 김희중
인쇄 및 제본 · 금강인쇄(주)

등록 · 2000년 8월 19일(제19-52호) | 주소 · 경기도 안성시 죽산면 용설리 1178-1
전화 · 02-419-8704 | 팩시밀리 · 02-336-8701
E-mail · dopiansa@kornet.net | 홈페이지 · http://dopiansa.or.kr

ⓒ 2009, 이거룡

ISBN 978-89-90223-44-9 04220
        89-90223-43-2 (세트)

전륜성왕
아쇼까

이거룡 지음

A S H O K A

DOPIANSA
到彼岸社

이끄는 글

기원전 6세기, 갠지스강 동북부에서 다수의 신흥종교 세력 중 하나로 출발한 불교가 현재의 세계종교로 성장한 기점은 어디인가?

이 물음을 대할 때, 우선 떠오르는 것은 아쇼까왕이다. 불교가 남으로는 스리랑카를 거쳐 동남아의 여러 나라에 전파되고, 북으로는 실크로드를 거쳐 중국과 한국 그리고 일본으로, 또는 히말라야라는 대해大海를 넘어 티베트로 전해지게 된 것은 무엇보다도 아쇼까阿育왕의 전법 노력 덕분이라 하지 않을 수 없다. 물론 불교가 세계종교로 성장할 수 있었던 근거는 붓다의 가르침 자체가 지니는 보편성이다. 시대와 장소, 언어와 문화의 차이를 가로지르는 보편성이 없었다면, 불교는 다만 한 시대를 풍미하던 한 지역의 종교에 지나지 않았을 것이다.

아쇼까왕이 불교도였다는 것은 의심할 여지가 없다. 물론 아쇼까의 명문 기록만으로는 불교가 마우리야 제국의 국교였다고 단정할 수 없지만, 마우리야 제국에서 다른 종교에 비해 특별한 관심과 외호를 받으며 인도 전역에 그 세력을 확장했다는 사실은 부정할 수 없다. 당시 불교 승단이 다수의 포교사를 국내외에 파견할 수 있었던 것도 아쇼까의 후원에 힘입은 바 크다. 이 시대에 승단화합을 위해 실행된 파승破僧 개념의 전환은 불교가 다양성과 이를 토대로 한 포용성을 지닌 세계종교로 나아갈 수 있게 한, 불교사에 획기적인 사건이라 할 만하다. 아쇼까왕 시대에 이미 불교승단은 분열해 있었고, 이를 우려한 아쇼까는 파승 정의를 파법륜승破法輪僧에서 파갈마승破羯磨僧으로 바꾸어서 승단 화합을 이루고자 했다. 이 일을 계기로 붓다의 교의에 대한 해석이 다른 사람이라도 승단 행사에 동참하는 한 파승은 할 수 없다는 원칙이 세워졌으며, 승가 안에 서로 다른 교의가 다양하게 공존하는 것을 인정하는 관행이 확립되었다.[1] 이로써 불교가 대해를 건너고 고산준령을 넘어 세계 각지로 퍼져 나갈 수 있는 기틀이 마련된 셈이다. 진리는 하나지만 여기에 이르는 길은 여럿일 수 있음을 보여 주었다.

불탑 신앙의 전개가 대승불교의 시원이라면, 그 씨앗이 인도 전역에 뿌려진 것은 아쇼까왕에 의해서이다. 불멸 후 8등분되어 동북 인도의 8곳에 안치되었던 붓다의 사리는 아쇼까를 통해 팔만 사천 보탑으로 거듭 태어났다. 붓다는 아쇼까의 불탑건립이 '장차 나올 중생들에게 신심과 존경이 우러나올 수 있게 하기 위한 것'이라 했다. 그 바람대로 불교는 '대승'이라는 새로운 종교운동으로 전환했으며, "둘이 한 길을 가지 말라"는 붓다의 가르침은 창조적으로 계승되었다. 각각이 아니라 여럿이 큰 수레를 타고, 그 안에서 서로 몸을 부대끼며 동병상련하는 자비의 종교가 되었다.

아쇼까 연구 자료는 크게 두 종류가 있다. 비문과 문헌이다. 아쇼까 비문은 아쇼까 당시의 정보를 그대로 전하고 있다는 점에서 매우 신뢰할 만한 자료라 할 수 있지만, 전하는 내용이 많지 않다는 문제점이 있다. 40여 개에 달하는 이 비문들은 그 지역의 지방언어로 새겨졌는데, 카로슈티 및 브라흐미 문자가 사용되었다. 이미 5세기 이전에 거의 잊혀진 문자들이다. 그러다가 처음 비문의 내용이 해독된 것은 1837년 프린셉에 의해서이다. 그는 그리스 문자와 인도 문자가 동시에 사용된 화폐를 실마리로 해서 해

---

1) 사사키 시즈카, 『인도불교의 변천』, 동국대학교출판부, 2007, pp.454~455.

독할 수 있었다. 칙령鬼令[2]의 주인이 데바남쁘리야Devanāmprīya, 天愛로 되어 있었기 때문에[3], 처음에 프린셉은 정확히 이 명문들의 주인이 누구인지 몰랐으며, 석주들이 스리랑카의 데바남삐야 띳사왕에 의해 세워졌다고 주장했다. 얼마 후에 조지 터너는 칙령들이 아쇼까의 것임을 밝혀 프린셉의 오해를 바로잡았다[4]. 흥미롭게도 터너는 빨리어 전승에 대한 자신의 지식을 토대로 이 사실을 밝혔다.[5] 칙령을 기준으로 전승이 이해한 것이 아니라, 거꾸로 전승이 칙령의 정확한 독해를 가능하게 한 것이다. 빨리어 역사서들에서도 아쇼까는 데바남삐야로 불린다. 칙령의 주인이 누구라는 것이 밝혀짐으로써 아쇼까라는 인물에 대한 재평가가 시작됐다.

7세기 전반에 인도를 순례했던 현장玄奘(602~664)은 이 명문들을 읽을 수 있다거나 또는 적어도 무슨 의미인지 알 수 있다고 여러 차례 말한다. 예를 들어, 붓다의 열반지인 꾸쉬나가르에 갔을 때 아쇼까 석주의 명문을 보았으

---

2) 아쇼까는 비문에서 자신이 암벽 또는 석주에 새긴 내용을 dharma-lipī, dharma-lipī, dharma-dipī 등으로 칭한다. 다르마는 법을 의미하며 리삐 또는 디삐는 문서를 의미하는데, 다르마 리삐 또는 다르마 디삐는 일본 학자들에 의해 법칙法勅, 조칙詔勅, 고문誥文 등 다양한 용어로 번역되어 사용된다. 이 말의 문자적인 의미로 보면, 법칙法勅이라는 용어가 가장 적절한 번역어로 보이지만, 그것은 법칙法則이라는 말과 쉽게 혼동될 여지가 있기 때문에 이 책에서는 왕의 명령을 가리키는 가장 일반적인 용어인 칙령이라는 말을 사용한다.

3) 비문에서 아쇼까 자신을 가리키는 칭호로는 devānampriya priyadassi rāja, devānampiya piyadassi …, devānapria … raja, devānampriya priyadraśhi raja, devānampiya piyadassi laja 등이 사용된다. devānampriya는 '신들에게 사랑받는 자' 天愛라는 의미이며, priyadrashin은 '아름다운 용모를 지닌 자' 喜見라는 의미를 지닌다. 따라서 비문에서 아쇼까를 가리키는 칭호로서 devānampriya priyadassi rāja 등은 '천애희견왕'이라는 의미를 지닌다. 데바남쁘리야는 아쇼까에게만 붙여진 것이 아니며, 성자들이나 국왕들에게도 쓰이던 일종의 존칭이었다(中村元, 『宗教と社會倫理』, p.151).

4) 아쇼까비문 연구의 역사에 대해서는 츠카모토 게이쇼의 『아쇼까왕 비문』, pp.192~200 ; 사사키 시즈카, 『인도불교의 변천』, pp.46~47, 주3을 보라

5) "Further Notes on the Inscriptions on the Columns at Delhi, Allahabad, Beliah, etc.," *Journal of the Asiatic Society of Bengal* vi(1837), p.1054.

며, "여기에는 여래께서 적멸하신 기사가 실려 있다. 비록 문장들이 있기는 해도 날짜가 적혀 있지 않다."[6]고 말한다. 어떤 경우에는 비문이 훼손된 사실에 대해 아쉬워하며 그럼에도 불구하고 그 의미는 짐작할 수 있다고 말한다. 그러나 비문의 내용에 대한 그의 언급은 대부분 본래 의미와 거리가 멀다. 이로 미루어 볼 때, 사실 현장은 그 명문들을 독해할 수 없었을 뿐만 아니라, 당시에는 이미 이 명문들의 언어를 이해하는 사람들이 거의 없었다고 볼 수 있다. 언제 어떻게 이 문자들이 잊혀졌는지는 정확히 알 수 없다.

현장은 순례지의 아쇼까 비문에 대해 그 지방의 승려나 안내자의 이야기를 듣고 마치 자신이 직접 해독한 결과를 전하는 것처럼 기록했을 가능성이 높다. 아쇼까 비문 내용에 대한 현장의 기록은 명문 자체에 대한 것이라기보다는 아쇼까 전승에 대한 북전北傳[7] 자료의 내용을 반영하고 있으며, 이 점에서 그가 남긴 『대당서역기』나 아쇼까에 대한 북전 자료의 역사적 정확성은 상대적으로 떨어진다고 할 수 있다. 다시 말해, 현장은 북전 자료에 근거하여 아쇼까 명문을 해석했을 가능성이 높다. 그는 자신보다 2세기 전에 인도를 순례한 법현法顯의 순례기록을 알고 있었으며,[8] 또한 아쇼까에 대

6) 한글대장경 『대당서역기 외』, p.189.
7) 아쇼까왕 시대를 전후해 마투라에서 서북 인도의 간다라, 까슈미르에 걸쳐서 불교의 교세가 확장되었으며, 이 곳의 중심 교단은 상좌부 계통의 설일체유부였다. 이들은 산스끄리뜨어로 경전을 편찬했으며, 나중에 대승불교가 중앙아시아를 거쳐 중국으로 전파되면서 이 문헌들이 주로 중국에 소개되었다. 이 문헌들을 통칭해 북전이라고 한다. 이에 비해 아쇼까왕 시대에 이르기까지 웃자인을 중심으로 하는 서인도 불교교단은 부파분열 이후에도 같은 상좌부 계통의 분별부分別部를 중심으로 성장하여 남쪽으로 스리랑카까지 교세를 확장했으며, 현재 남방불교의 기초를 이루고 있다. 이들은 서인도 방언인 빨리어로 경전을 편찬했으며, 남방 상좌부의 문헌으로 전해지는데, 이 문헌들을 통칭 남전南傳이라고 한다(나라 야스아키, 『인도불교』, pp.149~150 참조).
8) 한글대장경 『대당서역기 외』, p.233, 중인도 마게타國揭陀國을 순례하며 법현의 『인도기』를 인용한다.

한 북전의 전승을 익히 알고 있었을 것이며, 그의 인도 순례는 어떤 새로운 사실을 발견하려는 목적이 아니라, 전승을 통해 이미 알고 있던 내용을 답사하며 확인한다는 의미가 컸을 것이다.

아쇼까 명문에 대한 현장의 독해에 아쇼까 이전의 전승이 반영되고 있는 것은 빠딸리뿌뜨라 인근의 석주에 대한 설명에서도 분명하게 나타난다.

> 부처님께서 족적을 남기신 정사 옆으로 멀지 않는 곳에 커다란 돌기둥이 있는데, 높이는 30여 척이고 그곳에 씌어진 기록들은 이지러져서 내용이 많이 빠져 있다. 대충 살펴보면, "무우왕의 믿음이 굳고 올곧아서 섬부주9)를 세 번 불·법·승에게 보시했고, 세 번 온갖 진귀한 보배로 값을 치른 뒤에 다시 스스로 되샀다."고 하는데 거기서 말하고 있는 대략은 이와 같다.10)

현장이 빠딸리뿌뜨라에서 멀지 않은 곳에 있다고 말한 이 석주는 지금까지 발굴되지 않고 있다. 따라서 현장이 기록한 내용의 사실 여부를 판단할 길이 없다. 그러나 스미스가 말한 것처럼11), 현장이 소개하고 있는 명문은 그 내용이나 성격에 있어서 기존에 알려진 명문들과 전혀 다르다. 따라서

---

9) 범어 Jambudvīpa의 음역이며, 왕국 전체를 일컫는 말이다.

10) 한글대장경 『대당서역기 외』, p.231.

11) Smith에 따르면, 현장은 16개의 아쇼까 석주들을 언급하고 있지만 이 중에서 단지 4~5개가 지금까지 발굴된 유적과 일치한다. (Aśoka, 1988, p.117).

▲ 사르나트 초전법륜지의 다메끄스뚜빠

현장이 가리키는 석주가 아직 발굴되지 않은 것이 아니라, 현장은 석주의 명문을 해독할 수 없었기 때문에 단지 자신이 알고 있는 아쇼까에 대한 전승에 따라, 그야말로 '대충' 그 내용을 짐작하여 전하고 있을 뿐이었다고 봐야 할 것이다. 『아쇼까바다나』*Aśokāvadāna*에서는 아쇼까가 여러 차례 온 세계와 심지어 왕권까지도 불교 승단에 보시하는 것으로 묘사된다.

한편, 불교 전통에는 아쇼까왕에 대한 내용을 담고 있는 상당수의 문헌들이 있다. 이 문헌들에는 아쇼까 및 당시의 불교에 관한 풍부한 내용이 전해지지만, 비문에 비해 객관성이 떨어진다. 물론 이 문헌들이 전하는 내용 중에도 아쇼까와 관련된 정확하고 객관적인 정보가 전무하다고 할 수는 없지만, 그럼에도 불구하고 동일한 사건에 대해서도 기술하는 입장에 따라서 주관적인 내용이 첨가될 수밖에 없으며, 또한 전승과정에서도 다소의 개변이 있을 수 있기 때문이다. 심지어는 동일한 사건에 대한 각 문헌의 내용이 상치하는 경우도 있다. 어떤 자료든 어느 한 편에 서 있다는 점에서는 예외가 있을 수 없다. 역사적 사실을 있는 그대로 전한다고 하면서도 어디까지나 자설을 정통으로 하는 입장에서 전하고 있다는 것이다.

아쇼까와 관련하여 범어 문헌 가운데 가장 중요한 문헌은 『아쇼까바다나』이다. 이 문헌은 불교 전승들을 방대하게 집대성한 『디비야바다나』Divyāvadāna의 일부이며, 설일체유부에 전해진다. 『아쇼까바다나』의 여러 판본들 가운데 두 가지 한역인 『아육왕전』(大正藏 제50권, pp.99a~131a)과 『아육왕경』(大正藏 제50권, pp.131b~170a)은 별개의 작품으로 존재했다. 동일한 모본母本을 사용한 두 가지 번역이 아니라, 각기 다른 모본을 토대로 하고 있으며 번역자도 다르다. 『아육왕전』은 4세기 초에 안법흠安法欽이 번역했지만 5세기 무렵에 완성되었으며, 『아육왕경』은 512년에 상가바라僧伽婆羅가 한역했다. 『아쇼까바다나』는 아쇼까 자신에 대한 이야기가 아니라 훗날 아쇼까의 생애에 중대한 영향을 미치는 우빠굽따장로에 대한 이야기로 시작된다. 『아쇼까바다나』에 나오는 다수의 에피소드들은 여러 범문 자료들에서 다소 번안된 형태로 발견된다. 그 중 가장 중요한 것은 『잡아함경』 권23(大正藏 pp.161c~170c)과 아슈바고샤의 『수뜨랄람까라』Sūtralaṃkāra에서 아쇼까를 집중적으로 다루는 여러 장章들이다. 『수뜨랄람까라』는 405년에 꾸마라지바에 의해 한역되었다. 그 후에도 11세기 까슈미르 시인 끄셰멘드라의 『아바다나깔빠라따』Avadānakalpalatā나 『아쇼까바다나말라』Aśokāvadānamala 같은 문헌들이 아쇼까와 관련된 전승들을 담고 있지만, 역사적인 가치를 지닌다고 보기는 어렵다.[12] 『로까빤낫띠』*Lokapaññatti*에 나오는 아쇼까 전승은 미얀마와 태국에서 상당히 널리 받아들여지고 있다. 이 문헌은 범어 자료들을 토대로 한 빨리어 문헌이라는 점에서 특별하다. 16세기 따라나타가 쓴 『다르마의 역사』*Chos Hbyung*는 초기 범어자료들을 토대로 쓴 티베트어 문헌으로, 아쇼까에 대한 후대의 전승을 풍부하게 담고 있다.

아쇼까 전승에 관한 빨리어 문헌들도 있다. 이들은 스리랑카, 미얀마, 태국 등에 널리 유포된 전승들을 담고 있다. 이 전승들은 주로 5세기경 스리랑카의 연대기인 『마하밤사』*Mahāvaṃsa*와 『디빠밤사』*Dīpavaṃsa* 속에 있다. 이 두 문헌은 남방분별설부에 전해진다. 율장에 대한 붓다고샤의 주석도 아쇼까와 관련해 중요한 내용을 전하는 빨리어 문헌이다. 대체로 보아 『디빠밤사』의 서술은 구체적이고 간결함에 비해, 『마하밤사』와 『선견율비바사』善見律毘婆沙는 서술이 상세하고 문맥이 손질된 느낌을 준다. 『마하밤사』에 대한 주석서, 예를 들어 『투빠밤사』*Thūpavaṃsa*나 『마하보디밤사』*Mahābodhivaṃsa*에도 아쇼까와 관련된 다양한 전승들이 다소 각색되고 풍부해진 형태로 전해진다. 이 둘은 각각 스리랑카의 루반발리 대탑大塔과 상가밋따가 인도에서 아누라다뿌라로 가져온 보리수 가지에 대한 연대기들이다.

스리랑카의 역사서들과 『아쇼까바다나』에는 아쇼까에 대한 다수의 공통 서술 부분들이 있다. 두 전통은 공히 아쇼까의 전생, 빈두사라왕의 아들로

---

12) John S. Strong, *Aśokāvadāna*, 1982, p.19.

출생, 무력에 의한 즉위, 어린 불교 승려에 의한 개종, 8만 4천의 탑 또는 정사 건립,[13] 불교 승단에 대한 풍부한 보시, 보리수 숭배 등을 전하고 있다.

그럼에도 불구하고 이 두 전통 사이에는 상당한 차이가 있으며, 심지어는 공통점보다는 차이가 더욱 두드러진다는 인상을 준다. 예를 들어, 『아쇼까바다나』에서 아쇼까는 불멸 100년 후에 태어난 것으로 돼 있지만, 『마하밤사(v.21)』에서는 불멸 218년 후에 왕위에 오른다.[14] 마힌다 비구의 스리랑카 포교는 『마하밤사』에서 상세하게 다루어지지만, 『아쇼까바다나』에는 이에 대한 언급이 전무하다. 이외에도 아쇼까의 동일한 사건에 대한 두 전통의 시각 차이는 곳곳에서 드러난다. 『아쇼까바다나』에서 중요하게 다루어지는 사건이 『마하밤사』에서는 언급되지 않기도 하고, 또는 그 반대의 경우도 많다.

이러한 차이는 우선 밤사vaṃsa 문헌과 아바다나avadāna 문헌이 지니는 근본적인 성격 차이에 기인한다. 스리랑카의 빨리어 문헌들은 역사에 초점을 두고 있는 '밤사' 즉 연대기인 반면에, 『디비야바다나』를 근간으로 하는 북전 자료들은 '아바다나' 즉 '전해오는 이야기'의 성격을 지녀 그 이야기의 역사성보다는 종교적 심리적 배경에 초점을 두고 있다. 아바다나 문헌은 개인의 종교 행위들에 대한 이야기이며, 근본적으로 업의 작용이

---

13) 『마하밤사』에서는 탑stūpa이 아니라 정사vihāra 精舍이다.

14) 츠카모토 게이쇼에 따르면, 이러한 차이는 대개 북전(마투라와 까슈미르의 설일체유부 전승)이 마우리야 왕조의 아쇼까와 샤이슈나가(Śaiśnāga) 왕조의 칼라쇼까(Kālāśoka)를 혼동한 데서 기인한다(『아쇼까왕 비문』, pp.76~77).

나 신행의 가치를 드러내려는 의도를 지닌다. 따라서 도덕적인 색채를 띠게 되고 재미있게 각색되기도 한다. 이런 점에서 자따까Jātaka 이야기들과 유사한 성격을 지니지만, 아바다나 문헌의 중심 인물은 붓다 자신이 아니라 재가자라는 점에서 자따까와 다르다.[15] 업의 법칙이 어떻게 역사 속에 구체화되는가에 강조점을 두기 때문에, 『아쇼까바다나』는 우빠굽따장로의 전생 이야기로 시작되며, 이어지는 아쇼까에 대한 이야기도 우선 전세에 붓다를 만났던 인연을 묘사하는 것으로 시작된다. 『아쇼까바다나』는 업과 관련하여 전생과 현생에서 아쇼까의 행위와 삶을 강조한다. 특히 붓다나 불교 승단에 대한 아쇼까의 공덕이 무엇인가에 초점을 두고 있다. 이에 비해 스리랑카의 밤사 문헌은 혈통이나 계보 또는 연대기이다. 그것은 나라 또는 특별한 불교 종파의 역사적 계통을 전하거나 또는 어떤 거룩한 대상, 예를 들어 아누라다뿌라의 보리수의 유래를 전하는데 초점이 있다. 남방분별설부에 전해지는 『마하밤사』는 붓다 시대로부터 이 문헌이 만들어지던 시대까지 전해져온 계보를 추적하는데 강조점이 있다. 그것은 아쇼까가 스리랑카불교, 특히 불교도 왕들과 고대 인도의 불교, 나아가서는 붓다 자신과 연결하는 중요한 연결고리라는 점에 주목한다.

어떤 경우에는 동일한 전승에 대해서도 『아쇼까바다나』와 『마하밤사』의 기술에는 상당한 차이가 있다. 예를 들어, 두 문헌은 모두 아쇼까의 사악한

---

15) 아바다나 문헌에 대한 논의는 Maurice Winternitz, *A History of Indian Literature*, trans. S Ketkar (Calcutta ; University of Calcutta Press, 1933), vol. 2, pp.277~294에서 볼 수 있다.

왕비 띠쉬야라끄쉬따Tiṣyarakṣitā에 대해 언급하고 있으며, 보드가야의 보리수를 훼손하는 이야기를 전한다. 『마하밤사』에 따르면, 아쇼까가 그 가지를 스리랑카로 보내고 나서 얼마 지나지 않아 그녀는 보드가야의 보리수를 훼손했으며, 결국 시들어 죽었다. 이에 비해 『아쇼까바다나』는 띠쉬야라끄쉬따의 훼손에도 불구하고 보리수는 죽지 않았으며, 아쇼까의 지극한 보살핌으로 되살아났다고 기록한다. 분명히 동일한 전승을 기록하면서도 『아쇼까바다나』는 아쇼까의 깊은 신심과 공덕에 초점을 두어 기술하는 반면에, 『마하밤사』는 본래의 보리수가 죽었다고 기록함으로써 아누라다뿌라의 보리수야말로 붓다의 깨달음과 직접 관련이 있는 유일한 보리수라는 점을 부각시킨다.

이와 같이 남전과 북전이 지니는 문헌 자체의 성격 차이를 인정한다면, 단지 『아쇼까바다나』가 스리랑카의 역사서보다 먼저 만들어진 범문梵文이라는 점에서 스리랑카의 밤사 문헌들을 평가절하 하는 것은 옳지 않다. 예를 들어, 프르질러스키는 스리랑카 역사서들을 신뢰하지 않는다. 스리랑카의 역사서들은 1세기경 까우샴비에서 만들어진 『디비야바다나』보다 적어도 5백 년 후에 나왔으며, 전자는 단지 후자를 모본으로 한 번안으로 보기 때문이다. 따라서 그는 북전에는 전해지지 않고 단지 스리랑카 문헌에만 나오는 베디사데비, 마힌다, 상가밋따에 대한 언급들은 후대에 웃자인 지역의 지방전승이 범어 원본 『디비야바다나』에 부가된 것으로 본다. 심지어 목갈리뿟따띳사에 대한 전승도 후대의 가필로 간주한다.

스리랑카 문헌을 신뢰하지 않는다는 점에서는 초기 아쇼까 연구자였던 스미스도 마찬가지다[16]. 무께르지와 닐라깐따 샤스뜨리는 대체로 스리랑카 문헌을 아쇼까 연구의 중요한 기초 자료로 받아들인다. 바루아는 북전과 남전을 균형 있게 다루는 편이다. 예를 들어 그는 남전에만 있는 베디사데비에 관한 자료를 소개할 때, "데비와 그 자녀들에 대한 이야기는 범어전승에는 전해지지 않는다는 점에서 특징적"[17]이라는 주를 달아 그 차이를 지적한다. 바루아는 여러 전승들을 종합해 여기서 공통되는 층을 찾아내고, 그것을 역사적 사실로 인정하는 전형적인 방법론을 택하고 있다. 리스 데이비즈는 스리랑카 연대기들에 대하여 상당히 호의적이다. 그는 말한다. "실론의 연대기들은 설사 상당히 나중에 영국이나 프랑스에서 만들어진 연대기들에 비교해도 그다지 손색이 없다 할 것이다."[18] 스리랑카의 아쇼까 연구자 아난다는 프르질러스키가 스리랑카의 역사서들을 단지 『디비야바다나』의 번안으로 격하하는 것은, 아쇼까에 대한 전승이 5세기경, 즉 까우삼비에서 『디비야바다나』가 만들어지고 5백 년이 지난 시기에 처음으로 스리랑카에 전해졌다는 그릇된 전제에서 출발했기 때문이라고 지적한다. 프르질러스키는 스리랑카 역사 전통에 익숙하지 못하기 때문에 『디빠밤사』를 붓다고샤의 『사만따빠사디까』 후에 나온, 아쇼까의 생애에 대한 최초의 기록으로 생각한다는 것이다. 아난다에 따르면, 프르질러스키는 붓다

---

16) "이 책(Asoka)에서 기원전 160년 이전의 일에 관한 실론의 연대기들은 완전히 부정된다. 이 문헌들은 권위가 의심스러울 뿐만 아니라 사실을 오도하려는 경향도 보이기 때문이다."(Asoka, the Buddhist Emperor of India, p.57)

17) Beni Madhab Barua, Asoka and His Inscriptions, Calcutta ; New Age Publishers LTD, 1946, p.52.

18) Buddhist India, p.274.

고샤가 번역했던 싱할리어로 된 원전 또는 역사서들의 기초 자료로 쓰이는 『싱할라 앗타까타 마하밤사』Sinhala-Atthakathā-Mahāvaṃsa에 대해 전혀 모르고 있었다.[19] 스리랑카 연대기 저자들이 초기자료를 대단히 잘 활용했을 것이라는 전제를 달고 있지만, 라모뜨는 "아쇼까에 관한 스리랑카의 기록은 빨리어 성전이 확정적으로 성립된 후대에 다시 손질되어 햇빛을 보게 된 것이 틀림없어 보인다."고 말한다.[20]

그가 지적하는 것처럼, 연대기에 나오는 수행자들과 포교사들이 언급하는 숫따sutta經와 자따까의 제목들은 현재 형태의 빨리어 불전의 최종적인 편찬을 전제로 하고 있으며, 이와 같은 편찬은 5세기 이전, 즉 붓다고샤 시대에 이루어졌다고 보기 어렵다. 체계적일 뿐만 아니라 명확한 연대를 제시하는 스리랑카 연대기에 비해 『아쇼까바다나』에는 좀 더 드라마틱하고 심지어는 유치한 느낌을 주는 이야기들이 많지만, 오직 스리랑카에서만 유효한 연대기들과는 달리 이 이야기들은 고대로부터 지금까지 인도 안에서 널리 전승되고 있다는 점에서 중요한 의미를 지닌다. 따라서 북전과 남전의 자료들은 각기 나름의 가치를 지닌다고 봐야 한다.

이 책은 아쇼까라는 인물이 불교사에서 차지하는 의미를 드러내는 데 초점을 둔다. 가능한 한 역사적인 사실에 가까운 자료들을 가려내려고 노력했

---

19) Ananda W.P. Geruge, *Asoka, A definitive Biography*, Colombo ; The Ministry of Cultural Affairs and Information, 1993, p.43, 주49.
20) 에띠엔 라모뜨, 『인도불교사 1』, 2006, p.496.

으나, 아쇼까에 관한 일관된 역사적인 기술은 이 책의 부차적인 관심사일 뿐이다. 설사 역사적인 사실로 보기 어려운 전설이라 해도, 그 배후에 놓인 의미를 살핌으로써 불교사를 통해 해석한 아쇼까의 의미를 규명하고자 했다. 그와 관련된 자료가 각 전승에 따라서 무궁무진한 개찬 과정을 거쳤다는 것은, 그의 인물됨과 행적이 워낙 광대무변하다는 증거일 것이다. 필자의 무딘 붓으로는 도무지 아우를 수 없는 모순도 많았다. 불교, 자이나교, 바라문교에 전해지는 아쇼까가 각기 다를 뿐만 아니라, 불교 안에서도 남전과 북전 사이에 큰 차이가 있었다. 여러 문헌에서 수없이 만나게 되는 이와 같은 모순들을 어떻게 아우를까 하는 것이 필자의 시종일관된 숙제였다.

전세의 인연으로 아쇼까라는 위대한 인물의 행적을 더듬어 볼 수 있는 기회를 얻을 수 있었다. 그 배후에는 이 책을 독려하신 도피안사 송암스님의 크신 은혜가 있었음을 안다. 거듭 감사를 드린다. 스님의 격려와 느긋한 기다림이 아니었다면, 필자는 결코 이 헌사를 쓸 수 없었을 것이다.

17

차례
contents

깔링가 전쟁
다르마가 아쇼까왕을 정복하다

서양에서 로마와 카르타고가 싸우고 중국에서는 시황제始皇帝가 중국 최초의 중앙집권적 통일왕조인 진秦을 건설하던 즈음기원전 221년, 인도 아대륙에서는 훗날 불교와 인도 역사에 위대한 전사, 정복자, 참회하는 순례자, 철인哲人 왕으로 기록되는 아쇼까왕이 오릿사의 깔링가국 정벌에 나설 채비를 하고 있었다. 이미 그의 할아버지 찬드라굽따에 의해 인도 아대륙 남단을 제외한 거의 모든 영토가 사실상 마우리야 제국의 영토였지만, 빈두사라왕으로 교체되던 시기에 제국의 여러 곳에서 소요가 있었다.[1] 다소 느슨해진 마우리야 왕조의 장악력을 틈타 제국의 곳곳에서 독자적인 나라를 자처하는 세력들이 일어났다.

마하나디강[2]과 고다바리강 사이의 벵골만 해안에 위치한 깔링가국은 대체로 오늘날 인도 동해안에 위치한 오릿사주의 대부분이다. 알렉산더의 인도 침입 당시만 해도 깔링가는 인도 북부 동해안의 막강한 나라였다. 플리니우스에 따르면, "6만 보병, 천 명의 기병, 7천 마리의 코끼리들이 밤낮없이 그들의 왕을 지키고 있었다."[3]

찬드라굽따가 마우리야 제국을 건설하기 전에는 깔링가가 난다 왕국의 일부였던 것으로 보인다. 이것은 뿌라나Purāṇa 문헌들에 의해 뒷받침된다.[4]

---

1) 이미 빈두사라왕 재위 시에 딱사쉴라에 소요가 있었으며, 이 지역의 부왕副王으로 임명된 아쇼까 왕자에 의해 진압된 적이 있다.

2) 마하나디는 산스끄리뜨어로 '큰 강'이라는 뜻이다. 마디야쁘라데쉬주(州)의 남부, 동東고츠산맥의 서쪽 기슭에서 발원하여 북으로 흐르다 동쪽으로 방향을 바꾸어 오릿사주州에서 벵골만으로 들어간다.

3) Amar Chand Mittal, *An Early History of Orissa-From Earliest Times upto First Century B.C.*, Varanasi ; Jain Cultural Research Society, 1962, p.122.

찬드라굽따가 난다 왕조를 무너뜨리고 왕국을 장악할 때, 깔링가 또한 그의 영토로 편입되었다. 빈두사라왕 시대까지도 깔링가는 마우리야 제국의 일부였는데, 아쇼까의 즉위 무렵에 이 지역에 소요가 일어나고 급기야는 독립을 선언하는 사태로 갔다. 이에 아쇼까는 무력으로 이 세력을 진압하지 않을 수 없었다.

『마하바라따』 Mahābharata에 따르면 깔링가국 사람들은 꾸루족의 가장 강력한 동맹이었으며, 마하바라따 전투에서 그 누구 못지않은 중요한 공헌을 한 사람들이다.[5] 그럼에도 불구하고 이 지역은 전통적으로 바라문교보다는 불교와 자이나교를 중심으로 한 사문沙門 전통 Sramanism이 강했으며, 자연히 마가다나 마우리야 왕국과는 별개의 독자적인 세력을 구축하고 있었다. 후대의 바라문교 문헌들이 대개 깔링가 사람들을 폄훼하고 있는 것은 바로 이런 이유 때문일 것이다.

바라문 전통의 문헌들이 깔링가 사람들을 "종교가 없는 사람들"로, 깔링가국을 고대로부터 최하층의 바라문들이 살았으며, 그들에게는 베다도 없고, 지식도 없고, 희생제도 없었으며,[6] 신들은 그들로부터 아무런 예물도 받지 않는 곳으로 말하는 것은, 이 지역이 전통적으로 바라문교와는 다른 성향을 띠고 있었다는 것을 의미한다. 따라서 깔링가를 청정하지 못한 땅, 발을 들여놓지 말아야 할 땅으로 말하고 있으며, 심지어는 깔링가에 들어가는 자는 누구나 발로 죄를 짓는 것이라 하여, 바이슈바나리야[7] 제사를

---

4) Amar Chand Mittal, *An Early History of Orissa*, p.127 ; *Vāyu Purāṇa*, 99. 324, 328에 따르면, 깔링가는 32번째 왕이 통치하던 시기에 마가다의 마하빠드마 난다에 의해 정복되었다. 기원전 4세기경의 일이다. 깔링가에는 Mahābhārata 전쟁(B.C.11세기) 이후 마하빠드마 난다에 의해 정복되기 전까지 32명의 왕들이 있었다.

5) 『마하바라따』, Vana parvan.

6) Amar Chand Mittal, *An Early History of Orissa*, p.137.

7) 화신火神 아그니Agni의 별칭이다.

행해야 한다고 했다.[8] 베다의 권위를 받아들이지 않으며, 베다의 희생제를 비난하는 사람들인 만큼 바라문들이 좋아했을 리 없다.

마우리야 제국의 왕들은 국경 지역에 깔링가처럼 강력한 군대를 지닌 독자 세력에 무관심할 수 없었다. 말하자면 깔링가는 마우리야의 영토 안에 있는 눈에 가시였다. 이미 광대한 영토를 지닌[9] 마우리야 왕국이 깔링가를 진압하여 합병해야 했던 이유는 충분하다. 깔링가는 언제든지 그 남쪽에 있는 쫄라 왕국과 공모해 독립을 선언할 수 있는, 화약고 같은 곳이었다. 깔링가는 그 아래와 위를 갈라놓을 수 있는 쐐기 같은 지방으로, 제국 전체의 분열을 야기하는 발단이 될 수 있는 곳이다. 아쇼까에게 깔링가 정복은 나라의 기반을 공고히 하기 위한 부득이한 조치였다.

또한 동해안에 위치한 깔링가는 당시 남아시아 제국들과 인도의 무역에 매우 중요한 요지였다. 더욱이 고다바리강과 마하나디강 사이에 위치한 깔링가는 남부와 벵골 사이의 해로를 장악하는 위치에 있었으며, 육로상의 교통 요지이기도 했다. 프톨레마이오스는 빨루르, 나잉가이나, 끄띠까르담, 깐나가르현재의 꼬나르까, 마다이나 등, 깔링가의 여러 항구들을 언급하고 있다. 특히 리쉬꿀리야강 어구에 위치한 빨루르는 고대로부터 매우 중요한 항구로 여기에서 배들이 말레이반도로 항해를 떠났다.[10] 이와 같은 경제적 이유 또한 이 전쟁의 충분한 명분이 될 수 있었다. 아쇼까왕의 깔링가 왕국 정벌은 이 지역을 관통하는 가치 있는 무역로를 확보하자는 의도일 수도 있다.

---

8) *Baudhāyana Dharma sūtras*, i, 1, 30~31.
9) 암벽칙령 xiii에 의하면, 안드라Andhra는 아쇼까의 영토 안에 있었다. 여기서 안드라는 대체로 끄리슈나강과 고다바리강 유역을 가리킨다. 왕국의 수도가 빠딸리뿌뜨라였으므로, 오늘날 벵골의 대부분이 왕국의 영토에 속해 있었다고 보면 될 것이다.
10) Amar Chand Mittal, *An Early History of Orissa*, p.123.

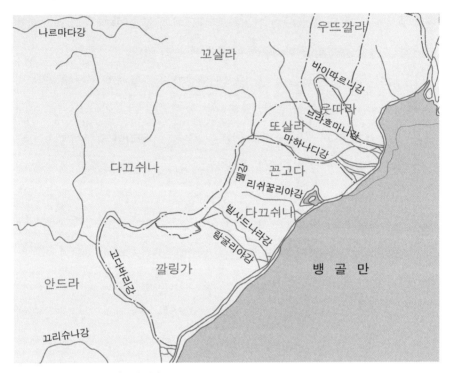

▲ 아쇼까왕 시대 깔링가국과 주변 나라들

이미 찬드라굽따 시대에 유지되어온 마우리야 제국의 60만 대군은 그 후 더욱 정비되고 강화되었을 것이다. 이 군대가 아쇼까 시대에도 그대로 유지되었다고 본다면, 깔링가 전쟁은 마우리야 제국의 60만 대군과 깔링가국의 20만 보병의 전투라 할 수 있다.[11] 전쟁의 결과는 깔링가 왕국의 대학살과 파괴로 귀결되었다. 독자적인 생존과 명예를 지키기 위해 제국의 침입에 저항하기로 결심한 희생자들은 죽음을 불사했다. 마찬가지로, 독자적인 세력을 구축하고 있는 깔링가를 왕국에 편입시킴으로써 제국 전체의 통일을 꾀하는 마우리야의 군대 또한 어떤 희생이라도 기꺼이 치를 각오가 되

11) Amar Chand Mittal, *An Early History of Orissa*, p.151.

어 있었다. "갠지스 강둑에서 고다바리 강둑까지, 강에서 강까지, 언덕에서 언덕까지, 마을에서 마을까지, 도시에서 도시까지 이 구석에서 저 구석까지, 전쟁으로 인한 재난과 피해는 엄청났다."[12] 아쇼까는 암벽칙령 xiii에서 이 전쟁의 참상을 다음과 같이 술회한다.

15만 명이 국외로 추방되었다. 10만 명이 거기서 살육되었으며, 수십만 명이 죽어갔다.

사상자가 10만 명이라면, 부상자는 그 세 배에 달할 것이다. 여기에 포로 15만 명, 또한 전쟁에서 죽거나 부상당한 아쇼까의 군대는 여기에 포함되지 않은 점 등을 미루어 보면, 이 전투의 사상자는 적어도 55만 명은 될 것이다.[13] 아무리 넓게 잡아도 갠지스강 어구에서 고다바리강 어구에 걸치는 작은 나라에서 3~4십만 명이 죽고 15만 명이 포로로 잡혔다는 것은 이 전쟁의 참혹함이 어느 정도였는가를 짐작하기에 충분하다. 오늘날처럼 대량 살상 무기가 없었던 당시의 전투 상황을 고려한다면, 그 참혹한 양상은 더욱 현저해지며, 깔링가의 저항은 상상을 초월하는 것이었음을 짐작할 수 있다. 그러나 역사는 이미 마가다의 승리로 운명지어져 있었다. 다수의 큰 전투들은 수바르나레카 강둑으로부터 고다바리 강둑으로 전개되었을 것이다.[14] 소규모지만 단호한 깔링가의 군대는 골짜기마다 사력을 다해 싸우다

---

12) M.N. Das, *Glimpses of Kaliṅga History*, p.30.
13) Amar Chand Mittal, *An Early History of Orissa*, pp.156~1577, 각주3). 만약 인구 15명당 1명이 무기를 잡는다면, 아쇼까 당시 깔링가의 인구는 적어도 750만 명이 된다. 그러나 당시 깔링가가 수렵으로 생활을 하는 부족민들로 구성되어 있었다는 점을 고려한다면, 이 지역에 750만 명의 인구가 거주한다는 것은 불가능하다고 봐야 한다. 따라서 아쇼까의 산정수치는 단지 상투적인 대략의 숫자에 불과한 것으로 보아야 할 것이다.
14) R.D. Banerji, *History of Orissa*, p.63.

가 죽어갔다. 동쪽 강둑 가트ghat, 목욕을 위한 계단의 발치를 따라서 수백의 난공불락의 요새들이 있는데, 우선 이들 중 몇몇이 먼저 무너지고 그런 후에 나라 전체가 아쇼까의 군대들에게 완전히 장악되었다.

전쟁과 기근은 짝을 이룬다. 나라의 모든 힘은 전투에 투여되기 때문에 농사를 돌볼 겨를이 없었을 것이며, 들판의 농작물은 적들에 의해 불태워지거나 약탈당했다. 전쟁 후에 깔링가국 전체가 기근으로 시달리게 되고 수많은 사람들이 죽어갔다. 포로로 잡힌 15만 명 깔링가 사람들은 국외로 내보내거나 또는 국내의 폐허가 된 옛 도시에 거류지를 형성하게 했다.[15] 이것은 이미 찬드라굽따 시대부터 『아르타샤스뜨라』Arthaśāstra에 따른 관행이었다.

까우띨리야[16]는 이와 관련하여 또한 다음과 같은 권고를 한다. "이 새로운 거류지들은 슈드라śūdra 농민 백 가구 이상을 포함할 수 있으며, 그와 같은 8백 개의 거류지의 단위들을 방어하는 성채들을 지닌다. 그와 같은 정주지들은 외부 이민자들에 의한 무기의 소유를 허용할 수 없다." 이것은 이 모든 새로운 정주지들이 대부분 무장이 불허되는 하층민들로 구성되었다는 것을 의미한다. 아쇼까는 강제 이주를 통해 왕국 내의 새로운 지역들을 정비하는 방법을 택했으며, 깔링가의 포로들을 그와 같은 목적에 이용했다.

깔링가 전쟁은 아쇼까왕의 승리로 끝났다. 그러나 전쟁의 승리는 오히려

---

15) 전쟁의 포로를 어떻게 처리했는가에 대해서 아쇼까는 완전히 침묵하고 있지만, 추측은 가능하다. 『아르타샤스뜨라』에 따르면, "외국으로부터 이민자를 받아들이거나 자국 내에 인구가 밀집된 곳의 사람들을 국외로 내보내서 왕은 새로운 지역에, 혹은 폐허가 된 옛 도시에 거류지를 건설할 수 있다." 흥미롭게도 까우띨리야가 'paradeśa apavahanena'라는 용어로 이민을 나타내는 것과 마찬가지로, 아쇼까 또한 명문에서 'apabudhe'라는 동일한 용어를 사용하고 있다. 이로 미루어 볼 때, 아쇼까는 마우리야 왕국의 행정가 까우띨리야의 권고를 실천했을 가능성이 높다.

16) 『마하밤사』에서 까우띨리야는 짜나끼야Cāṇakya로 불린다.

그에게 깊은 슬픔과 회한을 남겼으며, 이는 훗날 그가 무력의 정복을 버리고 다르마의 정복으로 전환하는 이정표가 된다.

> 즉위 후 8년이 되는 해에 데바남쁘리야 쁘리야다르쉬왕에 의해, 깔링가는 정복되었다. 15만 명이 국외로 추방되었다. 10만 명이 거기서 살육되었으며, 수십만 명이 죽어갔다. 그 후 깔링가는 합병되었으며, 데바남쁘리야의 법의 준수, 법의 사랑, 법의 전파는 더욱 열렬해졌다. 이것은 깔링가 정복에 대한 데바남쁘리야의 후회 때문이다. 정복된 일이 없는 나라가 정복되면, 거기에 사람들의 살육, 사망, 이주가 있는데, 데바남쁘리야는 이것을 몹시 괴로워하고 비통하게 여긴다(암벽칙령 xiii).

인도 왕조사를 통해 가장 감동적인 자료로 전해지는 이 비문은 전쟁의 참상을 경험한 아쇼까왕의 회한을 생생하게 전하고 있다. 짐작컨대 아쇼까왕의 대관식 후 14년_{기원전 256년} 되던 해에 공포하고 새긴 칙령이다. 이어지는 명문에서 아쇼까는 자신이 일으킨 대 참상에 대한 회한을 허심탄회하게 토로하고 있다. 그는 정복되지 않는 어떤 지역이 합병될 때 일어나는, 사람들에 대한 폭력, 죽음 또는 국외추방이나 강제 이주를 심히 고통스러운 것으로 생각한다. 이보다 더 통탄스럽게 생각하는 것은 그 지역에 바라문들, 은둔 수행자들 또는 다른 여러 종파의 헌신자들이 있었을 것이라는 사실이다. 이들 가운데는 자신이 널리 펴고자 하는 다르마, 즉 공경 받는 사람들에 대한 복종, 부모에 대한 복종, 어른들에 대한 복종, 친구와 친척 또는 하인들에 대한 변함없는 헌신을 흔들림 없이 실천하던 사람도 많았다는 점이 더욱 가슴 아프다고 말한다. 또한 그들에게 부상과 살육 또는 사랑하는 사람을 잃는 일이 일어났으며, 설사 그들 자신은 다치지 않고 무사하다 해도 그들이 사랑하는 친구나 일가친척에게 어떤 재앙이 떨어진다면, 그것은 결국 그들 자신에게 상처가 된다. 또한 아쇼까가 매우 심각하게 생각하는 것은, 이와 같은 상처가 모든 인간의 운명이라는 사실이다. 실로 어떤 종교든 자신의 종교에 헌신적이지 않은 사람은 아무도 없다. 그러므로 깔링가에서 학살되고 죽고 국외로 추방된 수많은 사람들은 아쇼까를 침통하게 한다. 만일 용서할 수 있다면 잘못을 저지른 사람이라도 용서해야 한다는 것이 그의 견해이다. 심지어 숲 속에 거주하는 자들에게도 그는 간곡히 타이르고 간청한다. "스스로의 잘못을 고쳐서 응징당하지 않도록 하라"(암벽칙령 xiii). 아쇼까에게는 그들을 응징할 수 있는 무력이 있지만, 그렇게 타이르는 것이다. 실로 아쇼까는 모든 생명에 대한 불상해, 자제, 평정심, 부드러움을 원하고 있다.

아쇼까는 자신의 제국 안에서뿐만 아니라, 국경 지역이나 그 바깥의 나라들에서도 이와 같은 법의 통치가 이루어지기를 원하고 있다. 심지어는 자신뿐만 아니라, 후손들에 의해서 다르마의 정복이 계속되기를 바라고 또한 그럴 것이라고 확신한다. "나의 아들들과 후손들도 새로운 무력 정복을 염두에 두지 말아야 할 것이다"(암벽칙령 xiii). 자신의 아들들과 손자들이 어떤 새로운 정복을 하는 것이 스스로의 의무라고 생각하지 말기를 간곡히 당부한다. 심지어는 무력에 의한 정복에서도 관용과 가벼운 벌을 마음속에 품어야 한다. 오직 다르마에 의한 정복을 구해야 하며 이것은 이생뿐 아니라 내생을 위해서이기도 하다.

깔링가 전쟁은 아쇼까에 의해 수행된 마지막 전쟁이었으며, 아쇼까 통치의 마지막 정치적 사건이라 해도 무방하다. 역설적이게도 전쟁이라는 극도의 참혹한 상황은 비폭력이 진리임을 반증하는 계기가 되었다. 그는 깔링가 전쟁을 통해 지고무상의 정치조직이 인간 본래의 행복에 치명적인 위험

깔링가 전쟁
다르마가 아쇼까왕을 정복하다

이 될 수 있다는 사실을 절감했다.[17] 포로들의 참혹상은 그의 침략적인 야망을 잠재우기에 충분했다. 불구가 된 사람들로 인해 그의 가슴에는 온기가 되살아났으며, 죽은 자들을 통해 새로운 왕이 태어났다.

인류 역사를 통해 자신의 적법한 통치행위로 간주되는 행위에 대해 그와 같이 공공연하게 참회와 후회를 표시한 왕은 없었다. 그가 원하는 것은 단지 사람과 사람 사이의 평화에 그치는 것이 아니라, 인간과 다른 모든 생명체들의 평화로운 공존이다. 설사 다른 나라들이 자신을 해치려는 의도가 있다고 해도 참을 수 있다면 그냥 참겠다고 선언한다. "설사 어떤 나라가 나에게 눈에 보이는 해악을 한다 해도, 용서할 수 있는 한 데바남쁘리야에 의해 용서할 만한 가치가 있는 것으로 간주될 것이다"(암벽칙령 xiii). 정복되지 않은 나라들에 대해서도 메시지를 전한다. "왕은 그들이 나에 대한 두려움을 지니지 않기 바라며, 그들이 나를 신뢰하고 나로부터 슬픔이 아니라 행복을 받기를 희망한다"(깔링가 별각칙령 ii).

사실 이것은 크고 작은 모든 나라가 주권과 자유에 있어서 평등하다는 선언이다. 근대의 국가들도 이루기 어려웠던 이상이며, 오늘날도 마찬가지다. 그러나 이미 아쇼까는 모든 나라의 주권과 평등을 생각했으며, 그것을 성공적으로 실천하고 있다. 아쇼까는 암벽칙령 iv에서 "전쟁의 북소리 bherii-ghoṣa 대신 다르마가 울려 퍼지는 소리"dharma-ghoṣa에 대한 만족을 기록하고 있다.

법에 의한 정복은 행복하다. 너를 죽임으로써 나를 살찌우는 정복이 아니라, 너를 살림으로써 나도 사는 정복이기 때문이다. 깔링가 전쟁 이후로 그의 칼은 더 이상 칼집에서 뽑히는 일이 없었으며, 북은 단지 '다르마'를

---

17) Amar Chand Mittal, *An Early History of Orissa*, p.159.

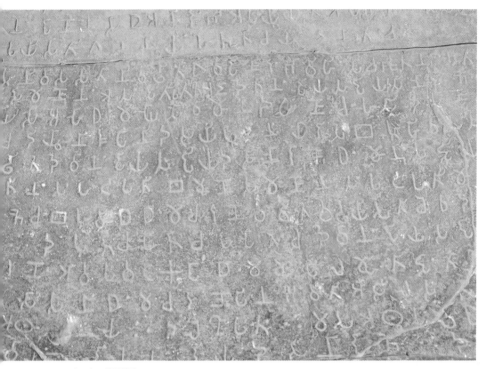

▲ 기르나르 암벽칙령

설하기 위해서만 울렸다. 전도양양한 전사는 실천하는 진리 전도자로 바뀌었다. 깔링가 전쟁은 아쇼까왕이 당시 불교가 가장 성했던 깔링가를 정복한 전쟁이지만, 결국에는 다르마가 아쇼까를 정복한 전쟁이다.

암벽칙령 xiii의 명문은 깔링가가 아쇼까왕의 즉위 후 8년에 정복되었다고 말한다. 또한 아쇼까의 정복에 기인하는 파괴의 실상과 깔링가 전쟁 이후 왕이 표방한 완전히 새로운 정책을 묘사한다. 정복되지 않은 나라가 정복되었을 때 살육과 파괴가 야기되었다는 언급도 있다. 이로 미루어 보면, 아쇼까의 정복은 완전히 새로운 정복이었다고 볼 수 있다. 그러나 빈두사라왕 시기까지 깔링가가 마우리야 제국의 영토였다는 역사적 사실을 통해 볼 때 깔링가 전쟁은 새로운 정복을 위한 것이 아니라, 이전에 정복한 땅에 대한 지배력을 공고히 하기 위한 전쟁, 또는 깔링가 사람들에 의한 반란을 제압하기 위한 것으로 봐야 할 것이다.

참으로 이상한 것은, 우리나라에서 아쇼까왕의 불교 개종에 결정적인 계기가 된 것으로 전해지는 깔링가 전쟁[18])이 오직 아쇼까왕 자신의 암벽칙령 xiii에서만 언급되고 있다는 점이다. 그 외에는 불교 문헌뿐만 아니라 자이나교나 바라문교 전통의 어떤 문헌에서도 깔링가 전쟁에 대한 언급은 없다. 암벽칙령 xiii의 명문은 왕 자신의 것임에 틀림없다. 감히 어떤 신하가 '거룩한 폐하가 느끼는 깊은 슬픔과 회한' 이라는 표현을 할 수 있겠는가? 비록

---

18) 1950년대까지만 해도 아쇼까 연구자들 사이에는 그가 즉위 8년에 치른 깔링가전쟁을 계기로 불교에 귀의하게 되었다는 견해가 일반적이었다. 그 대표적인 예는 홀츠(E. Hultzsch, *Inscriptions of Asoka*, Oxford University Press, 1925, p.xlvi), 츠카모토 게이쇼(塚本啓祥 지음, 호진·정수 옮김, 『아쇼까왕 비문』, 불교시대사, pp.62~63) 등을 들 수 있다. 그러다가 1960~70년대에 들면서 여러 학자들이 아쇼까왕의 불교 귀의 시기가 깔링가전쟁 이전이라는 연구발표를 내놓았다. 무께르지(Radhakumud Mookerji, *Asoka*, Delhi ; Motilal Banarsidass, 2002, p.9 註3)와 나카무라 하지메(中村元, 『宗教と社會倫理』, 東京 : 岩波書店, 1963, p.421)가 그 대표적인 예다. 국내의 몇몇 논문에서도 이 문제는 이미 심도있게 다루어진 바 있다. 대표적인 예로, 박금표의 「Mauryas 제국과 Asoka王의 Dharma정책」(숙명여자대학교 석사학위논문, 1983, pp.8~12)을 들 수 있다. 그럼에도 불구하고 우리나라 학계에서는 "아쇼까는 깔링가전쟁을 계기로 불교로 개종하였다."는 견해가 지배적이다. 이점은 인도역사 또는 인도불교사 관련 국내의 개론서(번역서 포함)들을 보면 분명하다.
"이 칙령에 의할 것 같으면 그(아쇼까)는 많은 정복활동을 통하여 그의 영토의 확장에 힘쓰던 중, 인도 중동부의 깔링가 지방의 정벌 후에 전쟁의 참상을 깨닫고 마음을 돌이켜 불교에 귀의하게 되었다고 한다"(길희성, 『인도철학사』, 민음사, 2001, p.77) ; "불교 전설에 의하면 아소카는 깔링가전쟁 직후 우빠굽따(Upa Gupta)僧의 설득으로 불교에 귀의하였다"(조길태, 『인도사』, 2003, p.107) ; "피비린내 나는 정복전쟁을 거듭하던 아쇼까왕은 기원전 260년경 불교로 전향했다고 알려져 있다"(이만 외 지음, 『불교사의 이해』, 조계종출판사, 2008, p.35) ; "오랜 유혈전투 끝에 아쇼까는 불교로 전향했고, 그의 치하에서 번영은 그 절정에 이르렀다"(이지수, 『인도에 대하여』, 통나무, 2002, p.37) ; "아쇼까는 깔링가전쟁을 계기로 불교로 개종하였다."(사르마 지음·이광수 번역, 『인도고대사』, 1994, p.191) ; "깔링가 정복은 그가 즉위한 지 8년 후쯤의 일인데, 전쟁이 가져다 준 참혹한 폐해로 깊이 상심한 그는 회한스런 마음에서 불교와 급속히 가까워졌다. 처음에는 단순히 재가의 신자로만 머물렀지만, 얼마 후 불교 승단과 밀접하게 관계하여 불법을 위해 헌신적으로 노력하게 되었다"(후지타 코타즈 지음, 권오민 옮김, 『초기 부파불교의 역사』, 민족사 1992, p.157 ; "아쇼까는 깔링가의 피비린내 나는 정복 뒤에 느낀 후회 때문에 불교에 귀의하게 되었다"(에띠엔 라모뜨 지음, 호진 옮김, 『인도불교사 1』, 시공사, 2006, 447) ; 아쇼까는 "관정 8년의 깔링가전쟁 후 얼마 되지 않아 불교에 귀의했고…"(츠카모토 게이쇼 지음, 호진·정수 옮김, 『아쇼까왕 비문』, 2008, p.163).

연대기록은 없지만, 암벽칙령 xiii은 즉위 후 14년 무렵에 공포되고 새겨진 것이다. 그러나 북전이든 남전이든 지나가는 말로도 이 전쟁에 대한 언급이 없다. 이 문헌들에서는 암벽칙령 xiii의 명문에서는 침묵하는 전쟁들, 즉 빨리어 문헌에서 100명의 이복형제 살해, 그리고 북전에서는 딱사쉴라에서 폭동의 진압, 카사 영토의 편입, 왕권 확립에 걸림돌이 되는 적들의 진압이 언급된다. 만일 어떤 주요 전쟁에 대한 아쇼까왕의 낙담과 회한이 실로 그의 회심의 계기였다면, 불교 문헌들은 이 전쟁을 대서특필하고도 남을 것이다. 깔링가 전쟁에 대한 남전 북전의 이와 같은 침묵에는 어떤 이유가 있을 것이다.

혹시 깔링가 전쟁은 아쇼까의 불교 개종과 직접적인 관련이 없는, 불교사에 그다지 중요하지 않은 사건으로 보았기 때문에 불교 문헌들이 침묵하고 있는 것은 아닐까?

사실 아쇼까의 명문에는 아쇼까의 개종이 어떤 하나의 사건을 계기로 급작스럽게 이루어지지 않았다는 분명한 언급이 있다. "약 2년 반 동안, 나는 우바새優婆塞,upāsaka였다. 그러나 나는 처음 1년 동안 열심히 정근精勤하지 않았다"(소암벽칙령 i). 다시 말해, 비록 그가 어느 시기에 재가불자가 되었다 할지라도 처음에 아쇼까는 그다지 신실한 불자가 아니었다는 것이다. 만일 그렇다면 깔링가전쟁 그 자체가 아쇼까에게 개종의 계기가 되었다고 보는 입장은 받아들이기 어렵다. 왜냐하면 암벽칙령 xiii에 나타난 아쇼까의 참회의 심정은 결코 열심히 정근하지 않는 사람의 술회로 보기 어렵기 때문이다. 암벽칙령 xiii에는 다르마비자야에 대한 아쇼까의 확신과 이를 실천하기 위한 불타는 신심이 적나라하게 드러나 있다. 따라서 아쇼까의 개종은 깔링가전쟁 이전에 이미 이루어졌다고 보는 것이 자연스럽다. 물론 이 견해는 암벽칙령 xiii에서 아쇼까의 다르마가 붓다의 다르마를 의미한다는 전제를 지니지만, 아쇼까의 다르마가 반드시 불교를 의미한다고 단정하는 것은 무리다.

사실 아쇼까 비문을 놓고 본다면, 그의 불교 귀의와 관련하여 가장 분명한 정보를 제공하는 자료는 암벽칙령 xiii이 아니라 소암벽칙령 i이라고 할 수 있다. "약 2년 반 동안, 나는 우바새였다"는 구절은 그의 불교 귀의 시점을 추정할 수 있는 중요한 단서가 될 수 있다는 것이다. 만일 소암벽칙령 i의 연대를 정확히 추정할 수 있다면, 대략 이로부터 2년 반 전에 불교에 귀의했다는 주장이 가능하기 때문이다. 소암벽칙령 i의 연대는 흔히 석주칙령 vi을 근거로 추산한다.

> 천애희견왕은 이와 같이 알린다. 관정 12년에, 나는 사람들의 이익과 행복을 위해 (처음으로) 법칙을 새기게 했다. 그러므로 이것을 범犯하는 일 없이, 각 법의 증진을 획득해야 한다. [19]

지금까지 발견된 아쇼까의 비문들 가운데 소암벽칙령 i이 가장 이른 시기의 것으로 추정되며, 따라서 그 연대는 대개 즉위 12년경으로 말해진다. 그렇다면 아쇼까의 불교 귀의는 이로부터 2년 반 전이라는 추산이 가능하며, 따라서 즉위 8~9년 사이가 된다. 이 연대는 암벽칙령 xiii에서 언급된 깔링가전쟁즉위 8년 직후와 정확히 맞아 떨어진다. 이 연대는 또한 즉위 10년에 있었던 일로 암벽칙령 viii에서 언급하고 있는 보리수 순례와도 별 무리 없이 조화된다. 따라서 초기 아쇼까 연구자들은 암벽칙령 xiii에서 언급된 깔링가전쟁이야말로 아쇼까가 불교로 귀의하게 된 결정적인 계기로 해석하

---

[19] 츠카모토 게이쇼, 『아쇼까왕 비문』, p.170.

게 되었다.

그러나 앞에서 말한 것처럼, 깔링가전쟁을 아쇼까 불교 귀의의 계기로 보는 것은 적어도 두 가지 문제점이 있다. 첫째, 암벽칙령 xiii에서 말하는 아쇼까의 다르마가 반드시 붓다의 다르마라고 단정할 수 없다. 둘째, 소암벽칙령 i의 내용으로 미루어볼 때, 아쇼까의 불교 귀의는 점진적으로 이루어졌으며, 깔링가전쟁 같은 특별한 어떤 사건으로 일시에 이루어졌다고 보기 어렵다.[20] 로밀라 타빠르의 언급처럼, "아쇼까의 생애 중 어떤 특정 시점을 그의 불교귀의 시기로 규정하는 것은 실제로 일어난 일을 과장하는 것"[21]으로 봐야 할 것이다.

사실 깔링가전쟁 이전에 이미 아쇼까가 승가와 접촉이 있었다는 견해는 스리랑카 연대기의 기록과 일치할 수 있는 가능성을 지닌다. 『마하밤사』에 따르면 아쇼까는 즉위 4년에 니그로다Nigrodha 비구에 의하여 불교에 귀의했다. 그러나 이 기록은 소암벽칙령 i의 내용과 부합될 수 없는 문제점을 지닌다. 이 비문의 연대가 즉위 12년이라고 했을 때, 이로부터 2년 반은 즉위 8~9년경이라고 해야 하며 즉위 4년과는 시차가 지나치게 크다. 다시 말하여, 즉위 12년에 즉위 4년의 일을 놓고 "약 2년 반 동안, 나는 우바새였다"[22] 또는 "약 2년 반 동안, 우바새이다"라고 말하는 것은 어법에 맞지 않다는 것이다.

---

20) 로밀라 타빠르에 따르면, 깔링가전쟁이 아쇼까의 불교 개종과 관련하여 가장 드라마틱한 순간이었음에 틀림없지만, 그럼에도 불구하고 그의 불교 개종은 그와 같이 급격하게 일어난 것은 아니다(*Aśoka and the Decline of the Mauryas*. Oxford ; Oxford University Press. 1997, p.36). 그녀는 깔링가전쟁 이전에 이미 아쇼까가 불교 승가와 접촉하였으며, 이미 모종의 변화, 말하자면 악한 아쇼까에서 법의 아쇼까로의 전환이 진행 중에 있었다고 본다. 그는 자신의 논문 "Aśoka and Buddhism in the Edicts"에서 아쇼까가 이미 웃자인 태수시절에 불교 승가와 접촉했을 가능성을 말한다(*Anuradha Seneviratna*, 1994, p.12). 물론 여기서 '접촉'이란 '귀의' 또는 '개종'을 의미하지 않는다.

21) *Aśoka and the Decline of the Mauryas*. Oxford ; Oxford University Press. 1997, p.33.

22) Yaṃ aṃ sumi bupāske (Maski).

사실 깔링가 전쟁 이후에도 그의 무력정복 정책에 주목할 만한 변화는 보이지 않는다. 그는 전쟁에 승리한 결과로 깔링가를 제국의 영토에 합병시켰으며, 찬드라굽따 시대부터 유지해 오던 거대한 군대를 해산시키지도 않았다.[23] 다시 말해, 불교로 개종한 이후에도 수년 동안 아쇼까에게 가장 중요한 관심사는 왕국의 수호였으며, 심지어는 다르마에 의한 정복을 정책으로 택한 이후에도 부드러운 통치자가 아니었다. 그는 왕국의 수호를 위해서라면 언제든지 무력 응징을 할 수 있는 태세를 갖추고 있었다. 깔링가의 편입은 통일왕조 제3대 왕으로서 바람직한 의무digvijaya였으며, 이를 위한 전쟁은 불가피했다. 이미 말한 것처럼, 깔링가국을 정벌하는 것은 제국의 안전을 위해 꼭 필요했다. 따라서 단순히 재가불자로서의 아쇼까는 왕국의 안전이라는 대의명분을 위해서는 전쟁도 불사할 수 있었다.

암벽칙령 xiii의 내용으로 볼 때, 깔링가 전쟁이 아쇼까의 마음에 남긴 영향이 너무 지대해서 그의 생애에 위대한 이정표가 되었다는 것은 분명하다. 포로들의 참혹상은 그의 무력적인 정복 야망을 잠재우기에 충분했으며, 불구가 된 사람들은 그의 가슴에 온기가 되살아나게 했다. 그러나 깔링가 전쟁을 통해 한순간에 아쇼까가 다르마의 수호자로 태어난 것은 아니다. 이 전쟁 후 아쇼까의 회심이 확고해지기까지 적어도 수년의 세월이 필요했으며, 암벽칙령 xiii은 그 결실을 전하고 있다.

깔링가 전쟁은 아쇼까에게 실질적인 회심의 계기가 된 사건이라는 점에서 중요한 의미를 지닌다. 외적으로는 이미 불교를 받아들인 재가불자였지만 그럼에도 불구하고 그다지 신실한 불자가 아니었는데, 깔링가 전쟁을 계기로 진정한 의미의 회심이 싹트기 시작했다는 것이다. 개종으로 인해

---

23) 람 사란 샤르마, 『인도고대사』, p.191.

아쇼까의 내면에 변화가 일어난 것이 아니라, 깔링가 전쟁이라는 참상을 겪고 난 후 회심의 큰 변화가 일어난 것이다. 이런 점에서 아쇼까는 깔링가 전쟁을 계기로 진정한 의미의 불자가 되었다고 해도 무방하다.

혹자는 깔링가 전쟁이 아쇼까가 불교로 개종한 계기가 아닌가, 다시 말해 아쇼까의 불교 개종이 깔링가 전쟁 이후가 아닌가 하는 추측을 낳게 했다. 이미 말한 것처럼 그것은 근거 없는 이야기이다. 그와 같은 추측은 단지 전쟁의 참상과 그 결과를 드라마틱하게 각색하는 과정에서 생겨난 상상에 불과하다고 보아야 할 것이다. 단지 야망을 채우고 왕국을 살찌우기 위해 자행되었던 대대적인 피의 전쟁은 그의 내면에 서서히 응결되고 있던 신념을 구체화하는 데 기여했을 뿐이다.

막강한 군사력을 지닌 제국의 왕이 어째서 당시에는 흔히 있을 수 있는 전쟁의 경험으로 이다지도 깊은 회한에 잠기게 되었는가? 어떻게 해서 그와 같이 깊은 참회를 하게 되는가? 어째서 지난날 자신이 그토록 당당하게 무용을 자랑하던 그 일들에 대해 깊은 참회를 느끼고 양심의 가책을 느끼는가? 이처럼 큰 변화는 한순간에 일어난 것이 아니라, 점진적인 준비과정이 있었을 것이다. 내면의 변화는 그냥 일어나는 것이 아니다. 흔히 앞이 캄캄해지는 사건을 통해서 일어난다.

아쇼까왕에게 깔링가 전쟁은 흔히 성자들이 깨달음에 드는 문턱에서 맞이하는 '캄캄한 영혼의 밤'과 같다. 『바가바드기따』에서 아르주나가 적과 대면해 막 전투가 시작되려는 순간, 앞이 캄캄해지고 온 몸의 털이 곤두서던 것과 같다. 이때 전장은 명상을 위한 최적의 장소가 된다. 백척간두에 섰을 때, 비로소 "참된 자아란 무엇인가?"를 물을 수 있다. 아쇼까왕에게 깔링가 전쟁은 실로 초발심을 가능하게 한 절체 절명의 순간이며, 죽는 날까지 불법 수호를 위해 모든 노력을 기울일 수 있었던 힘의 원동력이다. 더욱이 그는 모든 인류가 폭력과 차별과 상해로부터 자유로울 수 있기를 원한다. 이 점에서 그는 불교를 넘어서서 보편 종교를 생각하고 있었는지도 모른다. 그의 생애를 통해 불교뿐만 아니라 자이나교, 심지어는 외도外道들에게까지 보여준 관용은 그가 불교도였느냐 아니냐를 따지는 물음 너머에 있다. 그는 불교도만을 위한 불교가 아니라 모든 중생을 위한 불교를 염두에 두고 있다.

모든 백성들은 나의 자녀이며, 내가 나의 친자녀들을 위해 그들이 완전한 복지와 행복을 누리기를 바라는 것처럼, 이와 마찬가지로 모든 사람을 위해 그렇게 희망한다(다울리 별각 칙령i).

Imperor Ashoka

불법에
귀의하다

아쇼까는 자신이 언제 어떻게 누구에 의해서 불교에 귀의하게 되었는지 말이 없다. 어떤 명문도 이에 대한 실마리를 제공하지 않는다. 다만 아쇼까 자신의 기록으로 보면 회심에는 어느 누구의 강제나 권유에 의한 것이 아니라, 철저하게 스스로의 반성과 자각에서 일어났다고 할 수 있다.

비문의 침묵에도 불구하고, 북전에서는 아쇼까의 불교 귀의가 사무드라라는 어린 비구와 관련이 있는 것으로 전한다. 『아쇼까바다나』에 따르면, 사무드라는 슈라바스띠 상인의 아들이었는데, 부모가 바다에 있는 동안에 태어났기 때문에 그런 이름을 지니게 되었다[1]. 열두 살 때까지 그는 부모와 함께 여행했다. 그의 아버지는 5백 명의 산적들에게 습격당해 살해되었다. 그 후 사무드라는 출가하여 비구가 되었으며, 이리저리 유행하다가 빠딸리뿌뜨라에 도착했다.

아침에 가사를 갖추어 입고 탁발을 나섰는데, 잔인한 기리까의 지옥[2]의 문 앞에 당도했다.

그 문은 아름다웠다. 그러나 그 안은 지옥처럼 무시무시했다. 그것을 본 후 그는 돌아서려 하는데, 그만 그 잔인한 기리까의 눈에 띄어 붙잡히고 말았다. 기리까가 말했다.

---

1) '사무드라'는 '바다'라는 의미를 지니며, 『아육왕전』에서는 '사무드라'라는 이름을 뜻으로 새겨 '해海'로 번역했다.(한글대장경 『대당서역기 外』, 동국역경원, p.429).

2) 『아육왕전』 제1권에서는 애락옥愛樂獄이라 번역했다.(한글대장경 『대당서역기 外』, 동국역경원, p.429).

"너는 실로 여기에 죽으러 왔구나."

비구는 슬픔에 잠겨 흐르는 눈물을 주체할 수가 없었다.

기리까가 말했다.

"이게 뭐야, 어린아이처럼 울고 있잖아?"

비구가 말했다.

"나는 결코 내 사지가 잘리고 목이 잘릴까봐 슬퍼하는 게 아니다. 내가 슬픈 것은 열반을 얻지 못하게 되었기 때문이다. 어렵게 사람의 생을 받아 태어나, 행복을 가져오는 계를 받았으며, 또한 '석가족의 사자'를 스승으로 모셨는데, 나는 이제 무지한 사람처럼 나를 버려야 하는구나."

기리까가 말했다.

"나는 왕의 총애를 한 몸에 받고 있는 사람이다. 어리석게 굴지 마라. 빠져나갈 구멍이 없다."

그러자 비구는 좋은 말로 단 한 달의 말미를 달라고 빌었다. 그에게 이레가 허용되었다. 그의 가슴 속에는 죽음의 공포가 엄습했으며, 마음에 갈피를 잡을 수 없게 되었다. '이레 밖에는 살지 못하는구나.'

이레째 되는 날, 아쇼까왕은 왕자와 사랑에 빠져 있는 궁녀가 왕자와 이야기하고 있는 장면을 목도했다. 화가 난 아쇼까는 그 둘 모두를 바로 기리까의 감옥으로 보내버렸다. 거기서 그들은 쇠로 만들어진 절구 안에서 공이로 찧어져서 뼛가루로 변했다. 이 광경을 본 비구가 말했다.

"슬프도다. 그 위대한 현자, 그 자비로운 스승이 본래 아름다운 자태란 단지 거품과 같고 무자성이며 무상하다고 잘 말해주었다. 그 아름답던 용모는 어디에 있는가? 그 우아하던 몸매는 어디로 가고 없는가? 단지 어리석은 자들만 즐거움을 취하는 이 윤회의 수레바퀴, 이 감옥에 갇힌 나에게 기회가 왔다. 그것을 방편 삼아 나는 오늘 피안에 이르리라."

붓다의 가르침에 의지해 그는 밤새도록 정진했으며, 마침내 모든 속박을 끊고 아라한과를 얻었다.

날이 새자 기리까가 비구에게 말했다.

"비구여 밤이 지나고 해가 솟았다. 이제 너에게 마땅히 일어나야 할 일이 일어날 것이다."

그러자 비구가 말했다.

"만수무강하시오. 나의 밤 또한 지나가고 태양이 솟았소. 다른 사람들을 위해 자비를 베풀 시간입니다. 당신 뜻대로 하시오."

기리까가 말했다.

"나는 너를 이해할 수 없다. 네가 한 말을 설명해 보거라."

비구가 말했다.

"나의 가슴으로부터 또한 그 무시무시한 미혹의 밤이 사라졌다. 다섯 겹의 장애로 덮히고 속박의 도적들이 우글거리는 그 미혹의 밤이 지나갔다. 내 마음의 하늘에 찬란한 지혜의 해가 솟았다. 그 광휘로 나는 여기서 삼계의 실상을 있는 그대로 본다. 이제 내가 다른 사람들에게 자비를 베풀 시간이다. 이 육신은 이미 오래 살았다. 당신 뜻대로 하시오."

잔악무도한 마음의 소유자요 미래의 생에 대해 아무런 기대도 없는 기리까는 잔뜩 화가 났다. 그는 비구를 사람의 피와 똥오줌 같은 오물로 가득한 큰 솥으로 던져 넣었다. 그리고는 기름을 잔뜩 붓고 불을 피웠다. 시간이 지나고 많은 기름이 소모되었지만, 솥은 도무지 뜨거워지지 않았다. 세게 풀무질하여 불길을 세게 했다. 여전히 그 솥이 데워지지 않자, 기리까는 솥 안을 들여다보았다. 그 속에는 결가부좌를 한 채 미동도 없이 앉아 있는 비구가 있었다. 이 광경을 본 기리까는 왕에게 이

사실을 알렸다. 왕이 오고 군중들이 모여들었을 때, 비구는 그들을 개종
시킬 시간을 기다렸다.

사무드라는 자신의 몸에서 물과 불을 떨쳐버리는 두 가지 기적 이외
에 여러 가지 기적을 행했다. 아쇼까가 사무드라의 정체를 물으면서 말
했다.

"이제 너에게 일어난 일의 전말을 나에게 말하라. 그러면 내가 너의
놀라운 능력을 알게 되리라. 너의 다르마의 위대함을 알게 되면, 나는
제자로서 최선을 다해 그것을 굳게 지키리라."

그러자 비구가 생각했다. '이 사람은 부처님의 거룩한 말씀을 받아들
여서 부처님의 유골을 널리 퍼뜨릴 것이다. 그를 잘 이끌어서 많은 사람
들의 행복을 도모하리라.'

왕에게 자신의 정체를 말했다.

"왕이시여, 다르마를 좇는 자인 나는 지극히 자비로우신 부처님의 아
들입니다. 부처님은 모든 번뇌를 끊으신 분이며, 법을 설하는 자들 중에
으뜸이십니다. 나는 적정을 이루신 그분의 도움으로 고요한 마음을 얻
었으며, 존재의 사슬을 벗고 윤회의 수레바퀴에 따른 무한한 고통에서
벗어났습니다. 또한 당신은 부처님께서 멸하신 후 백 년 뒤에 빠딸리뿌
뜨라의 왕이 될 것이며, 정법을 위해 부처님의 유골을 나누어서 8만 4천
의 불탑을 세우리라고 수기하신 것을 알아야 합니다. 그런데 실로 폐하
로 말미암아 지옥 같은 이곳이 만들어졌으며, 여기서 수천의 사람들이
죽어갔습니다. 폐하, 당신께서는 모든 중생들에게 성소로 만들어서 부
처님의 뜻하신 바가 이루어질 수 있게 해야 합니다."

이에 아쇼까는 자신의 악행을 참회하고 부처님에게 용서를 구하는
기도를 하고 붓다와 다르마에 귀의했다. 또한 아쇼까는 부처님께 경의

를 표하여 세계를 법당들로 장엄하리라는 약속을 했다. 그러자 비구는 자신의 신통력으로 그 자리를 떠났다.[3]

『아쇼까바다나』의 한역에 해당하는 『아육왕전』에도 이 이야기가 약간 각색되어 그대로 전해진다. 5세기 초 현장이 가야를 방문했을 때, 아쇼까왕의 불교 귀의에 관한 같은 이야기를 들었으며 『대당서역기』에 이 이야기를 전하고 있다. 『아육왕전』의 내용과는 달리 『대당서역기』에서는 사무드라 비구가 기리까의 옥에 갇히기 전 대문 앞에서 "어떤 사람이 묶인 채로 끌려 와서 손발이 잘리고 사지가 찢겨 순식간에 온몸이 산산조각 나는 것을 보고" "깊은 슬픔과 애도하는 마음이 일어 무상관을 이루고 무학과를 증득했다."고 묘사한다.[4] 또한 여기서는 사무드라라는 이름이 구체적으로 언급되지 않는다.

아쇼까의 개종에 관한 북전의 이야기와 관련하여 한 가지 주목할 점은 사무드라 비구의 초능력이 부각되고 있다는 것이다. 아쇼까가 다르마를 받아들이고 불교에 귀의하게 하는 직접적인 원인은 사무드라 비구의 초능력이다. 이 점은 아쇼까의 비문에 나타난 내용과 상당히 다르다. 『아쇼까바다나』에서는 아쇼까가 처음에 불교에 관심을 가지게 되는 것은 붓다의 가르침이 지니는 심오함 때문이 아니며, 사무드라 비구라는 한 개인의 특별한 능력에 이끌린 결과이다. 여기서는 암벽칙령 xiii에서 보이는, 아쇼까 자신의 그릇된 행위에 대한 참회도 보이지 않는다.

남전의 『사마나빠사디까』*Samanapāsādikā*에 나타난 아쇼까의 개종 장면은

---

3) John S. Strong, *Aśokāvadāna*, pp.214~218.
4) 한글대장경 『대당서역기 외』, p.228.

▲ 빠딸리뿌뜨라 유적에서 발굴된 석주

그 내용이나 성격에서 『아쇼까바다나』와 상당히 다르다. 아쇼까의 개종이 우연히 일어난 것이 아니라 즉위 초부터 꾸준히 내적 전환을 모색해 오던 중에 니그로다라는 사미승을 만나 개종하는 것으로 이야기된다. 아쇼까는 '내적인 본질'antosāram을 지닌 현자를 찾고 있었다. 그가 완전한 다르마를 들을 수 있는 잘 수련된 덕 있는 현자를 널리 찾고 있었다는 것은 밤사 문헌의 여러 곳에서 알 수 있다.[5]

5) 『디빠밤사』 vi.24~30 ; 『마하밤사』 v.34~36.

스리랑카의 밤사 문헌에 따르면, 즉위 후 3년 동안 아쇼까왕은 여러 종파들을 골고루 옹호했다. 즉위 4년에 그는 불교로 개종했다. 그의 아버지 빈두사라왕은 바라문교를 따랐다. 빈두사라왕은 바라문, 유행자, 고행자 6만 명에게 식사를 대접했으며,[6] 아쇼까도 한동안 그와 같이 했다. 아쇼까는 사자우리 장식의 발코니에 서서 그들이 식사하는 광경을 바라보고 있었다. 중구난방이었다. 행동이나 생각에서 도무지 절제된 구석이라고는 전혀 찾아보기 어려웠다. 진리를 추구하는 자로서의 조용한 식사 풍경이 아니었다. 그는 생각했다. '이런 식의 식사공양은 차라리 없애는 게 낫겠다. 탁발을 받을 만한 사람들에게 식사를 대접해야 옳다.' 그와 같이 생각한 아쇼까는 대신들에게 명했다. "가서 성자로 공경을 받는 은둔자들과 바라문들을 이 자리에 데려 오라. 나는 그들에게 음식을 대접할 것이다." 왕의 말에 신하들이 대답했다. "폐하, 옳은 말씀입니다." 신하들은 빤다랑가 종파, 아지비까 종파, 자이나교 등의 고행자들을 데려와서 왕에게 말했다. "왕이시여! 이들이야말로 탁발을 받을 자격이 있는 자들입니다." 왕은 궁궐 안 큰 방에 높고 낮은 좌석들을 마련하게 하고 그들에게 말했다. "어서 들어오시오." 들어오는 사람 각각에게 그는 말했다. "당신에게 적합한 자리에 앉으시오." 어떤 사람들은 좋은 좌석에 또 어떤 사람들은 가장자리 허름한 의자에 앉았다. 이런 광경을 본 왕은 또한 실망했다. "속에 든 것이 전혀 없다." 그는 그들에게 음식과 마실 것을 대접한 후 보내버렸다.

6) 『마하밤사』 v.34에 따르면 빈두사라왕은 다만 6만 명의 바라문들에게만 음식을 제공했다.

그러던 어느 날, 사자 문양으로 화려하게 장식한 발코니에 서 있던 아쇼까왕이 궁궐 경내를 지나가는 사미승sāmaṇera 니그로다를 보았다.

그는 감정이 제어되고 용모가 우아했다. 마차의 멍에 길이만큼 앞쪽에 시선을 고정한 채 흐트러짐 없는 몸가짐이었다. 그를 본 왕의 마음속에 이런 마음이 일었다. '이 모든 백성들은 마치 뿔뿔이 흩어지는 사슴떼처럼 산란한 마음을 지니고 있는데, 이 어린 소년은 집중된 마음을 지니고 있구나. 그의 시선과 행동거지가 우아하고 단정하구나. 분명히 그의 내면에는 초세간적인 어떤 다르마가 있을 것이다.' 그를 보는 순간 왕의 마음이 그 사문으로 인해 유쾌했고, 애정이 일어났다. 왕은 애정과 존경하는 마음으로 신하를 보내어 그를 모셔오도록 했다.

그 사미는 보통의 걸음걸이로 왔다. 왕이 말했다.

"적당한 자리를 찾아 앉으시오. 어느 자리라도 내가 허용하겠소."

사미는 주변을 둘러보았고, 거기에 다른 어떤 비구도 없다는 것을 알고는 흰 파라솔이 드리워진 보좌로 가서 왕에게 자신의 발우를 쥐라고 가리켰다. 보좌로 다가가는 그를 본 왕은 생각했다. '오늘 바로 이 순간 저 사미가 이 집의 주인이 되겠구나.' 사미는 자신의 발우를 왕의 손에 쥐어주고 보좌에 올라가 앉았다. 왕은 그를 위해 마련한 온갖 음식을 정성껏 올렸으며, 사미는 기꺼이 받아먹었다.

공양이 끝나자 왕이 물었다.

"당신이 배운 다르마를 나에게 설해 주시오. 당신은 스승입니다. 위대한 현자여, 당신의 가르침을 들으면, 당신의 말을 믿고 따르겠소, 우리는 당신의 설법에 귀 기울이겠습니다."

왕의 간청을 들은 니그로다가 말했다.

"대왕이여, 나는 한 설법을 들어 압니다."

"존경하는 이여, 그것을 나에게 말해 주시오."

"좋소, 대왕이여."

감사를 드릴 셈으로 그는 『담마빠다』의 압빠마다박가Appamādavagga[7])를 설했다.

단지 "온 마음을 다하는 것은 불멸로 가는 길이며, 나태는 죽음으로 통하는 길이다. 온 마음을 다하는 자는 죽지 않으며, 나태한 자는 살아서도 죽은 자나 다를 바 없다."라는 구절을 듣고, 왕이 말했다.

"친애하는 이여, 당신은 내가 미처 모르던 것을 나에게 일깨워 주었소."

니그로다의 설법을 들은 왕은 그것이 전능한 붓다가 남긴 모든 설법의 근본이라는 것을 이해했다.

"바로 오늘 나는 삼보에 귀의합니다. 나의 아내들과 자식들과 함께 나는 우리 모두가 불법을 따르는 사람이라는 것을 선언합니다. 경의를 표하는 의미에서 장로들을 위해 항상 여덟 사람 몫의 공양을 올리겠습니다."

그러자 니그로다가 말했다.

"붓다의 수많은 제자들이 있다. 그들은 삼장에 능통하고 신통력을 지니고 있으며, 부동심을 지닌 아라한들입니다."

왕이 다시 말했다.

"나는 승가를 보고 싶다. 나는 모인 모든 사람들에게 경의를 표할 것이다. 나는 다르마를 들을 것입니다."[8])

---

7) appamāda는 uṭṭhāna, virya, purisa-kāra, purisa-parakama 등과 동의어이며, 이 모든 용어들은 '불굴의 노력' 또는 '용맹정진勇猛精進하는 삶'을 의미한다.

8) 『디빠밤사』 vi.43~58.

이로써 아쇼까는 승가와 만나게 된다. 왕은 니그로다에게 하루 여덟 사람
몫의 공양을 대접하기 시작했으며, 니그로다는 그것을 다시 스승, 설법자,
공동체에 나누어 주었다. 그 후 왕은 차츰 궁중에서 식사하는 바라문의 숫
자를 줄이는 대신 비구들의 숫자를 늘렸다. 『디빠밤사』에 따르면, 니그로다
와 접촉 후 아쇼까는 승가의 모든 비구들을 보고자 했으며, 따라서 그 다음
날 큰 식사 모임이 이루어진다. 6만 명의 비구가 초청된다. 각 비구는 온갖
예우를 받으며 또한 각기 가사 한 벌을 받았다.[9] 이 모임의 끝에 왕은 "승가
가 원하는 만큼 보시하겠다."[10]고 선언한다. 그런 다음에 그는 비구들에게
심오한 가르침을 청했다. 이에 승가는 다르마의 특징과 내용에 대한 상세한
설명을 한 후에, 아쇼까에게 붓다의 교설이 8만 4천 부분으로 나누어진다고
말한다. 그러자 아쇼까가 말했다. "나는 각 승원에 한 부분의 다르마를 부
여하면서 8만 4천 승원을 지을 것이다."[11] 그 당시 인도에는 8만 4천 도시
가 있었다. 그는 각 도성에 하나씩 승원이 건립되도록 한 것이다.

3년 안에 8만 4천 승원들을 건립한 후 아쇼까는 이레 동안 큰 잔치를 벌
였다. 아쇼까는 이 잔치에서 다음과 같이 말한다.

나 또한 스승 붓다의 법을 상속한 사람이다. 믿음의 정수를 설하는 분
들에 대한 나의 관대함은 위대했다. 9억 6천만이라는 엄청난 재원으로
나에 의해 8만 4천의 승원들이 건립되었다. 각각의 승원은 세존 붓다에

---

9) 『디빠밤사』 vi.82.

10) 『디빠밤사』 vi.85.

11) 『디빠밤사』 vi.96.

▲ 붓다의 사리가 안치된 바이샬리 스뚜빠 유적 - 붓다의 주검은 화장된 후 8등분되어 스뚜빠에 안치되었다. 훗날 아쇼까왕은 여덟 곳의 스뚜빠 중 일곱 곳을 헐고 사리를 다시 모아 인도 전역에 팔만사천 스뚜빠를 축성하였다.

의해 설해진 8만 4천 법문을 기리기 위한 것이다. 매일 40만의 경비가 지출되었다. 십만은 명예로운 승원들에, 십만은 니그로다를 위해, 십만은 다르마를 설하는 분들을 위해, 그리고 나머지 십만은 걸식자들을 위한 것이었다. 갠지스강과 똑같은 양의 밥이 매일 제공되었다. 나보다 더 큰 관대함을 보인자는 지금까지 없었다. 나의 믿음은 실로 확고하다. 그러므로 나는 믿음의 상속자다.[12]

이에 대해 목갈리뿟따 장로가 대답했다.

12) 『디빠밤사』 vii.8~13.

당신은 사실 승원에서 필요로 하는 물건을 보시하는 사람이며, 믿음 바깥에 있습니다. 아들이나 딸을 주어서 그로 하여금 계를 받게 하는 자, 그는 실로 믿음의 상속자입니다.[13]

그래서 왕의 즉위식 후 7년에 마힌다와 상가밋따의 수계가 주선되었다. 아쇼까의 불교 개종에 대한 남전의 내용을 정리하면 다음과 같다. 즉위 후 3년 동안 바라문들에게 식사를 제공하는 청식請食 전통과 걸식을 수용하는 전통을 고수했다. 불교 신자Buddhasāsana로서의 지위 또한 3년 동안 변화를 가져온 것으로 말해진다. 8만 4천 승원 조성에 필요한 재원을 보시했던 이 첫 3년 동안, 그는 빳짜야다야까Paccayadāyaka, 즉 믿음에 물질적인 필요품들을 공급하는 자로 간주되었다. 즉위식 후 6년이 지나고 즉위 7년이 되던 해, 마힌다와 상가밋따를 승가에 출가시키던 해에 그의 입장은 사사나다야도Sāsanadāyādo, 즉 믿음의 상속자가 되었다.

아쇼까가 불법을 만나는 인연에 대한 북전과 남전의 묘사는 전혀 다르지만, 아쇼까와 불교의 접촉이 처음부터 승가 전체가 아니라 단지 승가를 대변하는 개인과의 만남이 먼저고 나중에 승가 전체와 관계를 지닌다는 점에서 북전과 남전은 공통된다. 아쇼까와 불법의 만남을 우연한 만남으로 묘사하는 점에서도 같다. 그러나 그 우연한 만남은 아쇼까의 개종에 결정적인 영향을 미친다.

한편 남전에 전하는 아쇼까의 개종 이야기는 아쇼까와 니그로다의 만남

---

13) 『디빠밤사』 vii.16~17.

이 단지 우연만은 아니라는 것을 암시하고 있다. 우연은 결코 우연히 일어나지 않는다는 것이다. 아쇼까의 개종을 도모한 니그로다는 빈두사라왕의 장자 수마나왕자의 아들이었다. 그 배경에는 아쇼까왕의 왕위계승 문제가 연관되어 있으며, 아쇼까가 수마나 왕자를 살해한 악연을 고리로 니그로다가 아쇼까를 개종시킨다는 내용을 담고 있다. 니그로다가 보좌로 다가갈 때, 보좌로 다가가는 것을 보고 '오늘 바로 이 순간 저 사미가 이 집의 주인이 되겠구나.' 하고 생각하는 장면은 수마나의 아들인 니그로다야말로 왕위를 이을 수 있는 적자였다는 암시로 볼 수도 있다. 니그로다는 아쇼까가 수마나를 죽였을 때, 수마나의 아내가 불촉천민들이 사는 곳으로 피신해 낳은 아들이다. 마하바루나라는 이름의 아라한이 니그로다의 운명을 예견하고 그곳에 살고 있었는데, 니그로다가 7살이 되었을 때, 마하바루나 아라한은 때가 되었음을 알고 수마나의 아내에게 알린 후 니그로다에게 수계했다. 니그로다는 삭발한 방 바로 그곳에서 아라한과를 얻었다.[14]

또한 남전은 아쇼까가 불법을 만날 수 있었던 것은 이전부터 내면의 세계에 대한 깊은 관심을 가지고 있었기 때문인 것으로 본다. 아쇼까의 개종은 우연히 일어난 것이 아니라, 즉위 초부터 꾸준히 내적 전환을 모색해 오던 중에 니그로다라는 비구를 만나 개종하는 것으로 이야기된다. 진작부터 아쇼까는 '내적인 본질'을 지닌 현자, 완전한 다르마를 들을 수 있는 잘 수련된 덕 있는 현자를 널리 찾고 있었으며, 신하들과도 이 문제를 의논한다. 그 결과 마침내 니그로다 사미승을 만난 것이다. 니그로다의 정제된 품행은 왕에게 호의적인 인상이었을 것이다. 인도의 어떤 종교 전통도 불교와 같은 품행을 고집하지 않았다. 차분하고 고요한 행동거지는 이미 초기불교

14) 『마하밤사』 v.41~46.

부터 비구·비구니들의 가장 눈에 띄는 특징이었다. 아쇼까가 니그로다에게 끌린 것은 그의 '집중된 마음'이다. 니그로다는 단지 아쇼까가 승가와 만나게 되는 계기로 간주될 뿐이다.

남전에서는 아쇼까가 어떤 종교를 평가함에 있어서 '내적 본질'을 중요시했다는 점, 그리고 그가 불교로 개종한 것은 일시적인 기분이나 감정에 따른 것이 아니라, 당시의 모든 종교 사상들의 본체를 두루 살펴본 후에 이루어졌다는 점을 강조하고 있다. 악한 아쇼까가 법의 아쇼까로 바뀐 사실보다는 다른 모든 종교에 비해 불교가 우수하다는 것을 드러내는 장면에 더욱 중점을 두고 있다. 불교가 아쇼까를 위해 무엇을 했는가보다는 아쇼까가 불교를 위해 무엇을 했는가에 더 큰 관심을 보인다고 말할 수도 있을 것이다.

이와 같이 스리랑카 연대기들은 아쇼까와 니그로다의 만남이 지니는 내적인 인연에 주목하면서, 아쇼까의 점진적인 개종을 이야기하고 있는 반면에, 북전은 사무드라와의 우연한 만남 한 번으로 아쇼까의 개종이 일어난 것으로 본다. 또한 아쇼까가 사무드라에게 관심을 가지게 되는 요인은 '내적인 본질'이나 '집중된 마음'보다는 사무드라가 보인 여러 가지 신통력이었다. 아쇼까는 사무드라의 놀라운 능력을 보고 그 연유를 알고자 하는 마음에서 불법을 듣게 된다. 사무드라가 외적으로 신통력을 보였다면, 니그로다는 집중된 마음의 내적 본질로 아쇼까를 이끌었다.

북전에 따르면, 사무드라 비구의 신통력에 이끌려 불교에 귀의한 아쇼까는 우빠굽따 장로와의 만남과 그 후의 성지순례를 통해 '내적 본질'을 갖춘 불자가 된다. 『아쇼까바다나』는 우빠굽따 장로의 안내로 이루어지는 아쇼까의 성지순례에 큰 의미를 부여하고 있으며, 이 점은 아쇼까의 여러 칙령들과 일치한다. 우빠굽따는 전세에 부처님의 수기授記를 받았으며, '이미 태어나 번뇌를 소멸하여 아라한의 도를 얻어서 만 팔천의 아라한과 더불어 우류만다산優留慢茶山의 나라발리아란야처那羅跋利阿蘭若處에' 머물고 있었다. 이에 아쇼까는 금강심金剛心을 얻기 위해 해탈한 존자 우빠굽따를 만나고자 했다. 우빠굽따를 만났을 때, 아쇼까는 그 기쁨을 다음과 같이 표현하고 있다.

저는 지금 일체의 원수를 끊어 없애고 염부제의 모든 성城과 산과 바다를 얻고 천하의 부富를 얻었습니다만, 그 기쁨은 오늘 존자를 직접 뵐 수 있는 것만 못합니다. 왜냐하면 지금 존자를 뵈오니 곧 삼보 가운데 깊은 공경과 믿음이 생겨났기 때문입니다.

우빠굽따를 만난 인연으로 생겨난 삼보에 대한 깊은 공경과 믿음은 아쇼까의 성지순례와 불탑조성으로 나타난다. 이에 아쇼까는 우빠굽따에게 부처님께서 유행하고 머무신 곳 모든 곳에 탑을 세우고 싶다고 말한다. 이것은 '장차 나올 중생들에게 신심과 존경이 생겨날 수 있도록 하기 위함'이다.

우빠굽따는 먼저 룸비니로 안내해서 붓다가 태어날 때 마야부인이 잡았던 무우수 가지를 보여 주었다. 아쇼까는 큰 재물을 보시하고 탑을 세웠다. 그런 다음에 까삘라바스뚜로 가서 여러 곳을 안내하면서 붓다의 탄생과 출가까지의 일생을 이야기했으며, 이어서 고행자 싯다르타가 고행을 했던 곳으로 가서 각 장소와 관련된 붓다의 일생에 관한 에피소드를 소개한다. 그 다음 목적지는 보리수이다. 장로는 어떻게 붓다가 마하마이뜨리의 도움으로 마라를 제압할 수 있었는지 묘사한다. 여러 곳을 거쳐서 아쇼까와 우빠굽따는 붓다가 3개의 태와 12개의 살로 이루어진 법륜을 굴린 사르나트를 순례한 후, 꾸쉬나가르로 간다. 붓다의 열반에 대한 장로의 설명을 들은 왕

▲ 룸비니 석주 – 붓다의 탄생을 기념하여 아쇼까왕이 세운 석주이다. 브라흐미 문자로 새겨
진 칙령을 담고 있다.

은 슬픔에 잠겨 실신한다.

아쇼까는 순례지마다 큰 재물을 보시하고 탑을 세웠다. 훗날 현장은 특
히 아쇼까가 세운 승원들과 스뚜빠stūpa들에 대해 많은 기록을 남겼다. 아쇼
까보다 거의 천 년 후에, 왕에 의해 건립된 수많은 승원들과 스뚜빠들을 본
것이다.

아쇼까가 좀 더 순례하자고 부탁하자, 우빠굽따는 사리불, 목건련, 대가섭 등, 붓다의 직제자들의 스뚜빠로 안내했다. 또한 아쇼까는 우빠굽따로부터 석가모니 붓다를 친견한 삔돌라브하라드와자 비구가 아직 살아있다는 이야기를 듣는다. 삔돌라브하라드와자 비구는 석가모니 붓다 재세 때에 자신이 직접 들은 아쇼까의 전생 이야기를 아쇼까에게 들려준다. 아쇼까가 전생에 석가모니 붓다에게 흙 공양을 올린 이야기이다. 붓다의 자비와 장려함에 대해 직접 목격한 내용을 들음으로써 아쇼까의 불심은 더욱 확고하게 되었다.

『아쇼까바다나』에 따르면, 우빠굽따는 마투라의 우루문다산에 위치한 나따바따 사원에 주로 머물렀다. 이런 점에서 보면 주로 아쇼까라마에 머문 것으로 전해지는 목갈리뿟따띳사와는 전혀 무관한 것으로 보인다. 그럼에도 불구하고 스리랑카 전통은 우빠굽따를 목갈리뿟따띳사와 같은 인물로 묘사하는 듯한 느낌을 준다.[15] 『마하밤사』와 『선견율비바사』에 따르면, 아쇼까라마의 주지 목갈리뿟따띳사는 한때 마투라 인근 아호강가에서 7년 동안 은거한 뒤에 우빠굽따와 마찬가지로 뗏목을 타고 갠지스강을 내려가 빠딸리뿌뜨라에서 아쇼까를 만났다.[16] 실수로 대관이 아쇼까라마의 비구들을 살해한 일 때문에 죄책감을 느끼고 있던 아쇼까가 자신의 죄를 묻기 위해 목갈리뿟따를 빠딸리뿌뜨라로 초청했으며, 이에 응해 목갈리뿟따는 빠딸리뿌뜨라로 가서 아쇼까를 만난 것이다. 목갈리뿟따에 대한 북전의 침묵을, 남방 분별설부에 대한 설일체유부의 반감으로 추측하는 경

---

15) 띳사를 허구적인 인물로 보는 견해도 있다. Vincent A. Smith, *Asoka*, p.41을 보라.

16) 에띠엔 라모뜨, 『인도불교사 1』, p.494.

17) 츠카모토 게이쇼, 『아쇼까왕 비문』, p.81 참조.

우도 있다.[17)

우빠굽따 장로와의 성지순례 후, 아쇼까는 성지순례를 제도화하여 보리수에 정기적으로 예경을 표하게 하고, 승가에 풍부한 물자를 보시했다. 5년마다 큰 잔치를 열고 승가의 모든 구성원들에게 3의三衣를 보시하기로 결정했으며, 승가에 바쳐졌던 왕궁 소유지, 궁녀들, 신하들, 아들 꾸날라를

▲ 산치 마하스뚜빠(Mahāstūpa) 탑문(torana).

되찾기 위해 승가에 많은 재물을 지불했다. 성지순례에는 은둔자들과 바라문들을 방문하고 선물을 주는 일, 노인들을 방문하고 금이나 돈으로 선물을 주는 일이 따랐으며, 또한 그 지역 사람들을 방문해서 그들에게 다르마를 설하고 그들과 함께 다르마를 논했다. 이 일들은 왕을 크게 기쁘게 했다. 아쇼까는 순례지 모든 곳에 거금을 하사했지만, 박꿀라의 스뚜빠에서는 동전 한 닢만 준다. 왜냐하면 이 성자는 어려움을 이겨내는 데 거의 장애들을 만나지 않았으며, 따라서 동료 중생들에게 유익한 선행을 거의 하지 않았기 때문이다. 아쇼까 신앙심의 지극히 실천적인 단면을 보여주는 좋은 예다.

빨리어 문헌에서 아쇼까의 성지순례의 절정은, 즉위 19년에 스리랑카에 어린 보리수 묘목을 심기 위해 어린 가지를 취하러 보드가야로 가는 장면이다. 『마하밤사』는 이 방문과 관련된 화려한 행렬과 기념식을 묘사한다. 이 장면은 흔히 산치 대탑 동문 회랑 아랫부분에 묘사된 보리수로 가는 행렬로 믿어진다. 한편 북전에서 아쇼까의 성지순례는 우빠굽따 장로가 세 번째 목적지로 안내한 보리수 순례에서 절정에 이른다.

북전에는 아쇼까의 개종 시기뿐만 아리라, 그의 삶에서 일어난 어떤 사건에 대한 연대기적 정보가 전혀 없다. 빨리어 문헌에서는 아쇼까의 개종이 왕권 장악 후 8년, 즉 즉위 후 4년으로 언급된다. 『디빠밤사』, vi.55, xii.5에 따르면, 아쇼까의 개종은 삼보에 대한 귀의를 공식적으로 선언함으로써 우바새가 되었다는 것을 의미한다. 붓다고샤는 아쇼까의 개종이 삼보에 대한 귀의뿐만 아니라, 5계의 수계를 의미한다고 말한다. 아쇼까가 우바새였다는 것은 소암벽칙령, 특히 마이소르의 3곳에서 분명하게 언급된다.

2년 반 이상 나는 우바새였다. 그러나 나는 전력을 다하지 않았다. 그러다가 약 일년 동안 내가 승가와 만났을 때, 나는 전력을 다했다(소암벽칙령 i).

일부 학자들은 그의 개종이 종교적인 신념에 기반을 둔 것이 아니라, 단지 정치적인 이념을 확립하기 위한 것이라고 본다.[18] 물론 고대 인도에서 종교에 대한 나라의 후원이 정치조직과 사회경제적 토대에 대한 이념적 필요와 긴밀하게 관련된다는 것은 부인할 수 없다. 그러나 아쇼까가 단지 정치적인 이유에서 불교를 후원했다는 주장은 액면 그대로 받아들이기 어렵다. 소암벽칙령 iii은 아쇼까가 어떤 불교도 못지않게 진심으로 붓다의 말씀을 받아들이고 있음을 단적으로 보여준다. 위의 인용문에서도 보는 것처럼, 2년 반 이상 우바새로 지내다가 그 후 1년 동안 승가와 접촉함으로써 짧은 기간 안에 신앙심이 돈독해졌다고 말한다.

마스끼 소암벽칙령에는 아쇼까가 256일의 순례 여행 중에 붓다의 사리를 얻었다는 언급이 있다(소암벽칙령 i). 바브라칙령에서 아쇼까는 "승가에 인사드리고 승가가 병 없이 안락하게 지내기를 빈다."(소암벽칙령 iii)는 인사와 함께 불법승 삼보에 대한 아쇼까의 존중을 분명하게 표현한다. 이 칙령은 승가와 재가자들이 불전을 공부하고 깊이 성찰해야 한다는 권고가 있으며, 아쇼까는 붓다가 설한 것이라면 무엇이나 잘 설해진 것임에 동의한다. 그는 특히 다르마가 오래 지속될 수 있는 방법으로 경經에 대한 공부를 권고한다. 여기서 보이는 아쇼까의 경전 선별 안목은 그가 얼마나 불교 경전에 능통했는가를 입증한다.

소암벽칙령 iii에서 아쇼까는 여러 경전 가운데서 이른바 7종 법문을 선별해, 출가수행자와 재가자들이 읽고 연구할 것을 권장한다. 그가 권장한 7

---

18) 예를 들어, Romila Thapar는 아쇼까가 불교를 받아들인 배경에는 정치적인 목적도 있었다고 한다.(Asoka and The Decline of the Mauryas, p.144).

종 법문은 첫째, 비나야律에 대한 찬사Vinayasamukasa 둘째, 성자들의 계보 Ariyavasāni 셋째, 미래의 위험Anāgatabhayāni 넷째, 성자의 게偈Munigāthā 다섯째, 침묵에 관한 설법Moneyasūta 여섯째, 우빠띳사의 질문Upatisapasina 일곱째, 라훌라에게 한 훈계Lahulovada이다. 이 법문들은 주로 불교윤리와 관련된 내용을 담고 있다. '비나야에 대한 찬사'는 재가자의 삶에서 근간이 되는 율을, 그리고 '성자들의 계보'는 이상적인 비구의 모습을 담고 있으며, '미래의 위험'은 장차 닥칠 수 있는 위험을 알고 열심히 정진해야 한다는 내용을 담고 있다. '성자의 게', '침묵에 관한 설법', '우빠띳사의 물음'은 성자의 길을 제시하며, '라훌라에게 한 훈계'는 불망어계와 관련된다.[19]

암벽칙령 xiii에서 아쇼까는 즉위 10년에 보드가야의 보리수 순례,[20] 경건한 법의 순례를 언급하고 있으며, 룸민데이의 비문은 즉위 20년이 되는 해에 아쇼까가 붓다의 탄생지인 룸비니를 순례했다고 전한다. 그는 룸비니에 석벽을 쌓고 석주를 세웠으며, 그 마을 주민들에게 조세를 면제해 주고 생산의 1/8만 바치게 했다.[21] 그는 니갈리 사가르에 있던 과거불 꼬나까무니拘那含牟尼의 스뚜빠를 두 번이나 순례했으며 그것을 두 배로 증축하고 여러 가지로 장식했다.

아쇼까가 불교를 수용한 것은 포괄적이었으며, 이것은 흔히 '분열칙령'이라고 불리는 까우샴비, 사르나트, 산치의 석주에 있는 명문에서도 생생하게 입증된다. 여기서 그는 자신이 승가의 통합에 큰 역할을 했다는 것을

---

19) 츠카모토 게이쇼, 『아쇼까왕 비문』, pp.65~66.

20) 암벽칙령 viii에서는 anutarā samyaksaṃbodhi正覺을 줄여서 saaṃbodhi라고 표현했다. 따라서 "정각을 위해 출발했다"고 번역할 수도 있다. 그러나 대개 이 말은 붓다가 정각을 이룬 곳, 즉 보드가야의 보리수를 순례한 것으로 받아들인다. 『디비야바다나』는 아쇼까가 우빠굽따 장로의 안내로 보드가야의 보리수를 순례한 일을 기록하고 있다.

21) 마우리야 왕조에서 토지세는 소출의 1/6을 받는 6분세六分稅가 기본이었다.

▲ 사르나뜨 석주 – 흔히 "분열칙령'이라고 불리는 내용을 담고 있으며, 현재 사르나뜨 고고학박물관에 소장된 이
석주의 주두는 인도의 국장으로 사용된다.

기록하고 있을 뿐만 아니라, 승가의 분열을 야기하는 자는 누구를 막론하
고 흰 옷을 입혀 수행처 바깥에 머물게 해야 한다고 공포한다. 승가의 일에
자신이 적극적으로 개입하고 있음을 분명히 보여주는 대목이다.

아쇼까가 출가해 비구가 되었다는 주장도 있다. 아쇼까는 군주인 동시에
비구였다는 것이다.[22] 이 주장의 근거로 흔히 위에서 인용된 소암벽칙령 i
을 든다. 즉 2년 반 이상 우바새 신분이던 아쇼까가 승가에 다가감samghe

22) Vincent A. Smith, *Asoka*, p.35 ; 람 사란 샤르마, 『인도고대사』, p.191.

upayite, 승가와의 접촉, 또는 승가를 섬김으로써 열렬한 불자가 되었다고 했을 때, 여기서 '접촉', '다가감', 또는 '섬김'은 곧 '출가 비구가 되었음'을 의미한다는 것이다.

사실 7세기 중국의 순례승 의정義淨은 어떤 특별한 형태의 승복을 입고 있는 아쇼까의 동상에 대해 언급한다.[23] 더욱이 그는 중국의 황제 중에 이와 똑같이 한 황제가 있었다는 것을 알고 있었다는 사실로도 그의 기술이 진실이라는 것을 짐작할 수 있다. 502년에서 549년까지 통치했던 중국 양梁 왕조의 무제武帝는 신심 깊은 불교도였다. 절간 음식을 먹었으며, 하루 한 끼 식사를 했다. 그는 527년과 529년 두 경우에 실제로 승복을 입었다.[24]

그러나 소암벽칙령의 '승가에 다가감'을 '출가비구가 됨'으로 여기는 것은 지나친 확대 해석이며, 아쇼까 시대로부터 거의 천 년 후에 이루어진 의정의 기록도 있는 그대로 받아들이기 어렵다. '승가에 갔다'는 아쇼까의 표현이 출가를 의미하지 않는다는 것은 『디빠밤사』에서도 쉽게 짐작할 수 있다. 아쇼까는 왕실과 수도의 모든 사람들이 승가를 만나러 또는 승가를 시봉하기 위해 간다[25]는 의미로 "우리 모두가 승가로 간다."[26]는 표현을 쓴다. 이 용례로 미루어 본다면, 소암벽칙령에서 "내가 승가와 만났을 때" 표현은 단지 아쇼까가 승가와 접촉하며 승가를 섬겼다는 의미로 여기는 것은 무리가 없을 것이다.

아쇼까가 독실한 불교 신봉자였다는 것은 분명하다. 따라서 승가에 대한

---

23) Takakusu, *Translation of I-tsing, A Record of Buddhist Practices*, p.73.

24) Giles, *Chinese Literature*, p.133.

25) "gachchhantu saṃghadassanaṃ." 『디빠밤사』 vi.68.

26) "sabbe saṃghaṃ upayantu."

관심이 남달랐으며, 불교 교단의 화합과 지속을 위해 특별한 조치도 마다
하지 않았다. 분열법칙은 이에 대한 단적인 예다. 그럼에도 불구하고 불교
에 대한 그의 남다른 배려와 후원은 다른 종교들에 대한 배제를 의미하지
않았다. 그는 불교 뿐만 아니라 다른 모든 종파들에 대해서도 호의적이었
으며, 모든 종교가 두루 상생할 수 있는 길을 모색했다.

Imperor Ashoka

전세에 부처님께
흙을 보시한 소년

『아육왕전』에 따르면 아쇼까는 이미 전세에 부처님께 모래밥을 공양한 공덕으로 전륜성왕이 되어 불법을 널리 전파할 인연이 있었다. 어느 때 부처님께서 아난존자와 함께 성안으로 탁발하러 가시는 길에 소꿉장난을 하는 두 소년을 만나셨다.

한 아이의 이름은 덕승德勝으로 가장 문벌이 좋은 귀족의 아들이었고, 다른 아이의 이름은 무승無勝으로 두 번째로 문벌이 좋은 귀족의 아들이었다. 이 두 아이가 흙을 가지고 노는데 흙으로 성을 만들고, 성 가운데 다시 집과 창고를 만들고는 흙으로 만든 보릿가루를 창고 안에 쌓았다. 부처님의 서른두 가지 대인의 상으로 장엄하신 그 몸에서 금색이 방광하며 성의 안팎을 비추는데, 모두 금색으로 명철하지 않음이 없음을 이 두 아이가 보고는 기뻐했다. 그리고는 덕승이 두 손으로 창고 속의 흙을 움켜 쥐고 보릿가루라 이름하며 세존께 받들어 올리고, 무승은 옆에서 합장하며 따라 기뻐했다.[1]

이때 덕승 동자는 "장차 저로 하여금 천지를 덮어 다시 공양을 베풀 수 있도록 해주십시오."[2]라고 소원을 빌었다. 이에 부처님께서 아난존자에게 말씀하셨다.

---

1) 한글대장경 『대당서역기 외』, p.420.
2) 같은 책, p.420.

아난아, 알아야 한다. 내가 세상을 떠나고 백년이 지난 뒤에 이 소년
은 파련불읍에서 한 지역을 통치하는 전륜왕이 될 것이니, 성은 공작이
요 이름은 아육으로서 바른 법으로 다스리고 교화할 것이다. 또 내 사리
를 널리 전파하고 8만 4천 법왕의 탑을 만들어 한량없는 중생을 안락하
게 할 것이다.

또한 아쇼까가 전세의 인연으로 빈두사라왕의 아들로 태어나는 과정에
대해서도 상세하게 언급하고 있다.

아난아, 마땅히 알아야 한다. 파련불읍에 월호_{찬드라굽따}라는 이름의 왕
이 있고, 그 왕은 또 빈두사라라는 이름의 아들을 낳아 그가 나라를 다
스릴 것이다. 그에게는 또 수사마라는 아들도 있을 것이다. 그때 저 첨
파국膽婆國, Champa[3])의 어떤 바라문에게. 누구나 보기를 좋아하고 나라의
보배로 여기는 매우 단정한 딸 하나가 있을 것인데, 여러 관상가들은 그
여자의 상을 보고 곧 이렇게 예언할 것이다.
"저 여자는 장차 왕비가 될 것이다. 그녀는 또 두 아들을 낳으리니 한
명은 천하를 통치할 것이요, 다른 한 명은 출가해 도를 배워 성인이 될
것이다."
그래서 그 바라문은 관상가의 말을 듣고 한량없이 기뻐하며, 곧 그 딸
을 데리고 파련불읍으로 가서, 여러 가지 장식으로 그 몸을 치장하고 수
사마 왕자에게 시집보내려 한다. 그러나 관상가는 말하기를 "저 빈두사
라왕과 혼인시키십시오. 따님은 장차 복과 덕이 있는 아들을 낳아 대왕

---

3) Bhagalpur와 Monghyr를 포함하는, 북서 벵골지역 앙가(Aṅga)왕국의 수도였다. Benjamin Walker, *Hindu World*, vol.1, New Delhi ; Indus, 1995, p.116.

▲ 아잔타 석굴사원

의 뒤를 이을 것입니다."라고 한다. 바라문은 곧 그 딸을 빈두사라왕에
게 시집보내고, 왕은 그 여인의 단정함과 덕을 보고는 곧 부인으로 삼을
것이다.[4]

관상가의 예언은 계속된다. 첨파국 바라문의 딸은 빈두사라왕의 열여섯
명의 왕비 가운데 하나가 되지만, 먼저 부인들과 여러 채녀들이 그 여인의
단정함을 시기해 그녀가 왕과 가까이 하지 못하도록 이발사의 일을 배우
게 한다. 빈두사라왕이 처음에는 첨파국 바라문 여인의 일에 흡족해하다

4) 『잡아함경』 제23권, p.111.

가 차츰 그녀를 사랑하게 되며, 마침내 그녀를 첫 번째 부인으로 맞이한다. 그녀는 곧 임신을 해서 달이 차자 아들을 낳는다. 아들이 태어날 때 안온하여 그 어머니도 아무런 걱정이나 고통이 없으므로 이레가 지난 후에 이름을 무우無憂라고 짓는다. 그리고 또 아들을 낳는데, 그의 이름은 이우離憂라고 한다.5)

『아육왕전』의 이 이야기는 다소 전설적인 성격이 강하다. 물론 전혀 역사성을 띠지 않는다는 말은 아니다. 아쇼까가 사무드라의 신통력에 이끌려 불법에 관심을 지니게 된 것처럼, 여기서도 아쇼까가 부처님께 흙을 공양하게 만든 것은 부처님의 설법이 아니라 "그 몸에서 금색이 방광하며 성의 안팎을 비추는" 부처님의 서른두 가지 대인의 상이었다.

위의 이야기에서 무우는 아쇼까를 가리키며, 어머니는 첨파국 바라문의 딸이다. 그러나 아쇼까가 언제 어디서 태어났는지에 대한 역사적인 기록은 없다. 『마하밤사』의 주석서인 『마하밤사 띠까』*Mahāvaṃsa-ṭīkā*에서는 아쇼까의 어머니가 다르마라는 이름으로 알려진다. 다르마는 마우리야 종족 끄샤뜨리야 출신의 공주였으며, 아지비까*Ājīvika*교도 자나사나는 이 집안의 정신적 스승이었다. 다르마는 빈두사라왕의 중전이며, 『아바다나말라』에서는 수바드란기라고 불린다. 이 전통에 따른다면, 나중에 아쇼까가 다르마쇼까로 불리게 되는 것은 그의 어머니의 이름과 관련이 있는 것으로 볼 수도 있다. 다시 말해, 다르마쇼까는 다르마의 아들 아쇼까라는 의미를 지닐 수도 있다는 것이다. 다르마는 띠샤라는 또 다른 아들을 두었으며, 아쇼까의 동생이다.

5) 『잡아함경』 제23권, pp.112~113.

한편, 『마하밤사』 v.49~59에도 이와 유사한 이야기가 전하는데, 아쇼까가 빈두사라왕의 아들로 태어나는 것은 전생에 어떤 벽지불辟支佛에게 꿀을 공양한 공덕에 기인한다고 말한다. 어떤 벽지불이 병으로 몸져누웠다. 다른 한 벽지불이 탁발을 나가 그를 위해 꿀을 얻고자 했다. 강에 물을 길러 가던 어떤 여인이 그를 보았다. 그 벽지불이 꿀을 얻고자 한다는 것을 알고는 어떤 상인의 집으로 가라고 일러주었다. 벽지불이 상인의 집에 가서 꿀을 청하자, 신심 깊은 상인은 발우에 넘치도록 꿀을 보시하면서 원을 빌었다. "이 보시로 인해 잠부디빠에 대한 온전한 통치권을 얻고, 허공이나 지하로 한 요자나6)에 이르기까지 온 세상에 나의 명령이 닿지 않는 곳이 없게 하소서!" 꿀을 보시한 상인이 바로 아쇼까였다.

'흙 공양'과 '꿀 공양'이라는 차이는 있지만, 아쇼까가 마우리야 제국의 왕으로 태어나는 것은 우연한 일이 아니라 전세에 쌓은 공덕의 결과로 본다는 점에서 『아육왕전』과 『마하밤사』는 일치한다. 『마하밤사』에서 흙이 꿀로 바뀐 것은 스리랑카 문헌들의 일반적인 성격에 비추어 생각하면 쉽게 이해된다. 『마하밤사』나 『디빠밤사』에서는 아쇼까의 부정적인 측면들이 거의 언급되지 않는다. 예를 들어 『아쇼까바다나』에서 다소 상세하게 언급되는 아쇼까의 추한 용모는 『마하밤사』에서 언급되지 않으며, 오히려 지도자로서의 자질에서 다른 형제들보다 탁월한 인물로 묘사된다. 부처님께 흙을 바친 소년이나 벽지불에게 꿀을 바친 상인의 행위는 모두 깊은 신심에서 우러나온 것이지만, 그럼에도 불구하고 『마하밤사』는 흙보다는 꿀을 택해 아쇼까의 신심을 보다 아름답게 표현하고 있다. 흙을 바친 소년은 자칫 악동으로 비칠 수 있다는 말이다.

6) 거리를 재는 단위이다. 1요자나는 4krosha이며 약 4.6킬로미터에 해당한다.

아쇼까가 왕자로서 어떻게 성장했는가에 대해서는 구체적인 언급이 없다. 다만 『아르타샤스뜨라』, 『마하바라따』, 그리고 초기불전을 통해 짐작해 볼 수 있다.[7]

까우띨리야는 인위적인 교육의 중요성을 매우 강조한다. 교육과정은 두 단계로 나누어진다. 우선 철자를 읽고 쓰는 법과 산수를 배우는데, 이것은 대개 8세 이전에 끝난다. 그런 다음에는 일생 동안 전념하게 될 직업과 관련된 과목들을 포함하는 고급과정으로 나아간다. 그 중 첫 번째는 경전언어인 동시에 교양인으로서 필수적인 산스끄리뜨를 배우는 것이다. 그 다음은 정통학파와 외도의 철학사상에 대한 학습ānvīkśi이다. 왕자의 교육 과목에 의견을 달리하는 철학사상들을 포함시킨 것은 그가 인간 실존의 문제에 대한 다양한 접근법을 알게 하고, 나아가서는 자신의 바라문교 신앙을 더욱 돈독하게 하자는 의도가 있었던 것으로 보인다.

그 다음은 바르따varta에 대한 공부이며, 이것은 주로 부富가 무엇이며 또한 가난이 무엇인가에 대한 이해를 주로 한다. 농사, 가축 기르기, 장사는 이 과목의 주요 세 주제이다. 바르따는 "곡물, 가축, 금, 숲에서 나는 산물, 노동력을 얻는데 가장 유용한 것으로 간주되었다. 왕이 자기편과 반대 세력을 자신의 통제 하에 둘 수 있는 것은 오직 바르따를 통해 얻은 보화와 군대에 의해서이다."[8] 이 과목은 나라의 경제나 재정상의 기능들에 대한, 이론뿐만 아니라 실제 운용에 정통한 정부 감독관이 왕자를 가르쳤다.

끝으로 왕자의 학습에서 가장 중요한 부분은 역시 단다니띠dandaniti, 즉 정치학이다. 까우띨리야는 말한다. "안비끼쉬끼, 세 베다, 그리고 바르따의

---

7) 왕자로서 아쇼까의 성장과정은 주로 Balakrishna Govind Gokhale, *Asoka Maurya*, pp.35~39의 내용을 참조하였다.

8) J.Jolly, *Arthasastra of Kautilya*, 1923, p.9.

온전한 확립과 발전이 달린 왕권은 단다danda, 즉 징벌로 알려진다. 단다를 다루는 것은 형법 또는 통치술이다. 세계의 발전이 달려있는 것은 바로 이 학문이다."9) 통치술은 국가에 대한 철학, 그리고 국가의 영토와 사람들에 대한 실제적인 통치에 그 철학이 적용되는 방법을 의미했다. 왕은 평화를 유지하는 일 뿐만 아니라 전쟁에도 능숙해야 하며, 양자 모두는 왕자의 교육에 핵심적인 것으로 간주되었다.

오전 시간은 주로 무기와 코끼리, 말, 전차 등 전쟁에 동원되는 탈것의 사용법, 공격과 방어에서 용병술, 외교의 기술을 익히는데 할애되었다. 오후에는 연대기, 설화집, 종교나 정치에 관한 여러 문헌들에 기록된 역사를 공부했으며, 나머지 시간은 이미 배운 것 중에서 완전히 이해되지 못한 부분을 복습하거나 다음날의 학습을 위한 예습을 했다. 교사는 당대의 권위자, 명망 높은 직업 관료, 이론적·실제적 정치가들이었다. 학습 중의 왕자는 단순하고 청정한 삶이 요구되었으며, 자신의 본능과 생각을 제어하고, 용의주도하고 분별 있게 행동하는 법을 익히는 데 전념하도록 했다.

왕자의 교육에서 이와 같이 엄격하고 정교한 체계를 강조한 의도는 무엇인가? 까우띨리야는 세 가지 전제를 제시한다.

첫째, 왕자는 왕위를 계승했을 때 그가 직면하는 힘의 문제를 잘 이해하고 효과적이고도 성공적으로 해결할 수 있어야 한다. 까우띨리야에 따르면 통치술은 주로 힘, 국가의 강제력과 관련된다. 왕은 힘의 본질을 잘 이해하고 그것을 균형 있게 사용할 수 있어야 한다.

까우띨리야는 말한다. "지나친 형벌을 가하는 자는 누구나 백성의 원성과 반발을 사게 된다. 지나치게 느슨한 형벌을 가하는 자는 누구나 백성들

9) J.Jolly, *Arthasastra of Kautilya*, p.8.

에게 업신여김을 받는다. 그러나 합당하게 형벌을 가하는 자는 존경을 받게 된다. 합당한 고려에서 주어지는 형벌은 백성들이 의를 존중하게 하며, 부와 즐거움을 가져오는 일에 전념하게 한다. 이에 비해 무지 때문에 탐욕과 분노의 영향 하에 그릇되게 부과되는 형벌은, 세간의 백성들은 말할 나위도 없고 심지어는 숲 속의 은둔자나 고행자들 사이에도 열화 같은 분노를 불러일으킨다. 그러나 형법이 중지될 때, 그것은 물고기에 관한 격언[10]에 함축된 것과 같은 무질서가 야기된다."[11]

국가의 토대는 힘이다. 왜냐하면 국가는 백성들에게 형벌을 과할 뿐만 아니라 그들을 보호하는 기관이기 때문이다. 만일 왕자가 힘의 본질을 잘 이해하지 못한다면 그는 이 힘의 장치를 잘 운용할 수 없게 된다. 국가가 지니는 힘의 원천은 일반적으로 수용된 의미 있는 삶의 가치를 보호하고 집단적인 경제생활과 개인적인 삶을 규제하는 데 있다. 국가는 세금을 징수하는 권한을 지니며, 상업과 산업을 규제하며, 광대한 토지와 산림을 지니고 광산을 소유하며 공물을 거두어들인다. 경제활동에 대한 이와 같은 통제는 마우리야 제국에 엄청난 힘을 부여했다.

둘째, 국가는 각 개인이 의미 있는 삶의 가치를 추구할 수 있게 해주어야 한다. 이러한 기대가 충족될 때 비로소 국가는 힘을 지니며, 국가권력이 정당화되는 것도 바로 이런 이유 때문이다. 단다 또는 국가의 강제력은 오직 정의와 백성들의 복지를 위해 사용될 때 정당화될 수 있다. 당시 각 개인의 삶에서 합당한 목적으로 받아들여지는 공통 가치는 다르마, 부富, 욕망, 해탈이었다.[12] 이 네 가지 이상의 의미와 실현방법에 대한 공부는 왕자 수업

---

10) matsyanyaya, 큰 물고기가 작은 물고기를 삼키는 법칙.
11) J.Jolly, *Arthasastra of kautilya*, p.8.
12) 고대 인도에서 dharma, artha, kāma, mokśa는 인생을 통해 성취해야 하는 네 가지 목적으로 간주되었다.

의 필수였다.

셋째, 정치는 힘과 관련되므로 그것은 정적인 구조물이 아니며, 본질적으로 시대와 상황에 따라 변하는 과정이다. 따라서 정치에 능숙하다는 것은 단지 이론을 배우는 것만으로는 부족하며, 오히려 정치적 역학관계의 현실 속에서 배우는 것이 더 중요하다. 군주가 지니는 힘은 그를 강력하게 만드는 원천이지만, 다른 한편으로는 약점이 될 수도 있다. 그가 가진 힘을 노리는 끊임없는 도전이 있기 마련이며, 따라서 그는 항상 위험에 노출되어 있다. 이것은 마치 질기고 단단한 가죽은 악어에게 방어 무기가 되지만, 또한 그 단단한 가죽 때문에 사람들이 악어를 노리는 것과 같다. 이와 같은 도전에 맞서기 위해 그는 자기 백성들을 지배하는 방법을 알아야 할 뿐만 아니라, 반대 세력의 책략과 음모로부터 자신을 지키는 법을 익혀야 한다. 그의 강제력은 힘의 원천이지만, 그것이 지혜롭고 분별 있게 사용되어야 한다는 것이다.

까우띨리야의 견해에서 보면, 왕은 두 가지 목적을 지닌다. 하나는 힘의 실행이며 다른 하나는 선행의 실천이다. 전자는 독재정치로 치달을 수 있는 가능성을 지니며, 후자는 초월적 가치에 대한 생각으로 이끈다. 왕은 그 둘 사이의 균형 잡힌 해결책을 찾아내야 하며, 이를 위해 왕자를 위한 적절한 교육이 필수적이었다. 여러 경우에서, 권력구조로서 국가가 지니는 본래적인 독재 성향을 견제하면서 독재와 선행의 분리선이 될 수 있는 것은 오직 적절하고 철저한 교육뿐이었다.

왕자 수업은 8~10년이 소요되었다. 18세가 되면 그는 통치 현장에서 실제적인 훈련을 할 준비가 된다. 왕자를 어떤 지역의 부왕으로 임명함으로써 그와 같은 기회가 주어진다. 아쇼까 통치 시에 적어도 네 곳, 웃자인, 수바르나기리, 딱사쉴라, 또살리에 부왕이 파견되었던 것 같다. 아쇼까는 청년시절 아반띠의 부왕副王으로 임명되어 그 수도인 웃자인에서 11년 동안 머물렀다. 스리랑카 연대기에 따르면 이 기간은 불멸 후 203년에서 214년에 해당한다. 아반띠의 부왕으로 임명된 것은 매우 중요한 의미를 지닌다. 왜냐하면 아반띠는 빈디야산맥 이북 중부 인도의 광활한 영역에 걸쳐 있었으며, 지리적으로 제국의 중앙에 위치한다. 풍부한 농산물이 나며, 무역과 상업의 중요한 거점이었다. 빌샤와 산치의 대규모 승원들은 비하르의 여러 도시들과 서부 인도 및 남부 인도로 잇는 주요 무역로 가까이에 위치한다. 이 지역은 처음에 빔비사라의 후계자인 아자따샷뚜 시대에 마가다 왕국에

▲ 아잔타 석굴사원의 벽화에 표현된 연화수보살(Padmapāṇi-bodhisattva)

복속되었다. 그 후 난다 왕국의 일부가 되었으며, 찬드라굽따가 난다 왕조를 무너뜨릴 때 마우리야 왕국의 영토가 되었다. 이 지역은 아쇼까가 왕위에 오른 후에도 지속적인 관심을 쏟는다. 문헌에 따르면, 그는 종종 이 지역에 직속 신하를 보내어 지방 관료들의 권력 남용을 감찰하게 했다.

부왕이 관장하는 지방 행정부는 지방 장관, 지방 의회, 지방 군대와 경찰, 제국의 행정부에서 임명한 각급 상급 관료들로 구성된다. 부왕은 행정을 감독했으며, 그 지역 안에 세금징수와 치안유지를 책임졌다. 그는 중앙 정부의 왕으로부터 하달되는 특별한 명령을 수행했으며, 왕은 급사急使와 대리인을 통해 태수와 접촉을 유지했다. 한 지방을 통치하는 일은 왕자에게 좋은 기회가 되었다. 사람들을 알 수 있고 왕자수업 기간 중에 배운 이론을 실제로 적용해 볼 수 있었기 때문이다.

기원전 3세기 중부 인도에는 다소의 자치권을 누리는 여러 부족들이 있었다. 마우리야 제국에 의한 합병은 사실 이 지역 부족들의 독자적인 정체성을 일시적으로 잠잠하게 할 뿐이었으며, 중앙의 통제가 조금이라도 느슨해지면 언제든지 다시 본래의 자치적인 분위기로 돌아갔다. 이러한 정서는 마우리야 왕들의 골칫거리였으며, 아쇼까 왕자가 웃자인의 부왕으로 임명되어 11년이라는 오랜 기간 동안 그곳에 머물렀던 것은 바로 이런 이유였을 것이다. 제국과 부족 사이의 갈등은 고대 인도 역사에서 지속적인 이슈였으며, 마우리야 왕조 전후 중부 인도의 역사는 다양한 형태로 나타나는 이러한 갈등의 전형이다.

아반띠에는 비디샤13)와 까까나다보따14)라는 두 곳 불교 중심지가 있었

---

13) 오늘날 마디아쁘라데쉬주 보팔 인근의 Bhilsa이다.
14) 마하스뚜빠가 있는 산치의 옛 이름이다.

다. 아쇼까가 상인 가문 출신의 처녀를 만난 것은 바로 웃자인 부왕 시절이
었다. 스리랑카 문헌에 의하면 빈두사라는 웃자인을 수도로 둔 아반띠의
부왕으로 아쇼까를 임명했다. 아쇼까는 웃자인으로 가는 길에 비디샤 길드
수장 데바의 환대를 받고 그의 딸 베디사데비와 결혼하게 된다. 데비는 불
멸 후 204년에 웃자인에서 마힌다를 낳고, 2년 후인 불멸 후 206년에 상가
밋따를 낳았다.[15] 이 둘은 나중에 출가하게 되는데, 상가밋따는 출가 전에
아쇼까의 조카인 악기브라흐마와 결혼해서 수마나라는 아들을 두었다.

『아쇼까바다나』에 의하면 웃자인의 부왕으로 가기 전에 아쇼까는 딱사
쉴라의 난을 진압하기 위해 빈두사라에 의해 파견되었다.[16] 『디빠밤사』에
따르면, 딱사쉴라의 소요를 진압하기 위해 처음에 빈두사라는 수시마를 보
냈지만, 난의 평정에 실패했다. 임무를 완수하지 못한 형 수시마를 대신해
아쇼까가 딱사쉴라로 갔다는 것이다.[17] 아쇼까는 대단한 환대를 받으면서
딱사쉴라에 입성했다. 딱사쉴라의 백성들은 왕자가 오는 길을 아름답게 장
식하고 예물을 들고 나아가서 제국에 대한 그들의 충성을 다짐했다. "우리
는 왕자에게 전혀 악의가 없습니다. 빈두사라왕에게도 악의가 없습니다.
다만 저 부패한 관료들이 우리를 업신여깁니다. 우리에게 무례한 짓을 합
니다." 이 이야기로 볼 때, 딱사쉴라의 소요사태는 마우리야 관료들의 고압
적 자세 때문에 야기된 것 같다. 만일 그렇다면, 빈두사라왕 시대에 이미
까우띨리야가 염려한 국가권력의 부패가 싹트고 있었다는 것이다. 『아육
왕전』에도 이와 동일한 이야기가 소개된다. 딱사쉴라의 난을 진압한 후에

---

15) 『디빠밤사』 vi.20 ; 『마하밤사』 xiii.8~11
16) John S. Strong, Aśokāvadāna, p.208. 웃자인의 부왕이었다는 것은 『디빠밤사』에도 언급된다. 웃자인은
    원래 왕자의 통치가 이루어지는 곳(kumāle)이었다.
17) 『아쇼까바다나』에는 아쇼까가 형을 대신해 딱사쉴라에 갔다는 언급이 없다.

아쇼까는 카사 왕국[18]을 정복하기 위해 떠났다. 여기서도 아쇼까는 소요사태를 훌륭하게 진압했다[19]. 티베트의 역사가 따라나타는 카사에서의 반란이 네팔의 산악지방까지 번지는 과정과 청년 아쇼까가 그 반란을 쉽게 진압해서 세금과 조공을 제정했다는 것을 상세하게 전한다.

오늘날 서부 파키스탄의 페샤와르와 라왈삔디 지역에 해당하는 딱사쉴라는 초기불교 연대기에서 무역과 학문의 중심으로 유명했다. 인도의 서부와 남부에서 올라오는 무역로는 여기서 합류하게 되며, 따라서 이곳은 인도 아대륙, 중앙아시아, 박트리아, 파르티아의 상품들이 교환되는 거점이었다. 기원전 327년 딱사쉴라의 왕 암비는 알렉산더에게 무릎을 꿇었으며, 알렉산더의 그리스 침공을 위해 그에게 곡물, 장비, 지식을 제공하며 큰 힘을 보탰다. 그 대가로 암비는 딱사쉴라의 통치를 보장받았다. 찬드라굽따 시대에 그 지역은 마우리야 제국의 일부가 되었으며, 부왕에 의해 통치되었다. 수도 빠딸리뿟뜨라와 딱사쉴라를 잇는 1,850킬로미터에 달하는 무역로는 인더스강, 예루살렘, 베아스, 수뜨라즈, 잠무, 갠지스강들을 가로지르며, 마가다의 도시들과 펀잡의 주요 도시들을 연결했다.[20] 그리스의 사절 메가스테네스도 이 길을 따라 자신의 임지인 빠딸리뿟뜨라로 왔다.

---

18) 카사Khāsa족은 뿌라나 문헌에서도 언급되며, 딱사쉴라 인근 까슈미르 지역의 종족이다.

19) 한글대장경 『대당서역기 외』, p.425.

20) R.C. Majumdar and A.D. Pusalkar ed., *History and Culture of the Indian People, The Age of Imperial Unity*, Bombay, 1951, p.606.

아흔아홉 명의 왕자들을
죽이고 왕위에 오르다

스리랑카 빨리어 문헌뿐만 아니라 범어, 티베트어, 한문으로 된 북전의 문헌들은 장자 상속의 전통에 입각해 아쇼까에게 왕위 상속의 권한이 없었다고 전한다. 이 문헌들은 아쇼까가 빠딸리뿟뜨라에서 왕위에 오르기 전에 추방당한 이복형에 대해 언급한다. 빨리어 문헌에 따르면 그의 이름은 수마나이며, 북전에 의하면 수시마이다. 이외에도 빈두사라에게는 여러 아들이 있었다는 것도 분명하지만, 이들에 관한 상세한 기록은 거의 없다. 『마하밤사』에서 수마나는 빈두사라왕의 아들 가운데 맏이로 묘사된다.[1]

여러 정황으로 보아 본래 수마나가 적법한 왕위 계승자였다는 것은 분명하다. 빈두사라왕의 임종에 즈음해, 아쇼까 왕자는 자신이 통치하던 웃자인을 떠나와서, 도시 전체를 장악하고 그의 신하들이 적법한 세자 수마나를 죽였다는[2] 묘사는 아쇼까가 왕위를 잇는 적자가 아니었다는 것을 암시한다. 당시 그의 위치는 빈두사라왕의 적법한 후계자가 아니었다는 것이다.

아쇼까는 왕위 계승의 적자가 아니었을 뿐만 아니라, 빈두사라왕이 유독 싫어했던 것으로 보인다. 40여 개에 달하는 아쇼까왕 비문에서 단 한 번도 아버지 빈두사라왕에 대한 언급이 없는 것으로 보아 아쇼까 또한 아버지 빈두사라왕에 대해 좋은 감정은 아니었던 것 같다. 『아쇼까바다나』는 빈두사라가 아쇼까를 얼마나 미워했는가에 대해서 상세하게 전한다. 왕은

---

1) v.40. 『마하밤사』에 따르면, 빈두사라왕에게는 16명의 왕비와 101명의 왕자가 있었다(v.18).
2) John S. Strong, *Aśokāvadāna*, pp.209~210 ; 한글대장경 『대당서역기 외』, pp.426~427.

아쇼까의 추한 외모 때문에 싫어했다.[3] 심지어 아지비까 교도였던 삥갈라와뜨사라는 사람이 왕자들을 심사하면서 아쇼까가 왕으로 적합하다고 생각했지만, 빈두사라왕에게 자신의 신념을 피력하는 것을 주저한다. '아서가아쇼까가 반드시 왕이 될 것이라고 대답하면, 왕은 마땅히 왕위에 오른 그를 싫어하므로 반드시 나를 죽일것이다.'[4] 이런 정황으로 볼 때, 빈두사라왕의 마음은 처음부터 수시마를 후계자로 생각하고 있었던 것 같다. 딱사쉴라나 카사의 반란을 진압하는 과정에서 아쇼까의 눈부신 활약이 있었지만, 왕의 마음을 바꾸기에는 부족했던 것으로 보인다.

그러면 적법한 왕위 계승자가 아니었을 뿐만 아니라 빈두사라왕이 특히 싫어했던 아쇼까가 어떻게 왕위에 오를 수 있었는가?

아쇼까는 무력 혁명으로 왕위에 올랐으며, 이 과정에서 신하들의 도움이 크게 작용했다. 아쇼까가 마우리야 제국의 명실상부한 군주가 될 수 있었던 것은 그의 탁월한 통치력과 대신들의 전적인 지지를 받을 수 있었기 때문이다. 당시 빈두사라의 궁중에는 아쇼까를 지지하는 라다굽따라는 강력한 정치가가 있었으며, 딱사쉴라의 소요 진압과 관련해 아쇼까는 이미 통치능력을 검증받은 데 비해 수시마는 왕으로 부적절하다는 것이 입증되었다. 수시마는 딱사쉴라의 부왕으로 임명되었지만, 임무를 제대로 수행하지 못했다. 아쇼까가 그를 대신해 딱사쉴라에 파견되었으며, 이 지역의 소요를 효과적으로 진압했다. 아마 이 일은 두 왕자 사이의 라이벌 관계를 더욱 심화시키는 계기가 되었을 것이다.

빈두사라 궁정의 수상이 수시마의 왕위 계승을 막기 위해 5백 명의 대신

3) 한글대장경 『대당서역기 외』, p.423.
4) 한글대장경 『대당서역기 외』, p.424.

들과 음모를 꾸몄다는 이야기도 있다. 빈두사라왕이 병으로 임종을 맞이했을 때, 왕은 신하들로 하여금 아쇼까를 딱사쉴라에 보내서 수시마를 대체하도록 했다. 당시 수시마는 또 다른 어떤 반란을 진압하고 있었다. 이로써 왕은 수시마를 수도로 불러들여 그에게 왕위를 물려주고자 했다. 그러나 신하들은 수시마에 대해 호의적이지 않았으며, 특히 수상 칼라따까는 어린 시절 수시마가 장난으로 그의 뺨을 때린데 대해 앙심을 품고 있었다. 그는 대신들을 선동했다. "아이로서 그가 나의 뺨을 때렸는데, 장차 왕이 되면 칼로 나의 목을 칠 것이다." "아쇼까가 왕이 될 것이라는 예언이 있다. 그러므로 우리는 아쇼까를 지지해야 한다."5)

대신들은 죽어가는 빈두사라왕에게 아쇼까가 너무 아파서 딱사쉴라에 가서 수시마를 대체할 수 없다고 전했다. 그리고 그들은 아쇼까를 빈두사라왕에게 데려가서 다음과 같이 말했다. "수시마가 돌아올 때까지 일단 아쇼까를 왕위에 앉히십시오. 그가 돌아오면 우리는 그를 왕으로 임명할 것입니다."6) 이 말을 들은 빈두사라왕은 진노했다. 왕은 이미 아쇼까가 왕위 계승 문제에 깊은 관심을 가지고 있다는 것을 알고 있었다. 어떤 기적이 일어나기를 기대하고 있다는 것도 알고 있었다. 이런 까닭에 왕은 선혈을 토하고 죽었으며, 대신들은 자신들의 뜻대로 일을 처리했다.

아쇼까가 왕권을 잡았을 때, 그는 라다굽따를 총리대신으로 임명했다. 딱사쉴라에서 아쇼까가 왕위에 올랐다는 소식을 들은 수시마는 분개하여 빠딸리뿌뜨라로 갔다. 라다굽따는 풀로 가려진 뜨거운 숯불 웅덩이가 있는 곳으로 수시마를 데리고 가서 다음과 같이 말한다. "지금 아쇼까는 동쪽 대

5) John S. Strong, *Aśokāvadāna*, pp.208~209.
6) 같은 책, p.209.

문에 있다. 만일 당신이 들어가는데 성공한다면, 나는 당신의 하인이 될 것이다. 만일 당신이 아쇼까를 극복하지 못한다면, 당신은 이 문으로 들어갈 수 없을 것이다."[7]

이로써 수시마는 아쇼까를 옹호하는 신하들이 놓은 덫에 걸려 결국 죽음을 맞이했다. "수시마가 살해되었을 때, 수시마를 측근에서 호위하던 위대한 전사 바드라유다는 수천의 사람들과 함께 불교 승단에 들어갔으며, 마침내 아라한이 되었다."[8]

이와 같이 북전은 무력혁명 과정을 수시마와 아쇼까 두 왕자에 초점을 두고 기술하고 있는 반면에, 빨리어 문헌들은 아쇼까와 다른 아흔아홉 명 왕자들의 싸움에 초점을 둔다.

스리랑카 연대기 문헌으로 보면, 아쇼까의 무력혁명은 크게 두 단계로 나뉜다. 우선 수마나를 살해하고 빠딸리뿌뜨라를 차지하게 된다(『마하밤사』 v. 40). 그런 후에 전체 왕국의 통치권을 장악하기 위한 길고 긴 왕위 쟁탈전이 있었으며, 이 과정에서 아흔아홉 명의 이복형제들이 살해된다(『마하밤사』 v. 20). 그러나 아쇼까의 왕위 계승을 반대하는 왕자들의 연합에 대한 구체적인 언급은 없다. 다만 아흔아홉 명의 이복형제를 죽인 후에 아쇼까는 잠부디빠의 유일한 통치자가 되었다는 것을 언급하고 있을 뿐이다. 빨리 문헌들에 의하면 왕자들 가운데 유일한 생존자는 이부동모 형제인 띳샤뿐이다. 나중에 아쇼까는 그를 부왕副王으로 삼았지만, 결국 불교 승단에 합류했다고 한다. 『테라가따』에 따르면, 아쇼까의 동생 비가따쇼까가 자신의 머리 위에 회색 머리카락을 보는 순간 세속을 버리고 비구가 되었다. 비가따쇼까

---

7) 같은 책, p.210.
8) 같은 책, p.210.

는 띳샤와 동명이인으로 전해진다.

아쇼까가 무력혁명으로 왕위에 올랐다는 것은 분명하지만, 그 성격이나 규모에 대해서는 단정하기 어렵다. 특히 왕위 계승 과정에서 아흔아홉 명의 왕자들을 죽였다는 『마하밤사』의 언급은 액면 그대로 받아들일 수 없을 것 같다.[9] 우선 한 사람이 과연 백한 명의 아들을 둔다는 사실이 가능한가 하는 의문이 든다. 설사 고대의 왕들에게 흔히 있을 수 있는 일부다처제를 인정한다 해도 그렇다. 뿐만 아니라, 『아쇼까바다나』 또는 한역 경전에는 아쇼까가 다른 어떤 형제들을 죽였다는 기록이 전혀 없다. 다만 『아쇼까바다나』에서 그가 왕위에 오를 때 한 무리의 적들을 쳐부수었다는 언급을 볼 수 있을 뿐이다.

아쇼까가 우빠굽따 스님을 만났을 때, 그리고 나중에 삔돌라 스님을 만났을 때, 그 기쁨을 표현하면서 똑같은 말을 한다. 스님을 만난 기쁨을 말하면서 자신이 왕이 되기 위해 격퇴시켰던 일군의 적들에 대한 언급이 있다. "내가 한 무리의 적들을 쳐부수고 바다로 장엄된 산야와 함께 온 대지를 하나로 통일했을 때 내가 지녔던 그 기쁨은, 내가 당신을 만났을 때의 기쁨에 비하면 아무것도 아닙니다."[10] 그러나 아흔아홉 명의 왕자들을 죽이고 왕위에 올랐다는 기록은 없다. 『아육왕전』에 따르면, 아쇼까가 사악한 인간으로 악명을 얻게 되는 것은 왕권을 잡은 후의 일이다.[11]

---

9) 라마찬드라 디끄쉬따르는 아쇼까가 다른 모든 왕자들을 죽였다는 이야기는 불교 전통에서 생겨난 상상의 산물로 간주한다(*Mauryan Polity*, Delhi ; Motilal Banarsidass Publishers, 1993, p.87).

10) John S. Strong, *Aśokāvadāna*, pp.241~242.

11) 한글대장경 『대당서역기 외』, p.427 ; John S. Strong, *Aśokāvadāna*, pp.210~211. "아쇼까는 어린 시절부터 신성한 기품을 지녔을 것이다. 쓴 고통을 달콤한 행복으로 바꿀 수 있었던 것은 바로 이러한 기품 덕분이다. 주변을 온통 음악으로 장식했던 그의 독특한 성향은 타고난 기질이며, 어떤 특정한 사건의 결과로 나타난 것이 아니다"(Ramachandra Diksitar, *Mauryan Polity*, p.56).

왕권을 잡은 아쇼까는 5백 명의 대신들을 자신의 칼로 참수하고 5백 명의 후궁들을 화형에 처했다. 이 일로 그는 잔인한 아쇼까Caṇḍāsoka라는 별명을 얻게 되었다. 왕위 계승을 둘러싼 싸움에서 그는 단지 이복형을 죽였을 뿐이며, 다른 이복형제들을 죽였다는 기록은 없다. 살해된 이복형 또한 아쇼까가 죽인 것이 아니라, 아쇼까를 따르는 신하들이 놓은 덫에 걸려 죽었다. 왕위에 오른 후에 그는 단지 혼란에 빠진 왕국의 통치 질서를 확립하기 위해 일군의 적들을 추방했을 뿐이다.

아쇼까 연구자들은 대개 아쇼까가 왕위에 오르는 과정에서 다른 모든 이복형제들이 살해되었다는 사실을 받아들이지 않는다. 암벽칙령 v에는 수도뿐만 아니라 다른 지역에서 가장의 삶을 영위하고 있는 아쇼까의 형제들에 대한 언급이 있다. 다르마마하마뜨라法大官들이 "여기와 다른 도성들에 있는 나의 형제자매들의 거처에" 임명되었다. 이것은 아쇼까가 왕위에 오르고 상당한 시간이 지난 후에도 그의 형제들 중 어떤 사람들은 그대로 살아 있다는 것을 시사하며, 자신의 형제자매들의 거처에 특별한 관심을 가지고 배려하고 있다는 것을 보여준다.

사실 아쇼까의 명문 어디에도 형제 살해나 그 결과에 대한 언급이 없다. 이 명문들에 두드러지는 내용은 부모를 공경하라는 것이다. 물론 손위 형들을 공경하라는 언급은 없다. 그러나 이것은 단지 이에 대한 침묵일 뿐, 어떤 단정을 내릴 수 있는 근거는 아니다. 이러한 침묵에 근거하여 아쇼까는 형제들에게 반감을 지니고 있었다고 주장하는 것은 무리다. 아마 비구가 된 동생 띳샤 또는 비가따쇼까 이외에는 어떤 역사적인 중요성을 지닌 동생이 없었을 것이다. 따라서 아흔아홉 명의 왕자를 죽이고 왕위에 올랐다는 이야기는 불교로 개종한 이후의 삶을 부각시키기 위한 다소 과장된 묘사로 봐도 무방할 것이다. 캄캄한 밤일수록 별이 밝게 빛나는 것처럼, 회심 이전의 삶이 악하게 채색될수록 회심으로 인한 삶이 더욱 찬란한 조명을 받을 수 있기 때문이다.

왕자 시절 아쇼까의 삶에 대해서는 산발적인 자료를 접할 수 있을 뿐이다. 석주나 암벽의 칙령들을 통해 왕자 시절 아쇼까의 성향이나 습관을 추측해 볼 수 있다. 물론 이것은 그의 즉위 이후의 일에 관한 것이다. 다시 말해 왕자 시절의 삶에 대해서는 말하기 어렵지만, 즉위 후의 일들을 통해 그 이전의 성품이나 습관을 짐작해 보는 정도이다. 그는 사냥을 좋아했으며 승마나 실외 운동을 좋아했다. 또한 동물에 대한 관심과 보호에 남달랐다. 델리-또쁘라 석주 명문에 사냥을 금지시킨 새들의 긴 목록으로 미루어 보면, 거의 아마추어 조류학자가 아니었는가 하는 생각이 들 정도이다. 사마자samaja라고 불리는 대연회를 자주 열었으며, 특히 당시 중인도 사람들이 진미로 여겼던 공작의 고기를 좋아했다. 그는 상당할 정도의 행정적·군사적 경험을 쌓았으며, 아버지의 신임을 받았다. 그의 형이 딱사쉴라 소요사태 진압에 실패했을 때, 그를 보냈다는 것은 이를 입증한다.

왕자 시절 아쇼까의 종교적 배경은 다소 복합적이다. 부계로 본다면 단연 바라문교 전통이 근간이며, 이 점에서는 찬드라굽따 왕궁의 재상이었던 까우띨리야의 영향이 절대적이었다. 까우띨리야는 바라문교 전통에 깊이 심취했으며, 베다의 형이상학과 철학적 이론들을 받아들였던 것으로 알려진다. 까우띨리야는 베다의 학문에 대한 지식이 왕에게 필수적이라고 여겼다. 왜냐하면 그것은 그에게 옳은 행위와 그른 행위에 대한 분별을 가져다주었기 때문이다. 그는 왕이 베다에 규정된 숭배와 의례를 행하도록 권고한다.

까우띨리야는 점성술과 신비한 힘의 작용을 믿었으며, 왕이 영혼들을 위무하는 의례를 행하도록 권고한다. 만일 악령들을 극복하고 이겨낼 수 없다면, 해를 입지 않도록 그들을 달래는 의식이 필요하다는 것이다. 단정적으로 말할 수는 없지만, 찬드라굽따는 적어도 초기에는 까우띨리야와 마찬가지로 바라문교에 대한 신실한 믿음을 지니고 있었다고 보아야 할 것이다. 아쇼까의 아버지 빈두사라 또한 바라문교를 견지했다고 보는 데는 무리가 없다. 빨리어 불교 문헌들은 빈두사라가 바라문들에게 매우 호의적이었다고 전한다. 이것은 특히 그가 수많은 바라문들을 초청해 연회를 여는 장면에서 충분히 짐작할 수 있다.[12] 불교로 개종하기 전까지 아쇼까 또한 아버지의 전통을 그대로 따랐으며, 바라문교에 대한 호의적인 감정을 지니

▲ 바라바르 석굴

고 있었다. 그러나 그는 공허하고 무의미한 의례를 믿지 않았으며, 암벽칙령 ix에서는 이와 같은 의례에 빠진 여인들을 꾸짖기도 한다. 이와 같은 자세는 아쇼까가 당시에 성행하던 다수의 믿음에 의문을 제기하는 비판적인 마음을 나타낸다.

어린시절 바라문교의 지대한 영향에도 불구하고 아쇼까는 점차 바라문교에 냉담해지게 되었다. 사실 아쇼까는 태생적으로 바라문교 이외의 종교적 성향을 나타낼 수 있는 여러 요인들을 지닌다. 할아버지 찬드라굽따는 자이나교도가 되어 자이나교 성자 바드라바후의 신애자(信愛者, bhaktā)가 되었으며, 자이나교 전통에 따라 살레까나sallekanā 13)를 받아들일 정도로 자이나교에 깊이 심취했다. 빨리어 불교 전통에 따르면 아쇼까의 어머니는 자나사나라는 이름의 아지비까교도 스승의 영향을 받았다. 만일 이것이 사실이라면, 어린 아쇼까는 할아버지의 자이나교 영향뿐만 아니라 어머니의 아지비까 종파의 영향도 받았다고 봐야 한다. 나중에 아쇼까가 바라바르 언덕에 이 종파의 교도들을 위한 석굴사원을 조성해준 것도 이와 무관하지 않을 것이다. 바라바르 언덕의 석굴사원은 아지비까 교도들에 대한 아쇼까의 후원을 단적으로 보여준다. 아쇼까의 손자 다샤라타 또한 아지비까 종파의 이론과 실천에 큰 관심을 가졌던 것으로 전한다.

오늘날 인도의 3대 종교 중 하나로 꼽히는 자이나교는 불교와 함께 인도의 사문 전통을 대표한다.14) 깨달음을 얻은 후 마하비라로 불리는 바르다마나에 의해 창시되었으며, 그는 붓다와 동시대인이다. 자이나교는 불교와

---

12) 『마하밤사』 v.34

13) 전일된 마음으로 명상을 통하여 일체의 감각적 욕망 등을 완전히 제어하며, 단식을 통하여 스스로 죽음을 맞이하는 것을 의미한다.

14) 물활론적인 사고를 수용하고 있다는 점에서 자이나교는 불교보다 더 오래된 종교라는 주장도 있다.

상당한 유사성을 지닌다. 인격신을 부정하며, 신격화된 성자들을 섬기며, 출가 수행자 집단 중심의 종교라는 점에서도 유사하다. 두 종교가 성장과 정에서 왕족의 외호를 받았던 점, 불살생을 강조한 점 등도 같다. 어떤 명분으로든 산 생명을 죽이는 것을 죄악시하는 점에서는 불교보다 더 엄격하게 불살생계를 강조했다.

이런 점에서 보면, 아쇼까는 불교보다 자이나교에 더 큰 영향을 받았다고 볼 수도 있다. 아쇼까가 신하들에게 자이나교 고행자들에 대한 공경을 권고하는 것은 할아버지 대부터 왕가에 전해지는 자이나교의 영향으로 봐도 무방할 것이다. 자이나교 사상에서 특히 주목되는 부분은 부정주의不定主意, syādvāda로 대변되는 지식론인데, 아쇼까의 보편종교적 입장의 연원도 이와 관련해 생각해 볼 수 있다. 부정주의에 따르면, 어떤 하나의 견해는 실재의 본질을 드러내는 데 적합하지 않다. 이런 점에서 자이나교는 인도사상 가운데 다양성에 대한 배려가 가장 두드러지게 나타나는 사상이다. 특히 지극히 독단적일 수도 있는 종교적 견해의 다양성을 인정하고 있다는 점은 오늘 우리의 종교 상황에 비추어 높이 평가되어도 좋을 것이다. 진리는 하나이지만 여기에 이르는 길은 여럿 있을 수 있다는 것이다.

아지비까 종파는 수년 동안 마하비라의 동료였던 막칼리 고살라에 의해 시작되었다. 마하비라와 마찬가지로 그 또한 엄격한 고행을 실천했지만, 마하비라의 것과는 구별되는 자신의 이론들을 설하기 시작했다. 그의 고행은 실로 엄격한 것이었다. 불교 문헌에 따르면 그는 인간의 자유의지를 부정하는 결정론을 설했다. 불교나 자이나교와 마찬가지로 승원 공동체를 이루었으며 상당한 숫자의 재가자들도 있었다. 가장 주목할 만한 예는 바로 아쇼까의 어머니이며, 그녀의 신앙이 아쇼까에게 상당한 영향을 미쳤다는 것은 분명하다. 아지비까들에 대한 아쇼까의 배려와 호의는 여러 곳에서 보인다.

이와 같이 다양한 영향은 아쇼까에게 여러 종교사상에 대한 지적인 호기심을 불러일으키는 동시에 절충주의적 성향이 자라게 했으며, 심지어 불교를 받아들인 이후에도 이러한 성향은 지속된다. 이러한 절충주의는 어떤 점에서 불가피했다. 그것은 다양한 종교적 배경을 지니는 성장환경의 결과이며, 또한 본래부터 호기심 많은 성향도 작용했다. 다양한 교의들을 알고 싶어 했으며, 진리의 한 측면으로서 그들을 존중하고자 했다. 종교는 폭보다 깊이를 추구하는 영역이다. 즉위 이전 아쇼까의 종교적인 삶에서 그다지 깊은 곳에 닿은 흔적이 보이지 않는 것은 폭을 추구한 당연한 귀결이라 할 것이다.

청년 아쇼까는 활동적이고 자유분방한 시간을 보냈다. 그는 결코 삶을 즐겁고 유쾌하게 만드는 것들에 대해 눈살을 찌푸리는 엄격한 청교도가 아니었다. 그러나 그는 곧 물질적인 안락이 결코 지적인 모험을 대체할 수 없다는 것을 알았다. 종교는 삶이 고통이라는 자각에서 출발한다.[15] 인도사

---

15) 종교는 삶이 고통이라는 자각에서 출발한다. 비단 불교뿐만이 아니다. 서양종교를 대표하는 기독교도 마찬가지다. 우선은 절망해야 종교적인 삶이 시작된다는 점에서는 같다. 불교든 기독교든 현실에 대한 절망에서 출발하기는 마찬가지지만, 삶은 고통이라는 자각이 일어나는 방향은 정반대다. 본래부터 불교는 물질적인 풍요 속에서 일어난 절망으로 출발했다. 알다시피 붓다는 왕자로 태어났다. 왕자로서 그는 물질적으로 더할 나위 없는 풍족한 환경 속에서 성장했지만, 그 가운데서 절망했다. 삶이 고통이라는 자각이 일어났다. 불교가 일어나고 사람들에게 어필하게 되는 시대 상황도 마찬가지다. 기원전 6세기경 갠지스강 동북부는 철제 농기구의 발명으로 그 어느 때보다 물산이 풍부한 시대였다. 당시 붓다의 제자들 중에는 귀족 출신의 부유한 장자들이 많았다. 물질적인 풍요 속에서 절망한 사람들이었다. 물질적인 소유에 대한 힌두교의 입장은 삶의 목표로 욕망, 의무, 해탈과 함께 부(artha)를 포함시키는 점에서 단적으로 나타난다. 힌두교는 '청빈'을 강조하는 종교라기보다는 '법도에 어긋나지 않는 부자'가 될 것을 권고하는 종교이다.

　　이에 비해 기독교는 그 출발에서부터 물질적인 궁핍으로 인한 고통의 자각이 강했다. 나사렛 예수는 목수의 아들이었으며, 마구간에서 태어났다. 그는 어려운 환경에서 성장했으며, 온갖 박해를 받았다. 그러다가 마침내 십자가에 못 박혀 죽었다. 적어도 겉으로 나타난 나사렛 예수의 절망은 어려운 물질적인 환경과 관련을 지니는 게 분명하다. 기독교의 역사는 박해의 역사라 해도 과언이 아니다. 외부의 박해를 통해 성장한 종교가 바로 기독교다. 고대 로마 제국에서 그랬으며 우리나라에서도 그랬다. 역사가 말하는 것처럼, 기독교는 외적인 고난으로부터 일어나는 절망과 고통에 대한 자각을 거름으로 성장했다.

상사를 통하여 힌두교나 불교의 성행은 물질적인 풍요에서 일어나는 삶이 고통이라는 자각과 관련을 지닌다. 붓다가 그랬던 것처럼, 아쇼까 또한 물질적인 풍요 속에서 삶이 고통이라는 자각을 했다. 아쇼까는 공직에 임명되어 통치와 전쟁에 참여함으로써 종교적인 묵상에 심취할 수 있는 기질이 억제되었다가, 즉위 후에 그 본래의 성향이 발현한 것으로 볼 수 있다.

아쇼까는 S. 라다크리슈난 이전에 이미 인도 최초의 철인 왕이라 할 만하다. 그는 실로 야망에 찬 청년이었다. 그러나 그의 야망은 삶의 높은 가치에 대한 그의 열정과 앎을 고결하게 하는 감수성에 의해 부드러워졌다. 그래서 그의 마음은 마침내 그를 철학자로 만드는 기질로 규정지었으며, 즉위 후에 비로소 그 싹을 틔우고 가지를 치게 된다.

아쇼까는 기원전 273년에 왕권을 잡았다. 그러나 대관식에 해당하는 장엄한 아비셰까abhiṣeka의례는 기원전 269년까지 이루어지지 않았다. 즉 실제적인 왕권을 장악한 후 대관식까지는 4년의 기간이 있었으며, 이 기간 동안 반대파 신하와 형제들과의 상쟁이 있었다고 볼 수 있다. 그의 할아버지가 비천한 가문 출신으로 힘을 얻어 왕위에 올랐던 상황으로 미루어 본다면, 아쇼까 시대에도 반대 세력들이 남아 있었다고 봐야 하며, 아쇼까의 왕위 계승에 상당한 걸림돌이 되었을 것이다. 이 기간 동안 피의 전쟁은 상당했다고 봐야 한다. 암벽칙령 xiii은 당시 무력혁명에서 벌어지는 피의 상쟁의 결과를 짐작하게 하는 아쇼까 자신의 언급이 있다. 이미 말한 것처럼, 즉위 과정에서 수많은 정적들과 이복형제들을 죽인 것은 분명하다.

왕권을 잡은 후 대관식까지 4년이 걸린 이유에 대해서는 다소 이견이 있다. 대개는 왕위계승을 둘러싼 싸움이 정리되기까지 4년의 기간이 걸렸을 것으로 본다. 아직 나이가 25세에 이르지 못했기 때문이라고 보는 견해도 있다. 카라벨라왕의 하티굼파 명문16)에 의하면, 25세가 되어야 왕위에 오

▲ 하티굼파 명문

를 수 있다.

　사실 아쇼까가 몇 세에 왕위에 올랐는가에 대해서는 명확한 기록이 없
다. 다만 빨리 문헌에서 마힌다와 관련해 짐작할 수 있는 실마리가 있다.
아쇼까가 아반띠랏타의 부왕이 되기 위해 가는 길에 맺어진 혼인의 결과로
태어난 마힌다는 아쇼까가 왕위에 오를 때, 14세였다. 이 기록으로 미루어
본다면 왕권을 잡은 것이 적어도 30세 무렵이며, 즉위식을 한 것은 34세 정

16) 오릿사주의 주도 부바네슈와르Bhubaneswar 인근 우다야기리Udayagiri에 있다. 마우리야 왕들의 시대로
　부터 165년째, 카라벨라왕 즉위 13년째 되던 해에 새긴 명문이다. 찬드라굽따왕의 즉위를 기원전 318년경
　으로 본다면, 이 명문은 기원전 154년경에 새긴 것으로 볼 수 있다.

도였을 것이다. 빈두사라가 기원전 274년에 죽었다고 본다면, 그의 대관식은 기원전 269년에 있었을 것이다.[17)]

왕위를 이어받은 후 아쇼까의 첫 관심사는 아버지로부터 물려받은 광대한 제국에 대한 자신의 집권을 공고히 하는 것이었다. 논란 속에 이루어진 즉위는 중앙과 지방 관료들 사이에 동요를 불러일으켰을 것이다. 수마나 왕자 편에 선 대신이나 관료들도 적지 않았을 것이다. 이에 아쇼까는 총체적인 행정 개편의 필요성을 느꼈으며, 충성심이 의심되는 관료들을 교체할 수밖에 없었다. 짐작컨대 이런 과정이 4년 정도 필요했으며, 충분히 안전하다고 생각되었을 때 비로소 대관식을 거행했다. 즉위식 이후에는 왕위 계승을 둘러싼 분쟁이 오래 지속되지는 않았던 것으로 보인다. 아쇼까는 확고한 자신감으로 수도에서 아주 먼 지방까지도 명령을 내리고 그들은 그의 명령에 따랐다. 아쇼까의 왕권에 대한 정통성 시비가 있었다면 이와 같이 자신 있게 처신하기 어려웠을 것이다.

고대 인도에서 왕들의 대관식은 다채롭고 장엄했다. 본 식 이전에 예비 의례와 희생제를 위해 수일 동안이 소요된다. 왕자는 대관식을 위해 자신의 신하들과 여타 지도자들의 공식적인 동의를 얻어야 했다. 왕을 지명하는 자가 합당한 공물과 선물을 가지고 그들의 집을 방문하게 되며, 그 지도자들은 자신의 동의를 거부할 수 있지만, 실제로는 거의 명목적인 것에 불과했다. 이런 절차가 끝나면 대관식이 거행된다. 왕자는 호피로 덮인 왕좌에 앉고, 왕국의 여러 바다와 강에서 가져온 물이 뿌려진다.[18)] 대관식이 아비셰까abhiṣeka라고 불린 점으로 보면, 즉위 의식에서 핵심 절차는 물을 흩뿌

---

17) Balakrishna Govind Gokhale, *Asoka Maurya*, New York ; Twayne Publishers, Inc, 1966, p.48
18) 같은 책, p.49.

98 아흔아홉 명의 왕자들을
죽이고 왕위에 오르다

리는 것, 또는 머리에 기름을 붓는 것이었다. 그러나 아쇼까의 명문에는 자신의 대관식에 관한 구체적인 언급이 없다.

스리랑카 빨리어 문헌에서는 마우리야 왕들의 의례와 종교의식이 브라흐마나 문헌에 묘사된 것과 다소 달랐다는 것을 시사한다(『디빠밤사』 xi. 32~34 ; xii.1~4 ;『마하밤사』xi. 28~36.). 대관식에 사용되었던 물은 갠지스강뿐만 아니라 히말라야의 호수 아노땃따에서 가져왔다(『디빠밤사』 xiii.3). 이 물을 가져오는 의식을 수행하기 위해 끄샤뜨리야 계급의 숫처녀가 보내졌으며(『디빠밤사』 xi.33.), 이것은 브라흐마나 문헌[19]이나 『다르마샤스뜨라』에 묘사된 왕들의 대관식 의례와 다르다.

브라흐마나 문헌에서는 왕들의 의례가 오직 바라문들에 의해서만 행해졌지만, 아쇼까왕의 대관식에는 바라문, 끄샤뜨리야, 바이샤 세 계급 모두가 각각의 역할을 수행했다. 왕에게 제일 먼저 물을 뿌린 것은 끄샤뜨리야 계급의 숫처녀였다. 그녀는 갠지스강에서 머리에 이고 온 물을 금태를 두른 소라고둥으로 흩뿌렸다. 그러는 동안에 그녀는 왕에게 끄샤뜨리야를 보호하고 정의롭게 통치할 것을 요청한다. 이어서 바라문 사제는 은태를 두른 소라고둥으로 갠지스 강물을 흩뿌리며 바라문 계급을 보호하고 바른 정치를 하라고 요청한다. 마지막으로 평민 대표 한 사람이 보통 소라고둥으로 물을 흩뿌리며 바이샤 계급을 보호하고 바른 정치를 해달라고 요청한다. 물을 뿌리는 의식에서 다음과 같은 말을 한다.

"폐하, 끄샤뜨리야, 바라문, 바이샤 공동체의 모든 구성원들은 이와 같이 당신의 머리에 물을 흩뿌림으로써 당신을 위대한 왕으로 세웁니다. 이것은 그들 자신의 보호를 위한 것입니다. 왕으로서의 본분을 잃지 않으며, 바르

---

19) *Śatapatha Brahmana*, v.2~3 ; *Aitareya Brahmana*, viii.15.

고 평화로운 통치를 하소서. 이 계층들에 대해 마치 당신의 자식을 대하는 것처럼 자비와 사랑의 마음으로 가득하시며, 평등과 우호의 마음으로 가득하소서. 당신 또한 그들이 안전한 만큼만 보호될 것입니다."[20]

대관식 일정의 마지막 절차는 마차 경주와 같은 전통적인 놀이들이 행해졌으며, 이 연회에는 모든 귀족들과 지도자급 시민들이 참여했다. 흔히 왕이 사면이나 사형을 감형하는 것으로 자신의 즉위를 자축하기도 했다. 아쇼까는 재위 기간 동안 매년 자신의 대관 기념일에 이와 같이 했다. 즉위 당시 어떤 칭호를 받았는지에 대해서는 전혀 알 수 없다.

바라문교의 의식과 비교할 때 아쇼까왕의 대관식에는 바라문 사제에 의해 베다의 신들이 권청되는 절차, 힘과 권위를 상징하기 위한 호피의 사용, 바라문 계급에 의해 향유되는 것으로서 거룩한 힘의 공식적인 수용, 왕이 승리하도록 되어 있는 주사위 게임 등이 없다. 또한 바라문교 의식에서는 물을 흩뿌리는 순서가 바라문 사제, 왕의 형제 혹은 친척, 끄샤뜨리야, 그리고 바이샤의 순으로 진행된다.

『디빠밤사』전통에 따르면 빈두사라왕의 아들 쁘리야다르샤나 왕자가 아쇼까라는 이름을 얻게 된 것은 대관식 때의 일이다. 그러나 설일체유부에 전해지는 『아쇼까바다나』에 따르면 아쇼까라는 이름은 첨파국 바라문의 딸이었던 어머니가 그를 낳으면서 붙인 이름이다(*Aśokavādāna*, p.205.). 명문 기록으로는 마스끼의 소암벽칙령에서 처음으로 아쇼까라는 호칭이 나온다.

백성들에게 아쇼까는 대개 '마가다의 왕 아쇼까' 또는 그의 호칭인 '데바남쁘리야' 또는 '쁘리야다르쉰'으로 알려졌다.[21] 이것은 마우리야 왕국

---

20) *Vaṃsatthappakāsinī*, pp.305~306(Ananda W.P. Guruge, *Asoka*, p.67에서 재인용)

21) 츠카모토 게이쇼에 따르면, 사적인 성격의 칙령에서는 '마가다의 왕'이라는 호칭을 사용하며, 14장 암벽칙령이나 7장 석주칙령처럼 공적인 성격의 칙령에서는 '천애희견왕'이라는 호칭을 사용했다(『아쇼까왕 비문』, p.64).

의 백분의 일도 안 되는 지역을 통치하던 후대의 왕들이 '대왕', '왕 중 왕' 등으로 자신을 칭했던 것과는 아주 대조적이다. 또한 몇 세기 후가 되면 왕명이나 왕으로서의 직분 자체에 어떤 신적인 요소가 가미되는 것이 일반적이지만, 아쇼까의 경우에는 이런 점들이 아예 보이지 않는다. 고작해야 "신들의 사랑을 받는 자" 정도이다. 데바남쁘리야天愛는 '거룩한 폐하'라는 정도의 공식 호칭이었던 것 같다. 스스로를 쁘리야다르쉰 또는 '삐야다시' piyadasi喜見라고 칭했는데,[22] 이 역시 '짐'과 같은 공식 호칭이다. 찬드라굽따는 '삐야다사나' piyadasana라는 호칭을 사용했다.

로밀라 타빠르에 따르면, 삐야다시는 아쇼까가 즉위한 후의 공적인 칭호이다.[23] 또한 승가에 보내는 사적인 편지에서는 특별히 '쁘리야닷시 라자 마가데' Priyadassi rājā māgadhe, 마가다국의 회견왕라는 칭호를 쓰는데, 이것은 겸손의 의미를 담고 있는 호칭이다.[24] 이에 비해 14장 암벽칙령에서는 데바남쁘리야와 삐야다시를 합하여 '데바남쁘리요 삐야닷시 라자' Devānaṃpriyo Piyadassi rāja天愛喜見王라는 호칭을 쓰는데, 이것은 아쇼까의 활동이 가장 왕성한 시기에 쓰인 호칭이며, 제국의 왕으로서 권위를 풍긴다.

아쇼까왕은 초기에 특히 쉬바신을 숭배하는 바라문교도였으며, 당시 일반적인 힌두교 왕들과 마찬가지의 생활을 영위했다. 사냥을 즐기고 육식에 전혀 거리낌이 없었으며, 신하들과 함께 호화로운 식사, 술, 노래가 따르는 유흥을 마다하지 않았다(암벽칙령 i, viii). 해마다 즉위한 날을 기념하는 의식을

---

22) 원래 "친절한 용모를 지닌 자" 의미인데, 일본 학자들의 번역에 따라 희견喜見이라 했다. 『디빠밤사』에서는 삐야다시가 아쇼까라는 이름과 동의어로 자주 쓰인다.

23) *Asoka and the Decline of Mauryas*, p.227.

24) 츠카모토 게이쇼, 『아쇼까왕 비문』, p.296.

했으며, 사형수들을 특별 사면했다.[25]

아쇼까왕은 언제 어떻게 어디서 죽었는지 모른다. 그가 잠든 곳을 기념하는 어떤 흔적도 없다. 역설적이게도 팔만 사천의 스뚜빠를 조성한 왕의 무덤은 없다.

『아쇼까바다나』에 따르면, 꾸날라의 아들이자 손자인 삼빠딘이 아쇼까가 병석에 누운 틈을 타서 한 개의 금 접시와 한 개의 은 접시만 남기고 다른 모든 것을 빼앗아버렸다고 한다. 이에 아쇼까는 그 두 개의 접시를 아쇼까라마의 비구들에게 보시했다. 끝내는 먹을 것으로 반 조각의 아말라까 amalaka 가 주어졌는데, 그것마저도 아쇼까라마에 보냈다. 아쇼까라마의 주지 야샤스는 그 과일 조각을 국에 갈아 넣게 하여 모든 비구들이 아쇼까의 보시를 받을 수 있게 했다. 임종에 즈음하여 잠부드비빠瞻部洲是 전체를 승가에 보시한다는 유언을 남겼다. 그가 죽은 후 라다굽따와 여러 대신들은 4꼬띠 koti 의 금을 승가에 주고 잠부드비빠를 되찾아 제국의 상속자 삼빠딘에게 돌려주었다. 아쇼까는 백 꼬띠의 금을 승가에 보시할 수 있기를 원했으나, 삼빠딘이 자신의 모든 소유를 빼앗았기 때문에 죽기 전까지 9십 6꼬띠밖에 보시하지 못했는데, 라다굽따 등의 신하들이 나머지 4꼬띠를 승가에 보시함으로써 아쇼까의 원이 성취된 것이다.[26] 스리랑카 연대기에는 없는 이야기이며, 현장은 꾹꾸따라마 근처에서 임종 직전 아쇼까가 승가에 보시한 반 조각의 아말라까를 기념하는 스뚜빠阿摩落伽率堵波를 보았다고 기록한다.[27]

25) V.A. Smith, *Asoka*, p.24.
26) *Aśokāvadāna*, pp.286~292.
27) 한글대장경 『대당서역기 외』, pp.234~235.

뿌라나 문헌들에 의하면, 아쇼까의 통치기간은 36년 또는 37년이다. 스리랑카 문헌에서도 통치기간을 37년으로 말한다. 왕위 계승에서 즉위식까지의 4년 기간을 감안한다면 대개 기원전 273~233년 사이의 40년 동안 통치한 셈이다.

아쇼까의 후손들에 대해서도 중요한 정보를 제공하는 문헌이나 명문은 없다. 그의 손자 다샤라타가 뿌라나 문헌에 언급되는데, 그는 할아버지와 마찬가지로 가야 부근의 나가르주나 언덕에 아지비까들을 위한 석굴사원을 기증하고 명문을 남겼다. 서부 인도의 자이나교 전통 문헌은 자이나교의 열렬한 후원자로서 아쇼까의 손자 삼쁘라띠에 대해 많은 언급을 하고 있으나 명문 기록은 없다. 아쇼까의 제국이 이 두 손자에 의해 계승되었다는 것은 단지 추측일 뿐이다.

눈먼 아들 꾸날라에 얽힌 감상적인 이야기[28]는 단지 민간전승 차원에 지나지 않으며, 까슈미르 연대기에 잘라우까라는 또 다른 아들이 언급되지만, 신빙성 있는 근거는 부족하다. 그는 열렬한 쉬바 교도로 전해지며, 그의 아내는 샥띠 숭배자였다고 한다. 아쇼까의 명문왕비칙령에는 그에게 많은 아들과 손자가 있었다는 암시가 있지만, 오직 한 아들의 이름이 언급된다.[29] 그의 이름은 띠발라였으며, 어머니는 둘째 왕후 깔루바끼였다. 그러나 띠발라의 생애에 대해서는 아무런 언급도 없다.

다샤라타 이후 아쇼까 후계자들의 이름은 문헌에 따라 다양하다. 뿌라나 문헌들은 이 왕조가 133년 또는 137년 동안 지속되다가 멸망했다고 전한다.

---

28) John S. Strong, *Aśokāvadāna*, pp.275~279.
29) "제2 왕비가 여기에 한 기진寄進들, 즉 망고동산, 승원, 보시당 또는 그 외의 어떤 것도 띠바라의 어머니인 깔루바끼의 이름으로 특별히 기록되어야 한다."

찬드라굽따가 왕위에 오른 것이 기원전 325년이라고 보면, 마우리야 왕조는 기원전 188년 무렵에 사라진 것이다. 후기 마우리야 왕들은 제한된 영토를 통치하던, 상대적으로 그다지 중요하지 않은 군주들이었던 것 같다. 이 왕조는 찬드라굽따, 빈두사라, 아쇼까 같은 걸출한 군주들이 90여 년 동안 통치하다가, 제3대 왕의 강력한 군대가 그 휘장을 떨어뜨렸을 때, 여러 부분으로 나누어졌다. 최후의 왕은 브리하드라타였으며, 그의 군대의 총사령관이었던 뿌쉬야미뜨라 슝가에 의해 시해되었다. 비록 아쇼까의 사후 반세기 안에 제국이 멸망했지만, 그의 후손들은 수세기 동안 마가다에서 지방 수령으로 명맥을 유지했던 것으로 보인다. 왜냐하면, 현장의 기록에 의하면, 그가 인도에 도착하기 직전에 마가다의 왕이요 아쇼까의 마지막 후손인 뿌르나바르만이 보드가야의 거룩한 보리수를 거룩하게 복구했다고 기록하고 있기 때문이다. 이 보리수는 벵골의 왕 사산까에 의해 600년경 훼손된 적이 있다.

궁녀 이발사의
몸을 빌어 태어나다

힌두교나 자이나교 문헌들은 아쇼까의 생애에 대해 침묵한다. 아
쇼까 명문들도 자신의 이력에 대해 거의 언급이 없다. 단지 불교
문헌들에서 아쇼까의 출생에 관한 기록을 볼 수 있지만, 문헌에 따른 견해
의 차이가 심하다. 연대에 대해서는 비교적 스리랑카 문헌이 정확하다. 그
것은 뿌라나 문헌이나 그리스 역사가들의 기록과 대체로 일치한다. 범어
불전, 중국, 티베트 문헌들은 상당히 상세하게 기술하지만 역사적인 사실
과 일치하지 않는 점이 많다.

『밤삿탓빠까시니』Vaṃsatthappakāsinī에 따르면, 마우리야 부족 출신인 다르
마는 유별난 태몽을 꾸었는데, 이 태몽은 자나사나라는 이름의 아지비까
교도에 의해 해몽된다. 궁정의 바라문들은 그 꿈을 해석할 수 없었으므로,
이 아지비까 교도는 빈두사라에 의해 궁중으로 호출된다. 자나사나는 왕비
들의 가정을 종종 방문하는 종교적인 인물로 묘사된다. 그는 왕비가 기대
하고 있는 아들이 잠부드비빠의 황제가 될 운명이라고 예언했다. 잠부드비
빠의 수백의 왕들을 자신의 휘하에 거느릴 황제가 될 운명의 아들을 낳는
다는 것이다.

북전에서도 아쇼까의 탄생에 대한 이야기가 나오지만, 아지비까 교도의
이름이 뻥갈라바뜨사로 언급된다. 빈두사라는 뻥갈라바뜨사가 왕자들의
스승으로 그들을 가르치면서 누가 장차 황제로서 가장 적절한지 살피도록
했다.[1] 이 이야기에 따르면, 아쇼까는 전혀 가능성이 없었다. 후보 경선에

1) John S. Strong, *Aśokāvadāna*, pp.206~207.

초청되지도 않았다. 심지어 나중에는 외모가 아주 흉측했다고 말해진다. 다른 사람들이 기피할 정도로 추한 용모였다. 아쇼까에 대한 빈두사라의 혐오를 알고 있었기 때문에, 이 아지비까 교도는 자신의 평가를 있는 그대로 말하지 않았다. 그러나 아쇼까가 장차 황제가 될 것을 확신했기 때문에 그는 아쇼까의 어머니를 섬기며 교제하기 시작했다. 이러는 가운데 그는 왕비에게 아쇼까가 장차 왕이 될 것이라는 예언을 했다.

스리랑카 문헌에 의하면, 왕이 되기 전 아쇼까의 이름은 '뼤야닷사나' 또는 '뼤야닷시'이다. 20세에 왕세자로 책봉되었다. 왕위에 오르면서 아쇼까라는 이름으로 불리게 된다. 뼤야닷시는 찬드라굽따에게도 적용된 성씨라는 주장도 있다. 아쇼까라는 이름은 불교 전통 안에서의 공식적인 이름이었으며 나중에 널리 쓰이게 된다.

『아쇼까바다나』에는 이름이 알려지지 않은 빈두사라의 중전에 의해 아쇼까의 어머니가 궁녀로 선택되는 상황을 전한다. 처음에 그녀가 궁궐에 들어갔을 때 그녀를 시기한 다른 궁녀들이 천한 이발사로 왕을 시중들게 했다. 이름이 알려지지 않는 이 궁녀는 원래 바라문 태생이었으나, 수드라의 일을 배우게 된 것은 순전히 궁녀들의 질투심 때문이었다. 일찍이 그녀의 아버지가 관상가에게 딸의 운명을 물었을 때, "이 딸은 국왕과 혼인시켜야 한다."는 예언을 했고, 그녀는 이 예언을 이루기 위해 궁녀가 되었다. 그녀의 뛰어난 미모를 시기한 빈두사라의 후궁들은 그녀에게 이발사 일을 시켰다.[2] 어느 날 왕을 위해 이발을 하게 되었는데, 이발이 끝났을 때 왕은 매우 기뻐하며 그녀에게 물었다.

---

2) 같은 책, pp.204~205.

"너의 소원이 무엇이냐?"

그녀가 왕에게 대답했다.

"오직 왕께서 저를 사랑해 주셨으면 하는 바람뿐입니다."

이에 왕이 다시 그녀에게 물었다.

"나는 끄샤뜨리야 왕이요 너는 천한 이발사인데, 어떻게 너를 사랑할 수 있겠는가?"

그녀가 대답했다.

"폐하, 저는 본래 이발사 여자가 아니라 바라문의 딸입니다. 저의 아버지는 저를 폐하의 아내로 주셨습니다."

왕이 물었다.

"그러면 누가 너에게 이발 기술을 가르쳤느냐?"

그녀가 대답했다.

"후궁의 처첩들입니다."

왕이 말했다.

"너는 이제 더 이상 이발 일을 하지 않아도 좋다."[3]

그 후 빈두사라는 이 여인을 중전으로 삼고 서로 사랑하게 되었으며, 얼마 지나지 않아 아들을 낳았다. 왕자 탄생을 기념하는 의식에서 아이의 이름을 무엇으로 하는 것이 좋겠는가고 물었을 때, 중전은 말했다. "이 아이가 태어났을 때, 나는 근심을 여의었습니다." 그래서 그 아이는 아쇼까[4]라고 불리게 되었다. 마찬가지로 둘째 아들은 슬픔이 다 사라진 후에 태어났

3) John S. Strong, *Aśokāvadāna*, pp.204~205.
4) 아쇼까a-shoka라는 말의 의미는 '근심 없음'이다.

다는 의미에서 비가따쇼까라고 지어졌다.

　빨리어 문헌에는 빈두사라에게 여러 왕후들이 있었으며, 백한 명의 왕자를 두었다. 아쇼까의 어머니는 아쇼까와 그의 동생 띳사를 두었다. 이복형 수마나는 나중에 아쇼까를 개종시킨 어린 비구 니그로다의 아버지로 언급된다. 수마나를 포함한 아흔아홉 명의 이복형제들이 왕위 계승 다툼에서 아쇼까의 손에 제거되었다.[5] 북전에서는 그와 같이 많은 왕자들이 언급되지 않는다. 『아쇼까야바다나』에 의하면, 수시마라는 형이 있었는데, 그는 아쇼까 어머니의 선배 후궁의 아들이다. 따라서 그가 왕위 계승의 적자라 할 수 있다.

　『아육왕전』에서는 숙대치宿大哆[6]라는 아쇼까의 동생이 언급된다. 그는 외도를 믿어 불법을 설하는 제자들을 비웃었다. "출가 사문 가운데는 해탈한 자가 없다,"[7] "모든 사문들은 고행을 닦지 않고 즐거운 일에 집착하기를 좋아한다." 이에 아쇼까는 그를 정법으로 이끌기 위해 방편을 행했다. 아쇼까와 대신들이 짜고 그가 목욕을 하고 있는 동안 숙대치에게 왕관을 써보게 했다. 숙대치는 신하들의 권유에 따라 왕관을 썼다. 그때 왕이 욕실에서 나와 왕좌에 앉아 왕관을 쓰고 있는 숙대치를 보고 그를 왕위 찬탈자로 취급해서 사형에 처하도록 명령했다. 그러나 신하의 청에 따라 참회의 기회를 주기 위해 숙대치가 이레 동안 왕으로서 나라를 통치할 수 있게 했다. 죽음을 눈 앞에 둔 숙대치는 왕이 되었다. "7일 동안 십만 천의 음악이 연주되었고, 십만의 바라문이 선膳을 칭하였고, 십만의 기녀가 주위를 에워싸고 시중을 들었다." 그러나 숙대치는 눈으로 색을 보지 못하고, 귀로는 소

---

5) 『마하밤사』 v. 38.
6) Sudatta, 또는 Sugatra의 음역이다.
7) 한글대장경 『대당서역기 외』, p.454.

리를 듣지 못하고, 코로는 향기를 맡지 못하고, 혀로는 맛을 느끼지 못했다. 죽음에 대한 공포 때문이었다. 그 후 숙대치는 감각적 대상의 무상함을 깨달아가는 사문들의 삶을 이해하고 불교에 귀의했다. 나중에 숙대치는 아쇼까의 허락으로 먼 나라로 가서 출가하여 아라한이 되었으며, 빠딸리뿌뜨라로 다시 돌아와서 아쇼까와 대신들을 방문하고 여러 가지 기적을 행하면서 그들의 신앙심을 굳게 했다. 숙대치는 불나반달弗那槃達Puṇḍavardhana에서 자이나 교도의 집에 머물고 있다가 자이나 교도로 오인되어 목이 잘렸다.[8]

아쇼까가 동생을 불교에 귀의시키기 위해 행한 방편은 범어, 빨리어, 한문으로 된 모든 불교 전승에 잘 알려져 있다. 그러나 동생의 이름은 문헌에 따라 다르게 나타난다. 『아쇼까바다나』에서는 비가따쇼까로[9], 『분별공덕론』에서는 수가투로修伽妒路, 『대당서역기』에서는 마혜인타라摩醯因陀羅[10]로, 『마하밤사』에서는 띳사 꾸마라로 되어 있다. 『마하밤사』에서는 띳사의 죽음에 대해 북전과 다른 입장을 보인다. 그는 뿐다바르다나의 자이나 교도로 오인되어 목이 잘린 것이 아니다. 그는 아쇼까가 승단에 몰래 들어온 외도들 때문에 포살을 거부한 비구들을 벌하는 과정에서 아쇼까라마阿育園寺에 머물던 비구들과 함께 처형당할 뻔한 것으로 전한다.[11] 아쇼까라마는 당시 빠딸리뿌뜨라에서 가장 유명했던 사원이다. 원래 이 사원의 이름은 꾹꾸따라마雞園寺였는데, 건립자 아쇼까의 이름을 따서 아쇼까라마라는 이름으로 더욱 널리 알려지게 되었다. 스리랑카 연대기에 따르면 이 사원의 주지는

---

8) 한글대장경 『대당서역기 외』, p.461 ; Ananda W.P. Geruge, Asoka, A definitive Biography, p.30, 각주 14) 참조.

9) John S. Strong, Aśokāvadāna, pp.221~233.

10) 한글대장경 『대당서역기 외』, p.231. 북전에서는 마힌다가 아쇼까의 동생으로 전해진다.

11) 마하밤사 v.241.

목갈리뿟따띳사이며 아쇼까의 아들 마힌다가 그를 도왔다. 그러나 『아쇼
까바다나』는 야샤스가 이 사원의 주지였다고 전한다.[12] 이것은 마투라와
카슈미르의 북전이 샤이슈나가 왕조의 깔라쇼까와 마우리야의 아쇼까를
혼동한 결과로 볼 수 있을 것이다. 야샤스는 불멸 후 100년경, 즉 마우리야
왕조가 성립되기 이전의 인물이며 제2결집과 관련된다.[13] 또한 그는 붓다
재세 때에 바라나시에서 제자가 된 양가의 자제들 중 하나로 알려지며,[14]
아무튼 아쇼까 시대의 인물은 아니었던 것으로 보인다.

『아바다나말라』에는 아쇼까의 어머니 수바드란기가 빈두사라의 왕비가
되는 과정이 묘사된다. 그녀는 짬빠첨파국 출신으로 매우 아름다웠다. 『아쇼
까바다나』에는 그녀의 이름은 없지만, 그녀의 아름다운 외모를 묘사하는
수많은 수식어가 동원된다. 예언가가 그녀의 집을 찾아와서 장차 그녀가
왕자와 성자가 될 두 아이의 어머니가 될 것이라고 예언했다. 이에 그녀의
아버지는 그녀를 왕에게 데려갔으며, 그녀는 후궁으로 받아들여졌다. 궁궐
에는 이미 다른 여러 후궁들이 있었는데, 그녀의 탁월한 미모를 질투하고
시샘하여 그녀를 이발사로 훈련시켰다. 어느 날 그녀의 이발에 매우 만족
한 왕은 그녀에게 은총을 내렸다. 그녀는 자신이 바라문 가문 출생임을 밝
히고 왕에게 자신과 결혼해 주기를 청했다.[15] 『아쇼까바다나』에서도 빨리
문헌과 마찬가지로 아쇼까의 어머니를 아지비까 교도인 삥갈라바뜨사를
숭배하는 사람으로 묘사한다.

---

12) John S. Strong, *Aśokāvadāna*, p.220.

13) 불멸 후 100년경 서인도 출신의 야샤스 비구가 마가다의 바이샬리로 갔다가 이곳의 비구들이 쇠로 만든 발
우에 물을 채우고 금전을 받는 것을 보았다. 그는 비구들이 금전을 받는 행위 등을 포함한 열 가지 일[十事]
들이 비법임을 주장했으며, 이 일은 제2결집과 근본 분열의 계기가 된다(나라야스아키, 『인도불교』, p.145).

14) 에띠엔 라모뜨, 『인도불교사 1』, p.57.

15) John S. Strong, *Aśokāvadāna*, pp.204~205.

마우리야 왕조가
성립되기까지

인더스강과 갠지스강 사이에는 크고 작은 많은 강이 있으며, 이 유역은 그 자체의 비옥한 토양으로 인해 역사의 벽두부터 다양한 민족들이 둥지를 틀었다. 이미 기원전 3천년경부터 오하五河 panjāb 유역의 하랍빠와 신드의 모헨조다로 등 고도로 발달된 인더스 문명이 있었다. 그러나 아직까지 인더스 문명의 주인은 베일에 가려져 있다. 누가 그 놀라운 도시 문명을 건설했는지, 그리고 언제 어떤 이유로 갑자기 역사의 무대에서 사라지게 되었는지 모른다.

기원전 1500년경 힌두쿠시 산맥을 넘어 인도 아대륙으로 들어온 아리안들이 남긴 방대한 전승을 통해 인도는 비로소 역사시대로 접어든다. 아리안들의 가장 위대한 재산은 잘 발달된 언어였다. 무한한 어휘와 정교한 문법체계를 갖춘 범어梵語,Sanskrit는 추상적인 생각과 정서를 표현함에 부족함이 없었다. 이들의 정치사를 상세하게 재구성하는 것은 어렵지만, 베다 문헌에는 종교나 사상뿐만 아니라 정치·사회적 시대상을 짐작할 수 있는 자료들이 적지 않다. 인더스강 유역에서 차츰 동진함에 따라 도압doāb지역[1]의 동쪽에 대한 지식도 방대해진다.[2] 후기 브라흐마나문헌Brāhmaṇas과 우빠니샤드에는 이미 갠지스강 유역의 왕국들에 대한 언급이 있다.

인더스강 유역은 정통 바라문교의 본향이었으며, 동쪽 사람들 즉 쁘라찌야는 자기들과는 다른 '바깥 사람들'[3]로 간주되었다. 어떤 기준에서 이와

---

1) 갠지스강과 아무나강 사이의 지역을 의미하며, 힌두교의 심장부라 할 수 있다.

2) Maurice Winternitz, *History of Indian Literature*, vol.1, p.181. Rigveda 10.75에는 아리안들이 어떻게 인더스강 유역에서 차츰 동쪽으로 향하게 되는가를 보여주는 단서가 있다. 강가 Jumuna 등의 강 이름이 언급된다.

3) prācya, 한편 스스로는 Udīcya라고 불렀다.

같은 구분이 이루어졌는지는 단정할 수 없지만, 바깥 사람들은 베다의 권위를 받아들이지 않았는데, 바로 이 지역에서 처음으로 왕국이라는 정치 구조가 시작되었다. "이 동쪽 지역에서는 어떤 왕들이든 그들은 왕국의 법령으로 임명되었다. 임명될 때 그들은 "오 황제여!"라고 외쳤다."[4] 갠지스 강 유역 동쪽 사람들의 종교적·정치적 특징은 기원전 6세기 경에 더욱 선명하게 부각된다. 기원전 6세기는 이 지역이 종교, 철학, 정치의 중심으로 떠오르는 시기이다. 특히 불교와 자이나교의 흥기로 아리안의 베다 이외에 또 다른 한 부류의 방대한 문헌이 형성되며, 이 문헌들을 중심으로 당시의 역사를 짐작해 볼 수 있다.

▲ 붓다시대 16국(『인도불교』 p.38)

4) Arthur Berridale Keith, *Ṛgveda Brāhmaṇa*, p.330.

붓다 시대에 16국이 있었다. 이 나라들은 대부분 빈디야 산맥 이북, 즉 서북 변경에서 비하르에 걸치는 지역에 있었다. 이 중에서 마가다, 꼬살라, 바뜨사, 아반띠 4국이 가장 강했으며, 마가다는 훗날 마우리야 왕조의 심장부가 된다. 마가다는 지금의 빠뜨나 및 가야 지역과 샤하바드의 일부를 포함하고 있었는데, 점차 당시 주도국으로 성장하면서 영토를 확장해 갔다.[5]

빔비사라왕_{기원전 545~493년경} 이전까지 마가다의 역사는 거의 알려지지 않는다. 그의 아버지는 대단찮은 왕이었으며, 15세의 어린 왕자에게 왕위를 물려주었다. 불전에 따르면 그는 존경받는 끄샤뜨리야 가문 출신이었다. 경전들은 그를 마하비라와 붓다보다 연하의 동시대인,[6] 붓다의 친구로 묘사한다. 빔비사라는 강력한 왕이었으며, 사실상 마가다 왕국을 세운 왕이라 해도 과언이 아니다. 마가다 왕국이 그 동쪽 이웃인 앙가국_{현재 벵골지역}을 합병한 것은 그의 통치기간 동안이다. 이 일은 마가다가 제국의 영광을 향해 나아가는 행진의 시작이었으며, 그가 희망했던 대제국은 훗날 마우리야 왕조에서 완성된다. 서쪽 이웃인 꼬살라국과 관련해서는 서로 혼인에 의한 결속이 있었던 것으로 전한다. 꼬살라국의 빠세나디왕과 빔비사라는 서로의 여동생과 혼인했다. 또한 빔비사라는 딱사쉴라에 수도를 둔 간다라국의 뿍꾸사띠왕과 우호적인 관계를 유지했다. 웃제니_{현재 웃자인 지역}의 짠다빳조따왕과도 우호적인 관계를 유지했던 것으로 보인다. 이것은 웃제니 왕이 병들었을 때, 빔비사라가 자신의 주치의인 지바까를 보냈다는 사실로도 충분히 짐작할 수 있다. 북쪽의 이웃인 릿차비족과는 어떤 관계를 유지했는지 언급이 없다. 마가다와 앙가를 합한 그의 왕국은 8만 도성들을 지니며, 그 둘레가 3백 요자나_{yojana}에 달했다고 묘사된다. 대단한 부와 번영을 구가했던 빔비사

---

5) 람 샤란 샤르마, 『인도고대사』, pp.148~149.

6) 『디빠밤사』 iii.58에서는 붓다가 빔비사라왕보다 5살 위라고 말한다.

라에게서 우리는 이미 동부 지역 인도 왕국 군주의 전형을 본다.

아자따삿뚜왕기원전 493~462년경은 부왕과 마찬가지로 영토 확장 정책을 지속했다. 자신의 외삼촌, 즉 꼬살라 왕과의 전쟁, 그리고 혼인동맹은 단지 어머니의 다우리dauri, 결혼지참금에 대한 분쟁은 아니었을 것이다. 아자따삿뚜왕은 다우리로 꼬살라의 왕 빠세나디왕으로부터 까시현재 바라나시 지역를 받았다. 이 일은 급격한 성장을 하고 있는 마가다 제국에 꼬살라를 합병하려는 그의 초기 시도로 봐야 한다. 붓다와 동시대인으로 알려지는 빠세나디왕은 마땅가 가문 출신으로 알려지는데, 이 가문은 사회적 지위가 그다지 높지 않았던 것으로 보인다. 그는 꽃 파는 상인의 딸을 중전으로 맞아들였다. 그의 아들 비두다바는 샤끼야족 천민 여인의 몸에서 태어났으며, 붓다가 속했던 그 부족을 파멸시켰다. 비두다바 후에 꼬살라는 마가다에 흡수된다.[7] 아자따삿뚜왕의 용의주도한 계획은 그가 북쪽의 이웃 나라인 밧지족과 릿차비족을 자신의 통치권 내로 흡수한 일에서도 잘 드러난다. 튼튼한 성곽을 갖춘 빠딸리뿌뜨라의 건설 또한 그의 영토확장 정책의 일환이었다. 이 도시는 갠지스강의 오른편 언덕에 위치하여 해로가 원활했다. 이런 이유로 그 후 마우리야 왕조의 수도가 되는 등 오랫동안 동인도의 중심 도시가 되었다. 한역 불전에서 말하는 화씨성華氏城이 바로 이곳이다. 아자따삿뚜가 자신의 아들 우다이밧다에게 살해당할 무렵 마가다 제국의 영토는 마가다, 앙가, 꼬살라, 밧지, 릿차비의 영토들에 걸치는 방대한 나라였다.

빔비사라에서 아자따삿뚜로 왕위가 계승되는 과정에서 아버지를 살해한 일은 사람들 사이에 마가다 왕국에 대한 혐오감을 조성했다. 결국은 대신 수수나가 또는 쉬슈나가가 왕으로 옹립되었으며, 빔비사라의 하리얀까 왕

---

7) Balkrishna Govind Gokhale, *Asoka Maurya*, New York ; Twayne Publishers, Inc, 1966, p.27.

조는 쉬슈나가라 불리는 다음 왕조로 대체된다. 깔라쇼까왕이 뒤를 이으며, 이때 수도를 라자그리하에서 빠딸리뿌뜨라로 옮겼다.[8]

그 후 깔라쇼까의 열 명 아들에 의해 왕위가 계승된 후, 마가다는 난다족의 손으로 넘어간다. 이 왕조의 기원은 불분명하다.[9] 다만 시조가 비천한 신분이었다는 일반적인 인상을 받는다. 불교 문헌은 단지 신분을 알 수 없는 가문annātakula이라고 말하며, 첫 왕 난다빠드마를 왕위를 찬탈한 산적으로 묘사한다. 자이나교 문헌에서는 창녀의 아들이며 아버지는 이발사라고 전한다. 이 이야기는 그리스 역사가 퀸투스 쿠르티우스의 기술과 일치한다.[10] "그의 아버지는 사실 겨우 끼니를 잇는 가난한 이발사였다. 그러나 신분으로 보면 어울리지 않게도 그는 왕비의 총애를 받았으며, 왕이 신임하는 자리에까지 나아가게 되었다. 그 후 그는 불충하게도 왕을 살해했으며, 왕가 자녀들에게 보호자로서의 직분을 핑계로 지고한 권위를 찬탈했으며, 어린 왕자를 죽이고 현재의 왕을 낳았다."[11] 뿌라나 문헌에서는 그가 슈드라 여자와 쉬슈나가 왕조의 마지막 왕인 마하나딘 사이에서 태어난 아들이라고 말한다.[12]

난다 왕국의 영토는 마가다로부터 남동쪽으로 확장되어서 깔링가의 영역까지 내려왔다. 이 왕조가 주변 나라들에 막강한 영향력을 지닌 부유한 나라였다는 것은 틀림없다. 뿌라나에 따르면, 그는 자신의 영토 안에 유일한 파라솔을 올린 황제이며, 그 누구도 그의 명을 따르지 않는 자가 없었

---

8) 에띠엔 라모뜨, 『인도 불교사 1』 p.193.

9) 이 왕조의 기원에 대한 상세한 논의는 K.A. Nilakanta Sastri, Age of the Nandas and Mauryas, p.13~21 ; RadhaKumud Mookerji, Candragupta Maurya and His Times, (AMT), Banarsidas, Reprint 1988, pp.33~35를 보라.

10) McCrindle, The Invasion of India by Alexander, p.222.

11) Amar Chand Mittal, An Early History of Orissa, p.130에서 재인용.

12) 같은 책, pp.129~130.

다. 알렉산더의 침입 당시 이 왕조의 영역은 그의 군대들이 더 이상 나아가지 말고 돌아가자고 하는 그 지역까지 확장되었던 것 같다. 그리스 역사가들의 기록에도 이 왕조의 기원에 대한 언급이 있다.

난다 왕조는 거의 1세기 동안 통치했다. 15세기 명문에 따르면, 오늘날 마하라슈뜨라, 까르나따까, 안드라주에 걸쳐 있었던 꾼딸라국의 영토는 난다 왕국의 일부였다고 한다.[13] 이것은 남인도의 까담바왕들이 스스로 고대 난다 왕국의 한 왕으로부터 그 기원을 찾고 있는 사실로도 입증된다.[14] 이 명문은 난다 왕조가 남인도의 상당부분을 영토로 편입하고 있었다는 것을 말하고 있으며, 찬드라굽따가 왕위에 올랐을 때, 난다 왕조의 영토를 그대로 이어받았을 것이다. 난다 왕국의 영토는 마우리야의 초기 왕들에 의해 점차 확장되었다.

난다 왕조의 군대는 강력한 전투부대였다. 그리스 및 라틴 고전 문헌들에 따르면, 이 왕조의 마지막 왕은 자기 왕국에 접근을 막기 위해 네 마리 말이 끄는 2천 대의 전차 외에, 2만 기병대, 20만 보병을 유지했으며, 무엇보다도 가장 강력한 전투력은 3천 마리에 달하는 무시무시한 코끼리 부대였다. 4천 마리 또는 6천 마리의 코끼리부대라는 기록도 있다. 히말라야 지역으로부터 고다바리강 및 그 인근 지역에 걸치는 방대한 제국의 왕이었던 만큼, '유일한 군주' ekarāt를 열망했을 만하다. 뿌라나에서 마하빠드마 난다는 '모든 끄샤뜨리야들을 멸한 자' sarvakshatrāntaka 또는 '땅 위의 유일한 군주'로 명명된다.[15] 이와 같이 난다의 왕들이 막강한 상비군을 유지할 수 있

---

13) 기원전 1200년경에 속하는 Karnātaka의 여러 명문에 이 사실이 전한다.

14) Rice, *Mysore and Coorg from the Inscriptions*, 1909, p.3 ; Smith, *Early History of India*, 4th ed., p.158 ; G.M. Moraes, Kodamba Kula, p.9를 보라.

15) Amar Chand Mittal, *An Early History of Orissa*, pp.131~132.

었던 것은 무역과 상업의 확장, 새로운 상업자본가들의 재정적 지원이 있었기 때문에 가능했다. 마가다의 왕들이 길고 무자비한 전쟁을 통해 자신들의 통치권을 확립할 수 있었던 것은 바로 이런 이유였다.

가공할 병력과 엄청난 부에도 불구하고 알렉산더왕이 인도를 침공할 무렵에는 난다 왕국도 그 약점을 드러내기 시작했다. 이 왕조 최후의 왕 다나 난다는 비천한 출신에다 탐욕스런 인물로 경멸되었다. 나라 안에 의혹과 음모가 팽배했으며, 다만 폭발을 위해 누군가의 점화가 필요할 뿐이었다. 불을 댕긴 사람은 복수심에 불타는 바라문 까우띨리야였다.

난다 왕조의 멸망에 관한 이야기에 따르면, 수도 빠딸리뿌뜨라에서 다나 난다왕이 학자들의 회합을 소집했다. 왕이 학자들의 회합에 참여하여 훌륭한 학자들에게 후원금을 내리는 것은 고대의 관례였다. 이 회합에 북서인도에서 온 까우띨리야라는 바라문이 참석했다. 모인 석학들이 까우띨리야[15]의 박식함을 칭찬했지만, 유독 다나 난다왕은 그의 촌스러운 외양을 두고 조롱하는 말을 했다. 이에 그는 난다 왕조에 대한 복수를 결심했으며, 공공연하게 다나 난다왕을 비난하는 말을 했다. 다나 난다왕은 왕궁 수호대로 하여금 자신에 대해 공공연한 저주를 한 바라문을 잡아들이도록 했지만, 까우띨리야는 왕궁 수호대의 추적을 피해 몰래 도망쳤다. 그 후 그는 숲에서 소년 찬드라굽따를 만나 난다 왕조에 대한 복수를 도모했다. 까우띨리야가 찬드라굽따를 발견했는지, 또는 찬드라굽따가 까우띨리야를 원했는지는 모르지만, 두 사람 모두 난다 왕조를 없앤다는 공동의 대의명분을 지니고 있었다. 바라문 출신 전략가와 젊은 장수의 결속은 결국 강력한 마우리야 제국의 건설로 귀결되었다.

---

16) 문헌에 따라서 짜나끼야(짜낙까), 까우띨리야 또는 비슈누 굽따라는 이름으로 알려지기도 한다. (Benjamin Walker, *Hindu World*, vol. 1, p.540)

12세기 자이나교 문헌에 따르면, 난다 왕조의 마지막 왕 다나 난다왕은 까우띨리야에 의해 한 수레에 실을 수 있는 것만 가지고 왕국을 떠날 수 있도록 허용되었다. 따라서 왕은 두 아내와 딸 그리고 보화를 수레에 실었다. 떠날 준비가 되었는데, 딸이 찬드라굽따를 보고 사랑에 빠졌다. 그래서 딸이 찬드라굽따와 결혼할 수 있게 허락했다. 왜냐하면 끄샤뜨리야 여인들은 자신의 선택에 따라 결혼하는 관습이 있었기 때문이다.[17]

빔비사라에서 다나 난다에 이르기까지 역대의 왕들은 바라문교 연대기 기록자들에 의해 벼락출세한 자, 반역자, 살인자 등으로 경멸된다. 그들은 실로 새로운 부류의 사람들을 대변했다. 왕들 중 누구도 직접 베다의 명문가들과 직접적인 관련을 지닌다고 선언할 수 없었다. 그들은 상비군 창설, 새로운 관료제도, 새로운 계층, 즉 상인이나 은행가들의 후원과 같은 자신들이 고안한 새로운 방법으로 힘을 키웠다. 그들의 군대는 전통적인 군대들과는 전혀 성격이 달랐다. 전통적인 군대들은 종족적 징집임에 비해 새로운 군대들은 종족적 혈족의 성격을 거의 보이지 않는 특징을 지닌다. 이 새로운 군대조직은 개인적인 충성심에 토대를 둔 결속으로, 종족적 군대보다 훨씬 효율적이었다. 군대의 일원이 되는 것은 사회적으로 불리한 요소들을 상쇄하는 신분 상승의 기회가 되었기 때문이다.

마가다와 난다의 왕들은 확립된 명문 사회 그룹에 속하지 않았다.[18] 따라서 바라문교는 그들에게 거의 아무것도 제공할 수 없었다. 오히려 그들은 불교나 자이나교 같은 새로운 종교 사상들에 편안함을 느꼈다. 왜냐하면 이 종교들은 가계나 카스트의 중요성을 최소화했으며, 어떤 사람의 인품은 단지 그의 능력과 자질에 달렸다고 설했기 때문이다. 바라문교는 이

---

17) 같은 책, p.131.

18) Benjamin Walker, *Hindu world*, vol.2, p.122.

▲ 다울리 별각칙령

미 확립된 기존 성직자 계급제도를 대변하는 반면에, 신흥종교들은 추종자들을 확보하기 위해 고심하고 있었으며, 따라서 새로운 통치체제와 지배력을 원하는 당시의 왕들에게 쉽게 어필할 수 있었다. 불멸 직후 제자들이 경전의 결집結集saṃgīti을 위한 회합을 결정했을 때, 그들은 마가다의 수도에서 아자따삿뚜왕에 의해 환영되었다. "그대들의 것이 정신세계의 권위라면, 나의 것은 힘에 대한 권위이다." 왕과 신흥종교 사이에 확립된 종교와 정치적 힘의 새로운 관계를 단적으로 표현하고 있다.[19]

불교 문헌에 따르면, 마우리야 왕조를 일으킨 찬드라굽따는 어느 촌장의

---

19) *Samantapāsādikā*, i. 10.

유복자로 태어났는데, 아버지는 국경 전투에서 죽었으며, 어머니는 아들을 숲에 버리고 달아났다. 그는 깊은 숲 속에서 양육되었다. 까우띨리야가 그를 만났을 때, 그는 평민이었다. 까우띨리야는 그 소년이 난다 왕조에 대한 자신의 복수를 가능케 할 훌륭한 방편이라고 여겼으며, 찬드라굽따에게 그것은 일생일대의 기회였다. 찬드라굽따는 딱사쉴라에서 까우띨리야의 후견 하에 학식 있고 실천력 있는 지도자로 성장했다.

이와 같은 전승에도 불구하고 찬드라굽따 마우리야는 원래 천민 출신이었다는 설이 있다. 마우리야 왕조에 대한 최초의 명문은 주나가드에 있는 루드라다만 명문150 ad이다. 찬드라굽따와 아쇼까가 함께 언급되는데, 마우리야라는 왕조 호칭이 앞에 붙는다.[20] 고따마붓다의 고따마처럼 마우리야가 성씨인지 또는 부족 이름인지는 확실하지 않다. 아마 부족 이름이었던 것 같다. 마우리야는 '공작' 이라는 뜻이다.[21]

빨리어 불전에서는 마우리야를 끄샤뜨리야였던 샤끼야족의 후손이라고 본다. 자이나교와 바라문교 전통에서는 찬드라굽따의 어머니가 공작을 기르는 부족장의 딸이었다고 전한다. 자이나교 문헌은 마우리야왕의 사회적 신분에 대해 침묵한다. 바라문교 전통은 마우리야왕이 천민 또는 슈드라였다는 표현이 있다. 산치 대탑 부조의 모티프로 공작이 현저한 사실에서, 공작이 마우리야 왕조의 상징이었거나 또는 공작을 토템으로 섬기지 않았는가 하는 추측이 있지만, 이에 대한 기록은 없다.

한편 암벽칙령 i의 명문은 아쇼까가 특히 공작 고기를 좋아했다는 것을

20) "mauryasya rājaḥ candraguptasya… aśokasya mauryasya." Dinesh Chandra Sircar, *Select Inscriptions bearing on Indian History and Civilization*, Calcutta, 1942, vol. 1, pp.169~174.

21) 알렉산더의 인도 침공에 대한 그리스의 기록에 Morieis라는 종족이 나오는데 Moriyas를 지칭한다고 본다 (Radha Kumud Mookerji, *Candragupta Maurya and His Times*, 1988, p.15).

보여준다. 살생을 금한다는 의미에서 궁중의 요리를 위한 도축을 최소한으로 줄였을 때조차도 두 마리의 공작은 계속해 도살된 점으로 보면, 공작이 마우리야 왕조의 상징 또는 토템이었다는 추측은 설득력이 약해진다.

그리스 역사가 플루타르크약 45~125 ad의 기록에 따르면 찬드라굽따는 인도 북서부의 편잡지역 어느 곳에서 알렉산더를 만났다. 이 기록에 따르면 그가 알렉산더를 만났을 때는B.C 327~326 단지 소년에 불과했다.[22] 만일 그렇다면, 그는 기원전 약 347년에 마가다에서 태어났다고 볼 수 있을 것이다.[23] 소년 찬드라굽따[24]는 알렉산더에게 난다의 왕은 사악한 성품에 또한 비천한 출신이었으므로 모든 신하들이 그를 싫어하고 천시하며, 따라서 장차 알렉산더가 나라 전체를 쉽게 차지할 수 있을 것이라고 말하곤 했다. 찬드라굽따가 난다 왕조를 무너트리기 전에도 인도 북서부에 있었다는 것은 그리스의 역사서 뿐만 아니라 스리랑카의 불교전통에서도 확인된다.

찬드라굽따라는 한 젊은이에 의해 그 막강한 부와 국력을 자랑하던 난다 왕조가 무너졌다는 사실은, 두고두고 역사 속에서 전설로 남아 있다. 민중들을 선동해 기존의 나라를 무너트리고 왕위에 올랐다는 설도 있다. 아마 찬드라굽따가 그리스의 침공을 목격하면서 여러 가지 중요한 힌트를 얻었을 것이다. 편잡의 부족들 사이에 탁월한 무기들이 있었다. 인도의 군사체계나 전술이 상당히 진부하다는 것을 알았으며, 전면적인 변화가 필요하다는 것을 절감했을 것이다. 훗날 자신의 군대를 편성하고 왕권을 차지하는

21) *Life of Alexander*, lxiii, p.403.

22) Balkrishna Govind Gokhale, *Asoka Maurya*, p.30.

23) William Jones경에 따르면, 찬드라굽따의 그리스식 이름은 Sandrocottos 또는 Androkottos였다(*Asiatic Researches* iv, p.11).

과정에서 이때 얻은 정보와 경험들을 창조적으로 응용했다. 『밀린다팡하』에는 찬드라굽따와 다나 난다의 장군 밧다살라와 사이에 벌어진 전쟁의 참상이 '여든 주검의 춤' 이라는 내용으로 묘사되어 있다. 『마하밤사』에 이에 대한 보다 상세한 언급이 있다. 12세기 자이나 문헌인 『빠리쉬슈따빠르반』에서는 위의 기록과 다소 차이가 있으며, 찬드라굽따에 대해 호의적이다.[25] 이에 따르면, 찬드라굽따가 난다의 마지막 왕을 죽인 게 아니라 추방했으며, 난다의 한 공주를 후궁으로 맞아들였다. 또한 찬드라굽따는 야금술과 광업으로 모은 부로써 난다에 대항하는 군대를 모집했다. 이 이야기는 마우리야 왕조가 주로 광물이 나는 곳을 중심으로 영토를 확장했다는 사실과 상통한다.

불교와 자이나 전통은 난다 왕조의 제압 과정에서 찬드라굽따 뿐 아니라 그의 신하들의 공로를 강조하고 있으며, 특히 까우띨리야의 공로에 대한 상세한 언급이 있다. 자이나교 문헌은 지속적인 그의 신앙이 마지막 살레까나에서 절정을 이루는 것으로 묘사한다. 불교 문헌에서는 단지 아쇼까의 할아버지로 언급된다. 찬드라굽따에 대해 불교와 자이나교의 입장에는 상당한 차이가 있으며, 불교보다 자이나교가 그에 대해 훨씬 우호적이다.

『테라가타』의 주석서에 따르면 "그는 까우띨리야의 선동을 받아 떼낏차까리 장로의 아버지를 투옥했다."[26] 이 사실로 미루어 보면, 그는 불교에 대해 전혀 호의적이지 않았다고 할 수 있다. 까우띨리야는 딱사쉴라의 박식한 학자였다.[27] 스리랑카 전통에서는 까우띨리야 외에 바라문 고행자 자

---

25) Hemacandra, Pariśiṣṭaparvan, ch. 6과 7.

26) 에띠엔 라모뜨, 『인도불교사 1』, p.436.

27) 자이나 문헌에서 까우띨리야는 남인도의 타밀(Dramila)출신이다(Hemacandra, Pariśiṣṭaparvan (12세기), ch. 6과 7.

띨라 마니야땃빠가 언급된다. 그는 그란드라굽따의 통치 초기에 혼란한 사회질서를 평정하는데 그란드라굽따를 도왔으며, 잘 가꾸어진 밭에 가시 같았던 약탈자들을 뿌리 뽑아서 나라에 평화와 축복을 안겨준 사람이다. 자이나교 전통에서도 이와 유사한 상황을 이야기하고 있지만, 그것을 해결하는 과정에서 까우띨리야의 공헌을 부각시킨다. 불교 전통은 까우띨리야에 대해 매우 부정적인 시각을 보인다. 찬드라굽따가 악행을 저지르는 것은 대개 까우띨리야의 선동에 기인하는 것으로 묘사한다.

『만주슈리물라깔빠』*Mañjuśrimūlakalpa*에 따르면, 찬드라굽따는 '약속과 종교에 충실한' 군주이지만, 주변의 나쁜 조언자들 때문에 많은 사람들을 죽였다.[28] 뿌라나 문헌은 난다 왕조가 바라문 까우띨리야의 주도 하에 전복되어야 하는 명백한 이유를 제시한다. "종교적이지 못한 이 왕들의 종족은 재생족에 의해 뿌리 뽑혀야 한다." "바라문 까우띨리야는 찬드라굽따를 그 지역의 군주로 임명할 것이다."[29]

까우띨리야는 『아르타샤스트라』의 간기刊記에서 다음과 같이 기록하고 있다. "『아르타샤스트라』는 모국의 자유와 문화와 가르침, 그리고 그 군사력을 난다왕들의 손아귀에서 강력하고 신속하게 되찾으려는 사람에 의해 편집되었다."[30] 9세기 범문 희곡, 무드라라끄샤사는 까우띨리야를 최고의 영웅으로 찬미한다.[31]

---

28) 에띠엔 라모뜨, 『인도불교사1』, p.436.

29) Radha Kumud Mookerji, *Candragupta Maurya and His Times*, p.8.

30) Nilakantha Sastri는 『아르타샤스뜨라』가 정치에 관한 세세한 조목들을 치밀하게 다루고 있다는 점에서 실제로 정치에 참여하는 행정가의 저작이라기보다는 오히려 어떤 Pandit의 작품일 가능성도 있다고 본다. K.A. Nilakantha Sastri, *The Age of the Nandas and Mauryas*, p.192.

31) 여기서 짜나끼야는 난다 왕조에 대한 복수심으로 불타는 인물이며, 난다 왕조를 무너뜨리는데 온갖 염탐과 교활한 수단방법을 가리지 않은 야만인으로 묘사된다. 그러나 결국 자기의 공로에 대한 아무런 대가도 원하지 않은 채 다시 책과 제자들에게 돌아간다. 그는 찬드라굽따에게 바라문들을 추천해 귀한 상을 내리도록 한 적이 있을 뿐이다.

찬드라굽따가 어떻게 난다 전체와 그 이외의 영역까지도 합병할 수 있었는지에 대한 기록은 없다. 우선 알렉산더의 호민관들이 장악하고 있던 인도 서북 지역을 흡수한 후에 막강해진 군사력을 이용해 마가다를 비롯한 갠지스강 유역의 나라들을 쳐부수었던 것 같다. 기원전 323년 6월 바빌론에서 불굴의 알렉산더가 죽은 후, 인더스강 서쪽에 접한 인도 인접 영토들은 아게노르의 아들 페이톤에게 맡겨졌다. 그는 알렉산더에 의해 강들이 합류하는 신드의 통치자로 임명된 바 있다. 그런데 페이톤은 알렉산더가 죽은 후 신드를 장악할 위치가 아니었던 것 같다.[32)]

알렉산더 사후 이 지역에 대한 분할 통치를 주도했던 안티파테르는 사실상 인더스강 동쪽에서 이미 상당한 자치권을 누리고 있던 왕들에 대해 거의 영향력을 행사할 수 없었다. 이것은 그가 알렉산더의 강력한 적대자였던 딱사쉴라의 왕 옴피스 또는 암비와 프로스를 펀잡의 영주들로 인정하지 않을 수 없었던 점에서도 분명하게 드러난다. 사실 이 지역들에 대한 마케도니아의 지배는 유명무실했다. 왜냐하면 어떤 탁월한 장군의 휘하에 있는 왕국의 군대 없이 이 왕들을 제거하는 것은 불가능했기 때문이다.

알렉산더가 이 지역의 부왕으로 임명했던 필립포스는 기원전 324년 돈에 매수된 용병들에 의해 살해되었다. 카르마니아에서 이 소식을 들은 알렉산더는 유데모스를 필립포스의 후계자로 임명해 옴피스왕과 함께 이 지역을 통치하게 하는 것 이외에 아무런 조치도 할 수 없었다. 유데모스는 한동안 자신의 독자적인 기반을 다진 후 기원전 317년경 자신의 인디안 동료 옴피스를 살해하고, 120마리의 코끼리와 상당수의 군대들을 이끌고 안티파테르와 싸우고 있는 유메네스를 돕기 위해 그리스로 돌아갔다. 유데모스

---

32) V.A. Smith, *Asoka*, p.11.

가 돌아감으로써 인도에 그리스 제국을 건설하려는 마케도니아인들의 시도는 막을 내린다.[33]

그러나 이 사건이 있기 수년 전부터 이미 이 지역에는 외국 주둔군에 저항하는 토착 세력들이 결집하고 있었으며, 알렉산더의 죽음이 알려지자 이들의 봉기가 있었다. 찬드라굽따는 이 운동의 선봉에 서있었던 것으로 보인다. 그는 인도 북서부 변경의 용맹스러운 종족들을 이끌고 자신의 야망을 빠르게 펼쳐나갔다. 결과적으로 알렉산더의 원정은 찬드라굽따가 인도의 서북지역을 빠른 시간 안에 효과적으로 합병할 수 있는 기틀을 마련해준 셈이다. 알렉산더가 무력으로 이 지역의 군소 왕국들을 합병했지만, 그의 사후 마케도니아인들이 물러감으로써 이 지역 전체에 정치적 공백이 생겼고, 찬드라굽따는 이 공백을 틈타 쉽게 이 지역을 장악할 수 있었기 때문이다.[34]

60만 군대로 인도 전체를 복속시켰다는 플루타르크의 언급[lxii]에 따르면, 아쇼까의 명문에서 자신의 영토로 언급하는 인도 남부와 서부지역의 영토는 찬드라굽따에 의해 정복되었음을 알 수 있다. 전차들이 쉽게 지나갈 수 있도록 산을 허물고 길을 내면서 북쪽의 마우리야 왕들이 남부의 왕국들을 침공했다. 정복자들은 고명한 전차부대 전사들이었으며, 전차들은 의기양양한 기치로 장식되었고, 왕권의 표지인 그들의 일산은 하늘을 찌를 듯이 높았다.[35] 이로써 찬드라굽따는 처음으로 바다에서 바다까지 인도를 통치한 최초의 군주가 되었다.[36] 고대로부터 인도에서는 왕이 영토를 늘리기

---

33) 같은 책, pp.12~13.

34) Romila Thapar, *Aśoka and the Decline of the Mauryas*, p.13.

35) V.R. Ramachandra Dikshitar, *Mauryan Polity*, p.60.

36) V.A. Smith, *Asoka*, p.14.

위한 전쟁은 정당화되었다. 그와 같은 영토 확장은 왕의 필수적인 의무, 거의 종교적인 의무에 가까웠다. 영토 확장을 위한 전쟁과 폭력은 너그러이 용서되었으며, 이 과정에서는 뇌물 제공이나 협박도 사용 가능한 전략에서 제외되지 않았다.[37]

그리스 역사가들은 찬드라굽따의 영토 확장 과정에서 셀레우코스 니카토르[38]와의 만남을 집중 조명한다. 셀레우코스는 기원전 312년 무렵 그 지역에서 가장 막강한 실력자였다. 아피안의 기록에 의하면 그는 소아시아의 프리지아에서 인더스강에 이르는 영역 전체의 주인이었다.[39] 셀레우코스는 여러 전투에서 승리한 공로로 바빌론의 총독이 되었다. 그러나 6년 후정적 안티고노스에 의해 이집트로 강제 추방당했다. 3년 동안의 망명 후그는 312년 바빌론을 되찾고 자신의 기반을 다지며 힘을 키웠다. 그는 박트리아를 장악했으며 마침내 306년에는 왕권을 차지했다. 역사가들에게그는 시리아의 왕으로 알려졌지만, 사실 시리아는 서아시아 전역을 포함하는 그의 왕국의 지극히 일부에 지나지 않는다.

기원전 305년경 셀레우코스는 자신의 지위를 공고히 하려는 노력의 하나로 인더스강 건너편의 안드로크로토스, 즉 찬드라굽따와 전쟁을 감행했다. 사기충천한 자신의 군대들이 인더스강을 건너 알렉산더의 옛 영광을되찾게 되기를 희망했다. 그러나 이에 대항하는 인도의 군대들은 마케도니아 병사들이 무너뜨리기에는 역부족이었다. 찬드라굽따가 이끄는 막강한군대와 마주친 것이다. 셀레우코스는 군대를 철수하지 않을 수 없었다. 알

---

37) 전통적으로 1) 사람들 사이에 분열을 조장함, 2) 타협, 3) 뇌물 제공, 4) 공개적인 공격 또는 회유, 억제, 분열 조장, 징벌의 네 가지 전략이 언급된다.

38) 니카토르Nikator는 '정복자'라는 의미이다.

39) Ananda W.P. Guruge, *Asoka*, p.13.

렉산더의 옛 영화를 회복하려는 야심도 접어야 했다. 전투에 관한 기록은 없다. 두 왕가 사이에 결혼 동맹이 이루어진다. 이 두 라이벌의 갈등은 상호 이해로 종결된다. 모종의 결혼동맹을 통한 결속이 이루어졌다.[40]

플루타르크에 의하면 찬드라굽따는 셀레우코스에게 5백 마리의 코끼리를 선물했다. 결혼 동맹의 대가로 얻은 5백 마리 코끼리는 셀레우코스가 기원전 301년 안티고노스와 전쟁을 치르기 전에 그의 군대를 강화시키는 데 공헌을 했으며, 찬드라굽따는 인더스강 유역을 차지하게 되었다.[41] 원래 아리안들이 차지하고 있던 지역을 셀레우코스가 점령했다가 결국 다시 찬드라굽따에게 준 것이다. 일종의 거래를 한 것이다. 이로써 게드로시아, 아라초시아, 아리아, 파로파미사대의 네 지역, 즉 발루치스탄, 칸다하르, 헤라트, 카불을 포함하는 지역이 아쇼까의 영토로 들어온 것이다. 셀레우코스의 가족과 결혼동맹을 맺으면서 이 방대한 영역을 자신의 영토로 편입시키는 대신, 단지 5백 마리의 코끼리를 준 것은 누가 봐도 찬드라굽따에게 남는 장사였다. 이 영토는 아쇼까 시대까지도 여전히 마우리야의 소유였다.

셀레우코스 니카토르는 찬드라굽따의 궁정에 메가스테네스를 대사로 보냈으며, 그는 마우리야 왕국과 수도의 영광과 번영, 행정 체계, 당시의 관습 등에 대한 상세한 기록을 남겼다. 메가스테네스가 찬드라굽따 궁정에 머물며 저술한 『인디까印度誌』는 현존하지 않지만, 그 내용의 일부가 후세의 그리스 및 라틴 저자들의 작품 속에 전해진다. 『아르타샤스뜨라』의 일부는 후대에 부가된 것이지만, 중요한 핵심 부분은 이미 찬드라굽따 시대에 이루

---

40) V.A. Smith, *Asoka*, pp.14-15.

41) Ananda W.P. Guruge. *Asoka*, p.13.

42) 같은 책, p.14.

어졌다.[42]

자이나 전통[43]에 따르면, 찬드라굽따는 까우띨리야의 만류에도 불구하고 말년에 자이나교로 개종했다. 마가다에 12년 동안의 기근이 들었을 때, 찬드라굽따는 자이나교 성자 바드라바후와 함께 남쪽으로 가서 출가자가 되었다. 마이소르국의 슈라바나 벨골라에서 자이나교 전통에 따라 살레까

▲ 카주라호 사원 외벽 부조의 자이나교 성자(가운데)

43) 자이나교의 이 전통은 상대적으로 매우 후기의 것이다. 대개 600년 이후의 것이다(K.A. Nilakantha Sastri, *The Age of the Nandas and Mauryas*, p.161).

44) Ananda W.P. Guruge, *Asoka*, p.15.

나로 자살한 것으로 전해진다.[44] 이 지역의 자이나교 사원 명문에는 이 두 사람의 이름이 자주 언급된다.[45] 이 명문 기록들 중 가장 초기의 것은 7세기에 속한다. 주로 까르나따까 지역에서 나온 10세기 이후의 많은 문헌들은 찬드라굽따가 바드라바후의 제자로 만년을 보냈다고 강조한다. 빠딸리뿌뜨라의 왕은 아들을 위해 왕위를 물려주고 영적 스승을 따라 남쪽으로 내려갔다는 것이다.

찬드라굽따가 만년에 자이나교로 개종한 것은 사실인 것 같다. 당시 마우리야 왕조 수도와 그 주변 지역은 수세기 동안 종교적 동요를 경험하고 있었다. 왕, 귀족, 부호들이 자신이 감명 받은 성자에 따라서 개종하는 것은 그다지 특별한 일이 아니었다. 동북 인도의 왕들이 바라문교 이외의 종파들을 후원한 것은 바라문들이 정사에 간여하는 것을 방지하자는 측면도 있었다.[46]

실로 마우리야 왕조의 첫 왕 찬드라굽따는 매우 화려한 경력의 소유자라 할 수 있다. 크게 두 가지 성격으로 묘사된다. 그리스 역사가들은 자신의 모국을 인기 없는 독재자의 학정에서 해방시킨 용감하고 강력한 전사로 기록하는가 하면, 자이나교 문헌은 그의 엄격한 고행을 높이 평가한다. 저 세상에서 큰 명성을 얻어서 신들의 숭배 대상이 된다. 까우띨리야의 역할이 무엇이었던 간에, 바라문교 문헌들도 그 어느 군주보다도 찬드라굽따에 대하여 많은 언급을 한다. 북전 자료들은 그를 아쇼까의 할아버지로 말하지 않지만, 스리랑카 문헌들은 미미한 지역 종교를 세계종교로 만든 왕조의 시조로 그의 위대한 용기를 찬양했다.

---

45) 지금도 Śravaṇa Belgola는 자이나 교도들에게 성지로 간주된다.

46) *The New Encyclopaedia of Britannica* (15th edition), 1977, vol.iii, p.406.

47) Nandasāra, Bhadrasāra(Brahaṇḍa)라고 불리기도 한다.

찬드라굽따는 24년 동안의 통치 후 아들 빈두사라[47]에게 왕위를 물려주었다. 자이나교 전통에서는 찬드라굽따가 싱하세나[48]라 불리는 아들을 위해 양위하고 고행자가 되었다.[49] 과연 빈두사라와 싱하세나의 관계가 무엇이냐는 논란이 있다. 싱하세나를 빈두사라의 별명으로 보는 경우도 있다.[50] 자이나교 전통에서만 주장되는 전통에 대해서는 이견이 많다. 찬드라굽따와 셀레우코스의 결혼 동맹과 관련해 빈두사라의 어머니가 그리스의 공주이었을 것이라는 주장이 있지만, 다만 추측에 지나지 않는다. 어쩌면 셀레우코스의 딸 또는 다른 어떤 공주가 찬드라굽따의 후궁으로 들어왔을 가능성이 전혀 없는 것은 아니다.[51] 설사 그렇다 해도 빈두사라가 반드시 그리스 공주의 아들이라는 보장은 없다. 따라서 아쇼까가 그리스 공주의 손자라는 주장 또한 근거가 없다.

그리스 역사가들은 찬드라굽따의 아들이자 후계자를 빈두사라가 아니라 아미트로카데스Strabo의 기록 또는 아미트로카테스Athenaeus의 기록로 알고 있는 것 같다. 이 이름은 범어 형용사 아미뜨라가따Amitraghāta(적들을 살해하는 자) 또는 아미뜨라카다Amitrakhāda(적들을 먹어치우는 자)의 음역으로 보인다.[52]

아무튼 이 호칭으로 본다면 찬드라굽따의 후계자는 전쟁 영웅이라고 봐도 무방하다. 영토 확장 전투에서 큰 공을 세운 사람이다. 빈두사라가 위대한 전사였다는 것은 그리스 사가들에 의해서도 기록된다. 그에게 붙은 아미뜨라가따라는 호칭은 마우리야 왕조가 인도의 서부와 남부를 정복한 사

---

48) 싱하세나의 어머니는 Durdharā이다.

49) Pariśiṣṭaparvan viii, pp.415ff.

50) Romila Thapar, *Aśoka and The Decline of the Mauryas*, p.17 ; K.A. Nilakantha Sastri, *The Age of the Nandas and Mauryas*, p.160.

51) 위의 책, p.20.

52) Ananda W.P. Guruge, *Asoka*, p.17.

실을 시사한다는 주장이 있지만, 이에 대한 어떤 명문이나 문헌의 언급은 없다.[53]

　다만 분명한 것은 빈두사라가 아버지의 명에 따라 남부 인도의 부왕으로 봉직했다는 사실로 보면, 그가 제국을 경영하는 수업을 충실히 쌓았다고 볼 수 있으며, 훗날 왕자들을 웃자인이나 딱사실라로 보낸 것도 이와 비슷한 맥락이다. 그는 제국의 행정에 대한 확고한 통제를 하고 있었으며, 수도에서 멀리 떨어진 주요 지역에 왕자들을 파견해 제국의 통치수업을 받게했다.

　빈두사라는 이미 찬드라굽따 시대에 확립된 그리스 지역과 우호적인 관계를 계속 유지했다. 그리스 사가 스트라보에 의하면, 셀레우코스는 데이마코스를 아미트로카데스의 궁정에 대사로 보냈다. 아테네우스는 재미있는 에피소드를 전한다. 인도의 왕 아미트로카테스는 시리아의 안티오쿠스 1세에게 자기를 위해 와인과, 무화과와 한 명의 소피스트를 사서 보내달라고 편지를 썼다. 이에 시리아 왕은 답한다. "와인과 무화과는 사서 보내겠지만, 그리스의 법은 소피스트를 사는 것을 금한다." 빈두사라는 달콤한 와인과 말린 무화과를 좋아했으며, 철학자와 담소하기를 좋아했던 것 같다.

　프톨레마이오스 2세 필라델푸스B.C 285~247에 의해 디온치우스라는 외교사절을 마우리야 궁정에 보냈는데, 그를 맞이한 인도의 왕이 빈두사라였

---

53) 티베트의 역사가 Tāranatha에 의하면, 빈두사라는 찬드라굽따로부터 물려받은 영토에 만족하지 않고, 남인도에서 왕국의 영토를 늘리기 위해 고군분투한다(trans. Schiefner p.89, Tāranātha's Geschichte Des Buddhismus, 1869). 그렇다면 빈두사라는 영토 확장을 위한 어떤 전투에서 이와 같은 별명을 얻었을까? 북쪽으로는 더 이상 진출할 이유가 없다. 데칸을 편입하는 전투를 치렀을 것이다. 이렇게 보면, 이미 찬드라굽따 시대에 Kuntala 지역까지 점령했으며, 이를 물려받은 빈두사라는 더욱 남하했다고 볼 수 있다. 아쇼까 시대에는 거의 Nellore까지 영토가 확장되었다(V.R. Ramachandra Dikshitar, *Mauryan Polity*, pp.53~54).

다. 초기 마우리아 군주들은 서방의 그리스 이웃들과 아주 친근한 문화적, 사회적 외교관계를 유지했다. 또한 인도는 그리스의 정치적 철학적 사유와 예술적 기술적 기법들에 상당한 영향을 미쳤을 것이다.[54]

자이나교 문헌에 따르면, 찬드라굽따의 후계자에게는 까우띨리야의 역할을 이어받은 칼라따까라는 종교적 조언자가 있었다. 뿌라나 문헌은 거의 빈두사라에 대한 언급이 없지만, 그의 통치기간을 25년으로 보고 있으며, 『마하밤사』(v.18)는 28년으로 잡는다.[55] 후자에 따르면, 빈두사라는 바라문들을 후원했으며, 그들 가운데 각 종파의 6만 명에게 지속적으로 식사를 대접했다. 그의 중전은 모리야 부족의 다르마였으며, 그녀는 아쇼까와 띳사두 아들을 낳았다.[56] 빈두사라에게는 이외에도 수마나라는 아들이 있었는데, 101형제들 중 맏이였다. 빈두사라의 아내는 아지비까 교도였으며, 자나사나라는 아지비까 교도가 아쇼까의 출생과 그의 미래를 예언했다. 빈두사라는 바라문들을 후원하는 왕인 반면에 아내는 아지비까 교도였다는 것은, 당시의 다종교 상황을 잘 보여주고 있다.

중국, 티베트 그리고 범어 불전 등, 북전 자료에는 마우리야 왕조에 대한 기술에 상당한 혼동이 있다. 심지어 『아리야 만주슈리 물라깔빠』(448)는 찬드라굽따를 난다 왕조의 한 사람으로 간주한다. 까우띨리야는 빈두사라의 총리대신으로 임명되며(441), 빈두사라의 통치기간은 70년이다(449). 이 북전은 찬드라굽따를 아쇼까의 가계에서 제외시키며, 빈두사라는 난다 왕조의 후계자로 묘사된다. 찬드라굽따와 빈두사라를 혼동하고 있다는 것도 분명

---

54) Ananda W.P. Guruge, *Asoka*, p.17.

55) 불교 전통에 따르면 27~28년이다(Balkrishna Govind Gokhale, *Asoka Maurya*, p.46).

56) 『마하밤사』 v.33

하다. 빈두사라와 아쇼까는 마우리야의 왕들이 아니라 난다 왕조의 왕들로 오해된다. 이와 같은 오해는 주로 마우리야의 아쇼까와 쉬슈나가 왕조의 깔라쇼까를 구별하지 못한 데 기인한다. [57)]

57) Ananda W.P. Guruge, *Asoka*, p.19.

왕국의
통치 체제

찬드라굽따 시대 인도의 정치나 사회제도에 대한 기록이나 명문의
정확성은 18세기 후반 아끄바르 통치시대 이전까지 인도역사를 통
하여 어느 시기보다 구체적이고 분명하게 드러난다. 이것은 기원전 305년
경 찬드라굽따의 궁중에 대사로 파견되었던 메가스테네스 덕분이다. 그는
자신이 보고 들은 것에 대한 풍부한 기록을 남겼다. 찬드라굽따에 의해 확
립된 정부 체계는 손자에 의해서도 대체로 유지되었다. 이것은 아쇼까의
비문에 나타나는 관직명이나 통치 관련 용어 대부분이 『아르타샤스뜨라』
의 내용과 일치한다는 점에서도 충분히 짐작할 수 있다. 물론 다소의 제도
변경과 새로운 체계가 도입되기도 했다.

마가다 왕국의 수도 빠딸리뿌뜨라는 손강과 갠지스강이 합수하기 직전
손강 언덕에 있었다.[1] 이미 오래 전에 손강의 물길이 바뀌어서 지금은 다나
뿌르[2] 가까이에서 만나지만, 강의 옛 모습은 지금도 남아 있는 가트들로 쉽
게 짐작할 수 있다. 당시 갠지스강은 도시 아래쪽으로 흘렀다. 빠딸리뿌뜨
라의 위치는 큰 두 강에 의해 방어되는 천연요새 형국이며[3], 예로부터 이
지역에서 나라를 세우는 군주들이 도읍으로 선호하던 곳이다. 지금 이 지역
은 빠뜨나의 일부가 되었다. 지금도 마찬가지지만, 옛날의 빠딸리뿌뜨라는
길고 좁은 평행사변형 도시였다. 두 강 사이에 위치하는 특성 때문이다.

메가스테네스의 기록에 의하면 빠딸리뿌뜨라는 둘레가 12킬로미터가 넘

---

1) Vincent A. Smith, *Asoka*, p.16.
2) 옛 이름은 Dinapore이다.
3) 람 샤란 샤르마, 『인도고대사』, pp.156~157.

는 큰 도시였다.4) 메가스테네스가 그곳에 머물 때, 빠딸리뿌뜨라는 단단하고 육중한 나무말뚝 성벽으로 둘러싸인 도성이었다. 64개의 문이 있고 570개의 성루를 올린 성벽 바깥에 다시 외성과 해자를 둘러 도성을 방어했다. 해자의 물은 손강의 물을 끌어들인 것이다. 아쇼까는 나무말뚝 성벽 안에 돌로 된 벽을 구축함으로써 방어를 한층 강화했으며, 풍부하게 장식된 수많은 석조 건축물들로 성안을 꾸몄다. 이 건축물들은 그 후 수많은 세월이 지나면서도 탁월한 장인들의 작품으로 인간의 능력을 넘어서는 걸작품으로 전해졌던 것 같다.

6미터 이상 진흙 깊숙한 곳에 묻힌 이 고대의 도시는 그 위에 기존의 도시 건물들이 지어졌기 때문에 발굴에 어려움이 있다. 얼마 전까지만 해도 토마토 밭이며 철길 옆에 2천 3백년 이상의 역사를 간직한 물건들이 나뒹굴었다. 성곽을 이루었던 나무말뚝들도 주변 곳곳에서 발굴되었다. 깊은 진흙 속에 잠들어 있을 꿈라하르 왕궁은 찬드라굽따 시대에 건축되었다. 대체로 목재로 지어진 것으로 추측되며, 궁궐 마당은 수사와 에끄바따나의 정원들보다 더 화려하고 웅장했던 것으로 전해진다. 기둥들은 금에 돋을새김한 포도넝쿨로 휘감겨 있고, 은으로 된 아름다운 새들로 장식되어 있었다. 정원은 온갖 진귀한 화초와 나무로 가득했으며, 아름다운 인공연못으로 멋을 냈다. 이 왕궁은 60만 정예 보병, 3만 기병, 9천 마리의 코끼리, 그리고 수많은 마차들이 왕의 경비로 유지되고 있었다 한다.

즉위 직후 아쇼까는 행정 체계의 재편을 단행했다. 그는 자신의 행정 업무에 상당한 시간을 보냈으며, 다른 군주들이라면 흔히 신하들이나 관료들에게 맡겨도 될 업무조차도 몸소 꼼꼼하게 챙겼다. 그가 단호하고 원기 왕

4) 마우리야 제국의 수도 빠딸리뿌뜨라에 대한 설명은 V.A. Smith, *Asoka*, pp.84~86을 참조하였다.

성한 통치자였다는 것은 그가 남긴 여러 명문들에 나타난다.[5] 보고자들을 통해 그는 통치문제와 관련된 모든 정보를 접하고 있었다. 보고자들은 급한 용무가 있을 때는 언제든지 왕을 직접 만날 수 있었다. 또한 그는 지속적으로 행정부의 업무에도 관여했다. 아쇼까는 즉위 초부터 근면하고 열정적인 통치자였다. 제국의 광대한 통치 체제에 내재한 힘의 의미를 잘 이해하고, 그것을 왕국의 통합과 자신의 지위를 유지하는데 효과적으로 사용했다. 마우리야 제국은 법과 질서를 유지하고 세금을 거두어들이는 수많은 관료들이 떠받치는 조직된 힘 위에 세워진 큰 건축물이었다. 그의 행정적인 탁월함은 타고난 기질이라고 볼 수 있다. 즉위 후 첫 8년의 경력을 통해, 아쇼까는 결단력과 통찰을 겸비한 위대한 황제가 되고 있었다.[6]

아쇼까는 왕으로서 대규모의 대중행사에 참여해야 했다. 인도 고대의 사고방식에 따르면, 왕은 자신을 위해 또는 백성들을 대표해 여러 신들에게 희생제를 지내도록 되어 있었다. 불교로 개종하기 전까지만 해도 아쇼까는 전대의 왕들과 마찬가지로 대규모의 희생제를 기꺼이 거행했다. 그러나 나중에 그는 이와 같은 희생제를 금지했으며, 수도나 그 외의 지역에서도 희생제를 위한 도살을 엄격히 금했다. 그는 또한 사마자samaja라고 불리는 연회에 참여했지만, 나중에는 이 연회조차도 허용하지 않았다.[7] 사마자는 종교적 목적이나 그 외의 목적으로 열리는 연회였다. 이 연회에서는 춤, 노래, 악기 연주, 음영시 낭송, 마술, 곡예가 선보이며, 무엇보다도 푸짐한 음

---

5) 암벽칙령 vi. "과거에는, 국무國務를 언제든지 처리하고, 사건들을 보호하는 일은 없었다. 그래서 나는 다음과 같은 [조치를] 취했다. [즉] 내가 식사를 하고 있어도, 후궁에 있어도, 침실에 있어도, 농장에 있어도, 수레 속에 있어도, 정원에 있어도, 어떠한 때에도, 어디에서도, 처리할 수 있을 것이다."(츠카모토 게이쇼, 「아쇼까왕비문」, p.106)

6) Balkrishna Govind Gokhale, *Asoka Maurya*, p.55.

7) 암벽칙령 i ; 람 사란 샤르마, 「인도고대사」, p.192.

143

식과 술이 제공되었다. 흔히 고관들이 참석했으며, 어떤 특별한 축제의 경우에는 한동안 왕이 참석하는 경우도 있었다. 불교로 개종하기 전에는 아쇼까도 분명히 이와 같은 연회에 자주 참석했을 것이다. 나중에 그는 이 사마자 연회에 대해 차츰 실망하게 되었으며, 마침내 금지했다.

아쇼까가 동물 희생제의를 금지했을 때, 그는 당시에 널리 성행하던 사회 종교적 회합들을 새로운 유형의 권장할 만한 회합, 즉 그가 널리 전파하려는 윤리적 원리들의 실천으로 구성된 회합으로 대체하고자 했다. 사실 이와 같은 대체는 붓다 당시에도 강조된 바 있다. 『디가니까야』의 꾸따단따숫따에서 붓다는 바라문 꾸따단따가 계획 중이던 것을 대체하는 새로운 유형의 희생제의를 권고한다.

이와 마찬가지로, 아쇼까는 당시 사회에 온갖 미신을 부추기는 모든 종류의 마술 컬트, 의례, 회합을 금하기 시작했다.[8] 흥미롭게도 그는 이와 같은 모임들이 주로 여성 집단에 의해 지속되고 있다고 지적했다. 이와 같은 모임들은 전혀 쓸모가 없거나 단지 세속적인 관심을 충족시키기 위한 것일 뿐이라는 이유로 금지되었다. 이생과 내생 모두의 안락을 가져다주는 행위가 아니라는 것이다. 이런 의례나 회합 대신에 그는 법의 의례dhammamangala[9]라는 새로운 이름 하에 자신의 윤리적인 원리들을 선호했다. 이와 같은 전환 또한 붓다의 접근을 연상하게 한다.

사마자 연회 외에 왕을 위한 유희의 다른 형태들이 있었다. 사냥은 고대 인도 왕들의 중요한 심신수련 수단이었다. 불교의 엄정주의가 도입되기 전까지만 해도 마우리야 왕실은 사냥뿐만 아니라 경주, 동물 싸움, 검투 시합

---

8) 암벽칙령 ix.

9) 아쇼까는 법의 의례의 예로서 "노예와 하인에 대한 올바른 대우, 스승에 대한 존경, 동물에 대한 금계禁戒, 사문·바라문에 대한 보시"(암벽칙령 ix ; 츠카모토 게이쇼, 『아쇼까왕 비문』, p.112)

▲ 아잔타석굴사원 외벽의 연화수보살

과 같은 놀이를 즐겼다. 지금은 거의 보기 어렵지만, 말처럼 빨리 달리는
것으로 알려진 특별한 종자의 황소 경주가 있었는데, 큰 인기가 있었다. 중
앙에 한 마리의 말, 그리고 그 양 옆에 각각 한 마리의 황소가 한 팀이 되어
끄는 마차가 사용되었다. 코스는 약 3킬로미터를 달리는 경주였는데, 왕과
귀족들은 경주의 결과에 열심히 금이나 은을 걸었다. 동물 싸움도 즐겨했
다. 코끼리, 코뿔소, 거세하지 않은 황소, 거세하지 않은 숫양 등의 동물들
이 우리 안에 가두어져 서로 싸웠다. 코끼리 싸움은 이슬람교의 왕실에서
애호하는 유희로 20세기 초까지도 지속되었다. 이와 같은 놀이는 당연히
불교의 정신에 용납되지 않았으며, 아쇼까가 더 이상 '속세의 쾌락'이 있
어서는 안 된다고 결심했을 때, 자취를 감추었다.

암벽칙령 i에서 아쇼까는 말한다. "쁘리야다르신왕, 신들의 사랑받는 자의 부엌에서 수천의 동물들이 육식을 위해 도살되었다." 왕가의 부엌에서 요리를 위해 도살된 동물들의 수는 상상을 초월할 정도로 많았던 것 같다. 그러나 왕가의 부엌은 단지 왕이나 그 식술을 위한 음식뿐만 아니라, 수많은 사람들의 식사를 마련하고 왕가 자선사업의 일환으로 가난한 사람들에게 음식을 나누어주었다는 점을 고려할 필요가 있다. 불교로 개종한 이후 그는 이러한 관행을 금했다. 물론 육식을 완전히 포기한 것은 아니다. 단지 3마리의 동물들이 요리를 위해 도살되었다. 2마리의 공작과 1마리의 사슴이 도살된다. 승마를 즐겼으며, 말을 돌보는 일에도 큰 관심을 지녔다. 그 외의 여가 시간에는 궁중에 소속된 악사와 가수들의 춤과 노래를 즐기거나 비빈들과 담소를 나누며 보냈다. 그는 왕으로서의 직책을 성실하게 수행했지만, 휴식과 이완도 이에 못지않게 중요하다고 생각했으며, 왕으로서 즐길 수 있는 온갖 유흥을 마다하지 않았다.

기원전 6~5세기의 마가다나 꼬살라 같은 왕국과는 달리, 마우리야 제국의 중앙정부에서 왕은 전제군주가 아니었다. 중앙정부에서 최고의 의사결정은 왕 밑에 위치한 대관회의parisad에서 이루어졌다.[10] 회의에 의한 국가의 의사결정 관행은 이미 고대인도의 상가saṃgha 또는 가나gaṇa의 사바sabhā 會合에서 찾아볼 수 있다. 수도의 행정은 30명으로 구성된 위원회에 맡겨졌으며, 위원회는 5명씩 6개 부서로 나누어졌다.[11]

첫 부서는 공예와 나라의 종복으로 간주되었던 장인들을 감독하는 업무를 맡았다. 두 번째 부서는 외국인을 관리하는 부서로서, 그들의 필요에 응

---

10) 『아르타샤스뜨라』, ii. 15.2.
11) 수도의 행정에 대해서는 V.A. Smith, *Asoka*, pp.86~88을 참조하였다.

하고 병든 자의 의료 지원, 사망의 경우 장례 및 유산을 관리하는 책임을 맡았다. 또한 이 부서 관리들의 의무는 그리스 도시들의 프로제노스 proxenos에게 부과되었던 임무와 아주 흡사하다. 그러나 인도에서는 그와 같은 업무를 하는 사람이 왕의 관리들이었지만, 그리스에서 프로제노스는 마치 오늘날의 영사처럼, 그가 보호하는 사람들이 속한 그 나라에서 임명했다.[12] 세 번째 부서는 국민들의 출생과 사망의 신고와 등록을 관리하는 부서였다. 이 업무는 정부의 통계 자료를 위해서 그리고 국가의 세입을 위한 목적으로 유지되었다. 네 번째 부서는 교역부라고 부를 수 있다. 수도의 거래와 상업을 감독했으며, 형량 단위와 저울을 규정했다. 판매에 따른 세금은 왕궁 수입의 주요 원천이었으며, 판매를 위한 모든 상품들은 공식적인 도장을 찍어 표시해야 했다. 도량형 단위와 저울 눈금은 아주 세밀하게 규정되었다. 다섯 번째 부서는 제조된 상품들을 취급한다는 점에서 네 번째 부서와 비슷한 업무를 지닌다. 상인들은 오래된 물건과 새 물건을 구별해야 하며, 외국에서 들여온 상품, 시골에서 온 물품, 그 도시 안에서 만들어진 물건에 대해서도 잘 분류해야 했다. 여섯 번째 부서는 판매에 대해 세금을 징수하는 업무를 담당했다. 메가스테네스는 1/10의 세금이라고 기록하지만, 사실 다양한 세율이 적용되었다. 탈세는 사형에 처해질 수도 있다고 메가스테네스는 스트라보에게 보고한다. 까우띨리야는 세금과 관련해 "거짓말을 하는 자는 도둑으로 처벌된다"고 했다. 사형에 처해진다는 것이다.

수도 이외 도시들의 행정에 관해서는 상세한 기록이 전해지지 않는다. 그러나 칙령들은 특정 도시를 관장하는 관료들에 대해 여러 번 언급하고

12) V.A. Smith, *Asoka*, p.87.

있으며, 따라서 대도시들의 경우에는 수도에 준하는 행정이 이루어지고 있었을 것이다.

마우리야의 궁전은 장엄했다. 퀸투스 쿠르티우스는 세계 어느 궁전도 비할 바가 못 될 정도로 지나치게 화려한 왕실로 생각했다.[13] 왕의 황금 가마와 여러 가지 호화롭고 화려한 가재도구들에 대한 이야기는 사실일 것이다. 인도의 왕들에게는 오히려 이런 관행이 일반적이며 고대나 중세 유럽의 경우도 예외가 아니었다. 황금 가마를 탄 왕의 행차에는 으레 화려하게 장식한 수많은 궁녀들이 줄지어 뒤따랐으며, 왕비의 행차도 이에 못지않았다. 왕이 보좌나 수레에 앉을 때는, 왕의 권위를 상징하는 일산, 황금으로 된 귀 모양의 손잡이와 주둥이가 있는 물주전자, 부채를 든 시녀들이 옆에서 시중을 들었다. 근대 인도에서도 이와 유사한 관습이 그대로 지속되었다.

왕 가까이에서 시중드는 여자 경호원들이 있었는데, 이들은 궁녀들과는 달랐다.[14] 왕이 잠자리에서 일어나면 먼저 여자 궁수가 시중들었다. 아마 왕이 아침에 여자 궁수를 만나는 것을 상서로운 징조로 여겨졌던 것 같다. 이 여자 경호원들은 왕이 사냥을 나갈 때 근접 경호를 했으며, 행차 중엔 방해자들을 막았다. 가는 길은 사전에 양쪽으로 줄을 쳐서 잡인의 근접을 막는데, 그 줄을 넘는 자는 사형에 처해졌다. 선조들과 마찬가지로 아쇼까 또한 즉위 초기에는 그와 같은 공식적인 사냥 여행을 즐겼다. 그러다가 기원전 259년 무렵 사냥 여행을 성지순례로 대체했다.[15]

수도와 지방은 수로와 도로망으로 연결되었으며, 빠딸리뿌뜨라에서 딱사쉴라를 거쳐서 인더스 지역에 이르는 로열 하이웨이가 가장 중요한 길이

---

13) 같은 책, p.88.
14) 이 관습은 빤잡지역 시크왕조 첫 마하라자였던 란지트 싱(1780~1839)에 의해서도 지켜졌다.
15) V.A. Smith, *Asoka*, pp.89~90

었다. 거리는 10스따디아stadia 또는 1/2꾸스koos마다 기둥을 세워 표시했다. 또한 각 기둥 옆에 우물을 마련했으며, 길을 가는 사람들이 그늘에서 쉴 수 있도록 나무를 심어 편의를 제공했다. 또한 숙소와 마실 물을 제공하는 정자를 마련했다. 도로망이 아주 훌륭했기 때문에, 빠딸리뿌뜨라처럼 아주 동쪽에 치우쳐진 수도에서 왕국 전체를 통제하는 데 무리가 없었을 정도이다. 왕국의 명령은 잘 조직된 관료 집단에 의해 전달되었다. 고급 관료들은 마하마뜨라大官, 하급 관료들은 유끄따yukta[16]로 알려진다. 이런 의미의 유끄따는 칙령 명문이나 『아르타샤스뜨라』에 자주 등장한다. 마하마뜨라 또는 유끄따가 어떤 특정 부서에 임명될 때, 그의 의무 영역은 일반적인 관직명 앞에 붙는 접두어에 의해 표현된다. 예를 들어 석주칙령 i에 나오는 '안따마하마뜨라' anta-mahāmātra는 '안따', 즉 '변경지방'을 감독하는 관료를 의미한다. 변경이나 밀림에 사는 덜 개화된 종족들은 중앙의 일반적인 통제 하에 있는 부족장들에 의해 지배되었다. 제국의 상당 부분은 지방의 세습적인 왕들에 의해 통치되었다. 중앙정부가 요구하는 인력과 자금을 제공하는 한, 이 왕들은 상당히 자유롭게 자치권을 행사했다. 명문에는 이에 대한 기록이 없지만, 인도 역사의 일반적인 과정에 비추어 보면 분명하다. '제국 안에 왕의 나라들'이라 불릴 수 있는 나라들이 많았으며, 이 나라들을 모두 직접 통치하지는 않았다. 이 왕국들은 공화국의 성격을 띠며,[17] 왕국 전역에 다수 있었다.

메가스테네스와 까우띨리야, 그리고 명문의 기록들은 오히려 지방정부

---

16) 『마누법전』이나 『아르타샤스뜨라』의 용례에 준해 세금 징수와 관련된 관리(收稅官)으로 번역하는 경우도 있다(츠카모토 게이쇼, 『아쇼까왕 비문』, p.94 참조). V.A. 스미스, F.W. 토머스의 경우처럼, '하급 관료'로 번역하는 것이 무난할 것이다.

17) McCrindle, *Invasion of Alexander*, p.121 및 281.

의 모든 행정 업무가 중앙 왕가의 관료들에 의해 수행되었다는 인상을 준다. 왕자 부왕은 지방 관료체계의 정점에 있었다. 그 중 넷, 즉 딱사쉴라, 웃자인, 또살리, 수바르나기리에 파견되었던 왕자들은 명문 기록들에 언급되며,[18] 그 외에도 다른 왕자들이 있었을 것이다. 딱사쉴라와 웃자인의 경우는 문헌 기록에도 나온다. 딱사쉴라의 왕자는 적어도 빤잡과 까슈미르를 통치했을 것이다. 현재의 아프가니스탄은 다른 어떤 부왕의 통치관할이었을 것이나, 기록은 없다. 웃자인의 왕자는 말와, 구자라뜨, 수라쉬뜨라를 관할했다. 또살리의 왕자는 깔링가의 편입 영토를, 수바르나기리의 왕자는 제국 남부의 부왕이었던 것으로 보인다.[19]

굽따 시대와 마찬가지로 아쇼까 시대에도 지방의 수장들은 두 부류가 있었다.[20] 정치적인 중요성이 있으며 따라서 왕가의 능숙하고 적절한 행정이 요구되는 주들은 꾸마라kumāra라고 지칭되는 왕자들이 임명되었다. 덜 중요한 주들은 마가다의 왕가와 직접 관련된 인물이 아니라 라슈뜨리야Rāṣṭrīyas 라고 불리는 지방 수장들에 의해 통치되었다. 이러한 예는 루드라다만의 주나가드 명문에서 확인된다. 기르나르에 도읍을 둔 사우라슈뜨라 또는 까티와르의 서쪽 주는 찬드라굽따 통치시기에 바이슈야 뿌슈야굽따에 의해 통치되었으며, 아쇼까 시대에는 페르시아인 라자 뚜샤스파 부왕에 의해 지배되었다.

---

18) 깔링가 지역 칙령에 딱사쉴라와 웃자인, 깔링가 별각칙령(Dhauli)에 Tosali, 그리고 소암벽칙령 1(Bramagiri)에 Suvarnagiri의 왕자가 언급된다.

19) Tosali는 오릿사 뿌리 지역의 다울리에 또는 그 가까이에 있었을 것이며, Ptolemy의 기록에서는 Dosara였다. Suvarnagiri의 위치는 확인되지 않는다. 그 이름은 황금 언덕이다. Nizam의 영토에서 1915년 발견된 명문이 고대의 금광 가까이에 있는 바위 위에 새겨졌다는 사실은 수바르나기리가 Maski에서 그리 멀지 않은 Raichuur District에 있었다는 것을 시사한다(V.A. Smith, *Asoka*, p.94, 각주1).

20) D.R. Bhandarkar, *Asoka*, pp.52~53 ; Mookerji, *Asoka*, pp.51~52.

바다르까르는 아쇼까의 부왕들에 대한 또 다른 하나의 분류를 보여준다. 즉, 사실상 독립적인 통치권을 행사한 부왕들과 왕 자신의 통제 하에 제한적인 통치권을 행사한 부왕들이 있었다. 깔링가의 별각別刻칙령들로 판단할 때, 웃자인과 딱사쉴라의 꾸마라들은 법에 어긋나는 행정이 있지 않나 살피기 위해 매 3년마다 자신들의 독자적인 권한으로 마하마뜨라를 보내지만, 또살리의 경우에는 이 마하마뜨라가 또살리 지방 정부의 꾸마라가 아니라 아쇼까 자신에 의해 파견된다. 또한 아쇼까는 깔링가 주와 관련해 깔링가의 꾸마라와 마하마뜨라들을 통해서가 아니라 직접 나가라 비야바하리까Nagara-vyavaharikas나 여타의 관리들에게 직접 훈계를 내린다. 이로 미루어 볼 때 웃자인과 딱사쉴라 주들은 사실상 독자적인 통치권을 지닌 꾸마라 부왕의 통치 하에 있었지만, 또살리 주는 그렇지 않으며 아쇼까의 직접적인 통제 하에 있었다.[21] 깔링가는 새롭게 편입된 지역이었기 때문에, 신뢰할 만하고 주의깊은 통치자가 필요했으며, 따라서 부왕을 파견했지만 깔링가의 부왕은 왕의 직접적인 통제를 받았다.[22]

부왕 바로 아래의 행정 관료는 라주까였다. 때로는 꾸마라 부왕의 지시와 명령을, 때로는 왕으로부터 직접 명령을 받는 라주까들도 있었다. 라자바찬디까Rājavachandikas라고 불리는 마하마뜨라들은 왕으로부터 직접 지시를 받는다(깔링가 별각칙령 ii). 그들은 자신의 관할 구역에 대한 책임을 지며, 쁘라데쉬까Prādeśika, 地方長官나 일반적인 마하마뜨라들과는 다르다.[23] 암벽칙령 iii에 따르면, 쁘라데쉬까와 마하마뜨라는 매 5년마다 지방으로 감찰을 떠나야 하는 관료들이다(암벽칙령 i). 따라서 쁘라데쉬까와 마하마뜨라는 동일한

21) Bhandarkar, *Asoka*, p.54.

22) Barua, *Asoka and His Inscriptions*, p.189.

23) 마하마뜨라들은 수도뿐만 아니라 지방의 대도시에도 주재했다.

부류로 다루어졌다. 암벽칙령 iii에 의하면, 랏주까들과 쁘라데쉬까들은 매 5년마다 감찰을 위한 공무 여행을 하도록 되어 있다.[24] 그러나 이 일반적인 규정은 깔링가 별각칙령 i에서는 수정되는 것 같다. 즉 5년 규정이 왕 아래의 라자바찬디까—마하마뜨라들에게 적용되었는데, 태자 부왕 지휘 하의 마하마뜨라들의 경우에는 3년으로 줄어들었다. 즉 감찰의 빈도가 높아졌다. 여기서 의문은 이 두 가지 중 어느 것이 먼저냐 하는 점이다. 바루아는 암벽칙령 iii의 규정이 일반법이며, 태자 부왕의 통치하에 있던 주들은 거기서 발생한 새로운 정치 환경에 맞도록 수정될 수 밖에 없었다고 본다. 마하마뜨라 아래에 유끄따 혹은 우빠유끄따라는 하급 관료들이 있었으며, 이들은 각기 상관들의 명령에 따랐다. 왕과 고관들은 각기 자신들의 비서진 lekhaka들을 두었다. 이 모든 것들은 시민 행정이 매우 조직적으로 운영되었다는 것을 보여준다.

까우띨리야 체제에서 자나빠다Janapada[25]라고 불리는 행정단위는 대개 8백 마을 이상으로 구성되며, 각 마을은 백에서 5백 가구로 이루어진다. 만일 당시의 보통 대가족에서 열 명이 한 가구를 이룬다고 하면, 각 자나빠다 행정단위의 인구는 거의 4백만이 된다. 아쇼까 시대의 라주까[26]들은 '수백만 명 사람들' 위에 있다고 표현된다(석주칙령 iv).

아쇼까는 새로 편입된 깔링가 지역의 통치에 각별한 관심을 보인다. 깔

---

24) 츠카모토 게이쇼는 암벽칙령 iii에서 "감찰을 떠나게 하다"anusaṃyāna라는 표현을 임기 만료 후의 전임(傳任)으로 해석하고 있으며, 이와 같이 5년 또는 3년마다 관리들을 전임시킨 것은 관리가 특정지역에 오래 머무름으로써 생길 수 있는 폐해를 방지하기 위한 것이라 했다(p.95). 그러나 "감찰을 떠나게 하다"를 전임으로 해석하는 근거는 제시하지 않는다.

25) 왕국이 출현하기 전까지 고대 인도사회에서 최대 공동체는 자나jana部族였는데, 이들의 거주지 또는 영토를 자나빠다라고 했다. 그러다가 꼬살라나 마가다 등의 왕국이 출현하면서 자나빠다는 왕국의 일부를 형성했으며, '지방'이라는 의미가 부가되었다

26) 고관, 감독관, 서기관, 지사 등으로 번역된다. V.A 스미스에 따르면, 지방장관을 의미하는 쁘라데쉬까보다 상위의 관료이다(Asoka, p.94).

링가의 별각칙령 i에서 그는 일종의 지방 재판관이었던 나가라 비야바하리까_{Nagara-vyāvahārika}들을 엄중하게 꾸짖는다. 왜냐하면 또살리와 사마빠의 지역 주민들이 임의로 감옥에 갇히거나 까닭 없이 괴롭힘을 당했기 때문이다. 그는 관리들에게 "모든 백성은 자신의 자녀들"이라는 자신의 말을 충분히 이해할 수 있도록 권고한다. 이러한 권고와 함께, 또한 그는 이 지역

▲ 바이샬리의 아쇼까왕 석주 – 바이샬리는 붓다시대 북인도 16국 중 하나인 릿차비족의 수도로 번성했던 도시이다.

에 자신이 원하는 정의로운 행정을 확실히 하기 위해 5년마다 마하마뜨라를 파견해 이 지역 관리들을 감찰하게 했다.

석주칙령 iv에 아쇼까는 즉위 26년에 지방의 재판 기능을 일원화하여 형평에 어긋나지 않는 법 집행을 강화한다. 원래 아쇼까가 다르마마하마뜨라들을 임명한 주요 목적 중 하나는 법 집행의 남용을 감시하고 교정하자는 것이었다(암벽칙령 v). 이전에는 나가라 비야바하리까들이나 쁘라데쉬까들에게도 법 집행기능이 있었는데, 오직 라주까들에게만 이 기능을 허용하여 법 집행의 오용이나 남용을 막고자 했다. "자신감을 가지고 아무런 두려움 없이 자신들의 의무를 수행할 수 있도록 유일하게 상벌을 담당하게 한 라주까들이 그 주州의 사람들의 복지와 행복을 가져온다"(석주칙령 iv). 한 주州에 적어도 세 부류의 법 집행 관리들이 있던 것을 라주까 하나로 일원화했다. 결과적으로 라주까들이 자신감을 가지고 아무런 두려움 없이 의무를 수행할 수 있게 했다. 이전에는 라주까들이 업무수행에 왕이나 상관들의 간섭이 있었다는 것을 암시한다. 또한 이것은 아쇼까 자신이 업무의 과중으로 재판이 지연되거나 하는 일을 줄이기 위해 라주까들에게 이러한 업무를 분장한 점도 있을 것이다.

『아르타샤스뜨라』는 두 종류의 법정을 언급한다(iii. 1). 첫째, 민사소송과 경범죄를 심리하고 벌금형을 부과하는 법정으로, 법을 해석하는 3명의 법리학자Dharmasthas와 3명의 판사Amātyas들로 구성된다. 둘째, 체포, 구금, 사지절단, 사형 등이 부과되는 중범죄를 심리하기 위한 것이다. 이 경우에는 세 명의 쁘라데슈뜨리Pradeṣṭṛs 또는 세 명의 판사들로 구성된다(iv. 2). 형량을 부과하는 일에서 왕권을 부여받은 라주까들은 소원의 최후법정이 되었다. 사형의 경우에는 3일의 여유가 주어진다(석주칙령 ix). 이 기간 동안 라주까들에 의해 판정이 재검토될 수 있게 하고, 범죄자는 내세를 준비할 수 있는 기간이다. 사형이 구형된 피의자의 친지$_{nātika}$들은 목숨을 살리기 위해 판결의 재검토를 청원할 수 있었다.[27] 사실상 친지란, 가까운 혈족이나 친지뿐만 아니라 친구 동료 등, 거의 모든 사람들을 포함하는 개념이다. 아쇼까는 특별히 수형자가 형기를 마치기 전에 출소될 수 있는 조건을 언급하고 있으며$_{(암벽칙령\ v)}$[28], 이것은 법정에서 구형된 형량의 감형을 의미한다. 사형이 확정된 죄수는 보다 나은 내생을 위해 보시를 하거나 단식을 한다$_{(석주칙령\ iv)}$.

『아르타샤스뜨라』 iv, 9 및 ii, 36에는 교도행정에 관한 상세한 규정이 있다. 암벽칙령 v에 언급된 죄수들에 관한 3가지 목적은『아르타샤스뜨라』의 내용과 일치한다. 아쇼까는 또한 다르마마하마뜨라들을 통해 죄수들이 보석금을 마련할 수 있게 하는 등, 강제와 억압으로부터 그들을 보호하고 석방될 수 있는 다양한 길을 모색한다. 특히 미성년자, 단순한 종범, 가계를 부양해야 하는 사람, 또는 착실한 옥살이나 노년으로 정상이 참작되는 사람의 경우에는 특히 그 석방에 노력을 기울였다. 사법권을 지닌 행정장관들이 각별히 신경을 써서 인권을 급작스럽게 제한하거나 고문을 당하는 일이 없도록 지시한다$_{(깔링가\ 별각칙령\ i)}$. "만일 단 한 사람이라도 체포되거나 고문을 당해, 이로 인해 급작스레 투옥된다면, 다른 사람들, 혈족들이나 먼 친지들은 마음에 큰 상처를 입을 것이다."

석주칙령 v에는 특별사면에 관한 내용도 있다. "즉위 26년까지 25번의 석방이 나로 인해 행해졌다." 매년 그와 같은 석방이 있었다는 것을 의미한다. 그러나 특별사면에 관한 상세한 내용은 알려지지 않는다. 음력 초하루,

---

27) John S. Strong, *Aśokāvadāna*(p.219)에서는 아쇼까가 사형제도를 폐지했다고 말하지만, 사실과 다르다.

28) ① 아이들을 데리고 있다든가, ② 불행으로 괴로워하고 있다던가, ③ 노쇠하다든가 할 때 형기를 마치기 전에도 석방될 수 있다고 했다.

여드레, 열나흘, 보름날-1년 중 각 3계절의 첫 달 보름날-기타의 길일 등에 부여되는 중요성에 비추어 볼 때, 아쇼까는 『아르타샤스뜨라』에 준하여 죄수들을 풀어주었을 가능성이 높다. 무의탁자와 노인들에게 생계를 제공하는 것은 아쇼까에 의해 처음으로 시도된 것은 아니다(ii. 36). 그러나 아쇼까 이전까지는 단편적으로 실시되었다. 그러던 것을 아쇼까는 이 전통을 되살리고 혁신하기 위해 그 업무를 다르마마하마뜨라들에게 전담시켰다. 이런 점에서 중요한 의미를 지닌다.

까우띨리야는 산림 행정에 관해서도 상세하게 규정하고 있는데,[29] 아쇼까도 이를 따랐던 것으로 보인다. 『아르타샤스뜨라』에 의하면, 산림은 보존림과 자연림으로 구분된다. 보존림은 다시 놀이를 위한 숲, 코끼리들의 숲, 생산림으로 나누어진다. 천연림이란 약탈을 일삼는 야만족들에 의해 차지된 숲이나 산적들에 의해 은거지로 사용되는 숲을 말한다. 놀이를 위한 숲은 왕의 유희를 위해 특별히 보존되는 숲이며, 나머지는 일반 대중들을 위한 것이다. 코끼리 숲들은 외딴 벽촌에 위치하며, 자연림에서 분리되어 있었다. 생산림은 여러 가지 종류의 산림 생산물을 얻기 위한 목적으로 특별히 보존되는 숲이었다.

석주칙령 v에는 특별히 코끼리 숲들이 언급된다. 코끼리는 전투에 중요한 수단이 되며 또한 여러 가지 사회 종교적 기능을 지니는 중요한 동물이다. 메가스테네스에 의하면, 코끼리는 왕의 특별한 소유물이었으며,[30] 별도로 코끼리 숲 감시 책임자를 두었다(ii. 2 및 31). 그는 숲 감시자들, 코끼리를 사육하는 사람들, 코끼리 다리에 체인을 묶는 사람들 등의 도움으로 코끼

---

29) Amar Chand Mittal, *An Early History of Orissa*, Varanasi ; Jain Cultural Research Society, 1962, pp.204~205 참조.

30) Mookerji, *Asoka*, p.58.

리들을 관리했다(ii. 17).

자연림, 즉 관리 대상 바깥에 있는 산림은 인도 역사에서 상당한 정치적인 중요성을 지닌다. 이곳은 약탈과 노략질을 일삼는 종족들이 은거하는 곳이다. 이들은 항상 이웃 왕국들에 그리고 그 부근에 사는 일반 주민들에게 위협과 약탈을 일삼는 골칫거리였다. 그러므로 이들을 달래고 무마하는 것은 군주들에게 중요한 관심사였다. 따라서 왕들은 야만 종족들에게 우호의 손길을 내밀었다.31) 그들은 해마다 왕에게 예물을 바쳤으며, 자신들이 만든 세공품들을 사람들에게 팔고, 그 대가로 빵, 의복, 활, 창 등과 바꾸었다. 매 3년마다 왕은 그들에게 3백 개의 활, 3천 개의 창, 5만 개의 칼, 12만 개의 방패를 선물했다.32) 그들은 단지 숲에서 사냥하는 사람들 이상으로 인정되었다.

나라의 군사들에 의해 적절하게 다스려지지 않는 숲 속 야만족에 의해 야기되는 골칫거리는 『마하자나까 자따까』Mahājanaka Jātaka에도 생생하게 기록되어 있다. 이들과의 우호정책뿐만 아니라 그와 같은 골칫거리를 사전에 막고 처리하는 것은 필수였다. 이 목적으로 아따비빨라들Aṭavīpālas이 임명되었다(ii. 34). 아마 주로 사냥꾼들을 이 업무에 임명한 것 같다. "사냥개들을 몰고 다니는 사냥꾼들은 숲에 머물면서 도둑이나 적들의 접근에 대한 정보를 알려야 했다. 또한 그들은 이 도둑이나 적들로부터 피하기 위해 나무 위에 오르거나 높은 산 위에 올라가서 소라고둥을 불거나 북을 울려야 했다." 그들의 의무는 목재와 코끼리 숲을 보호하고 도로를 수리해 잘 유지하며, 도둑을 체포하고, 상인들의 운송과 교통의 안전을 보장하며, 사람들의 통

31) 『아르타샤스뜨라』 viii. 4에는 이와 같은 우호정책이 왜 필요한가에 대한 언급이 있다.

32) McCrindle, *India as Described by Ktesias*, 1882, pp.23~24 ; cf. B.A. Seletore, *The Wild Tribes in Indian History*, Lahore, 1935, p.2.

행을 수월하게 하는 것이었다. 아마 숲 속 야만족들은 국가의 군대에 편입되기도 했던 것 같다. 『아르타샤스뜨라』에 언급된 5종 군대 중에는 야만족으로 이루어진 군대가 있다.[33]

암벽칙령 xiii은 숲 속 야만족 우두머리들이 아쇼까에게 적잖은 골칫거리였음을 보여준다. 이 족속들은 전적으로 아쇼까에게 종속되어 있었지만, 어느 정도의 자치권을 향유했다. 사실 아쇼까에게는 자신의 왕국 백성과 다른 사람들 사이에 구분이 없었다. 깔링가 별각칙령 i에서 그는 말한다. "모든 사람은 나의 자녀이다." 더욱이 그는 변경의 사람들에 특별한 배려를 하고 있다. 그는 이들에게 왕은 곧 이들의 아버지와 같다는 사실을 알도록 거듭 촉구한다.

아쇼까의 행정 체제에서 한 가지 흥미로운 사실은 관리들이 공무를 수행하고 아쇼까의 지시를 전달하기 위해 직접 그 지역으로 갔다는 사실이다. 이 점은 사르나트 칙령이나 루쁘나뜨 칙령에서도 분명히 알 수 있다. 이 제도는 아쇼까 시대에 만들어진 것 같다. 5년마다 시행된 관리들의 순찰제도 anusaṃyana는 아쇼까에 의해 도입된 공무 감독의 방법이었다. 그것은 첫째, 백성들의 실제 상황에 대한 직접적인 정보를 수집하고 둘째, 시골의 주민들에게 안락과 행복을 주고 정부가 시행하는 여러 유익한 제도들을 시작함으로써 그들에게 편의를 제공하며 셋째, 법률과 경건한 이상사회를 사람들에게 교육하기 위해(암벽칙령 iii ; 석주칙령 iv) 그리고 넷째, 일상적인 행정업무 외에 정의롭지 못한 행정과 의무의 태만을 방지하기 위한 제도였다(암벽칙령

---

33) 까우띨리야에 의하면 5종의 군대가 있다. ① 세습적인 군대, ② 고용된 군대, ③ 사람들의 (자치)단체로 형성된 군대, ④ 친구의 군대, ⑤ 야만족들로 이루어진 군대(vii. 8). 이 중에서 야만족들로 이루어진 군대는 왕이 이들에게 정복지에서의 약탈을 허용함으로써 보상했다(ix. 2). 정복된 적으로 이루어진 군대와 야만족으로 이루어진 군대는 약탈을 열망했다. 약탈이 없으면 그들은 마치 잠복하고 있는 뱀처럼 위험하다는 것이 증명된다(ix. 2).

▲ 날란다 사원과 대학 터

iv ; 깔링가 별각칙령 i. 1)•

이 공무 출장을 도입함에 있어서 아쇼까는 윤달을 충분히 이용하고자 했다. 깔링가 부왕의 경우, 그와 같은 공무여행은 매 5년마다_(깔링가 별각칙령 i 및 ii), 웃자인이나 딱사쉴라는 매 3년마다 이루어졌다. 깔링가에 비해 두 지역은 상대적으로 인구가 많았기 때문이다. 또한 새롭게 편입된 깔링가는 숲 속 거주민들이 많고 덜 개화되고 인구밀도가 낮았던 것도 이유가 된다.³⁴⁾ 새로 정복한 지역의 행정에서 아쇼까는 까우띨리야의 권유에 따라 이 지역 주민들을 회유하고자 했다_(xiii, 5 참조). "적들의 덕목으로 그들의 결함을 덮으

---

34) Mookerji, *Asoka*, pp.28~29 ; Re13 참조.

려고 노력" 했다. 백성들의 평안과 복지에 대한 관심과 배려라는 측면에서 아쇼까를 능가할 군주는 드물다.

깔링가 지역에 대한 아쇼까의 다르마비자야는 괄목할 만한 결과를 가져 왔다. 이 지역이 전체적으로 아리안화되었다. 그 결과로 다양한 종족들이 하나의 국가개념으로 결속되었다. 다르마를 전파하려는 아쇼까의 노력 덕 분에, 한 주와 다른 주 사이에 보다 긴밀하고 빈번한 교류가 이루어졌으며, 따라서 이 지역의 주민들은 나머지 인도의 다른 지역과 가까운 접촉이 가 능해졌다. 오릿사 자체의 말이 있었지만, 다른 지역 사람들과의 접촉을 위 해 그들은 빨리어를 수용했다. 빨리어는 원래 한 지역의 지방 언어였다. 그 러나 나라 전체의 보편 언어로 승격되었으며, 세간에서 널리 사용되었을 뿐만 아니라 종교 문헌들도 이 언어로 기록되었다. 심지어는 마가디Māgadhi 방언으로 보존되어 왔을 불교 문헌들조차도 빨리어로 번역되었다. 마우리 야 시대에는 공문서와 종교적 희사의 기록들도 이 언어로 이루어졌다. 나 중에 이 지역의 카라벨라에 있는 역사적인 명문들도 다소간 이 언어로 씌 었다. 오늘날에도 오리야어와 사회관습이 남인도보다는 벵골과 비하르의 영향 아래에 있는 것도 이와 무관하지 않을 것이다.[35]

아쇼까는 띠쉬야Tiṣya 별자리에 남다른 애착을 보였다.[36] 그것은 아쇼까 의 생애와 깊은 관련을 지닌다. 석주칙령 v에 언급된 또 다른 하나의 별자 리는 뿌나르바수Punarvasu[37]이다. 이 두 별자리들은 석주칙령 v에서 거세와

---

35) Amar Chand Mittal, *An Early History of Orissa*, p.214.

35) 암벽칙령 xiv 및 다울리 별각칙령 ii에서, 아쇼까는 띠쉬야별자리 날마다 이 칙령들의 낭송을 들어야 한다고 말한다.

37) 힌두교 점성술에 나오는 별자리Nakṣatra의 하나이며, 쌍둥이 별자리 가운데 가장 밝은 두 별, 즉 카스토르 Castor와 폴룩스Pollux를 가리킨다. 라마의 탄생별자리로 알려진다.

160 왕국의 통치 체제

관련해, 그리고 거세한 수소들, 염소들, 양들, 수퇘지들에 낙인을 찍는 일과 관련해 연속적으로 언급된다. 『아르타샤스뜨라』에서 거세와 낙인찍는 일을 금하는 특별한 날들 중에는 정복자의 탄생별자리jāta-nakṣatra의 날 또는 '나라별자리' cḍeśa-nakṣatra, 즉 정복 그 자체의 별의 날이 포함된다(『아르타샤스뜨라』 xiii. 5). 석주칙령 v의 주제인 죄수들의 석방과 관련해 까우띨리야는 왕의 탄생별의 날과 새로운 나라를 정복한 날을 권장한다(ii. 36). 아쇼까는 중요한 모든 일들을 자신의 즉위년과 관련해 기산하는 특징을 보인다.

지방 행정부의 여러 부서들 중에서 메가스테네스는 특히 관개灌漑 부서의 업무가 아주 인상 깊었던 것 같다. 주나가드에 있는 루드라다만AD 130~158[38] 명문은 이 부서가 담당했던 업무의 단면을 짐작할 수 있게 해준다. 이 명문에는 찬드라굽따 시대에, 그리고 아쇼까 시대 라자 뚜샤스파의 관할에 속했던 기르나르의 호수를 둑으로 막아 수로를 통해 필요한 물을 공급했던 사실에 대한 언급이 있다. 농부들에게 공평하게 물을 공급하기 위해 체계적으로 수문을 관리했다. 이 예는 진보된 농사 기술을 보여주고 있을 뿐만 아니라, 농업 진흥을 통해 국가의 수입을 늘리고자 하는 왕들의 관심을 보여준다. 관개를 통해 농사를 지을 수 없는 땅을 농토로 바꾸어 국토의 효율적인 사용을 가능하게 했으며, 농부들은 그 물을 무료로 사용하지 않았다. 물은 엄격히 경제논리에 따라 공급되었으며, 관개의 형태에 따라 생산물의 1/4에서 1/3에 이르기까지 다양한 수세가 징수되었다(『아르타샤스뜨라』 ii. 24). 고대 인도에서는 토지수입, 그리고 왕국 임대료가 국고의 주요 수입원이었

---

38) 고대 인도 북서부 샤까왕국의 가장 위대한 왕 중의 한 사람으로 일컬어지며, 범어로 씌어진 가장 오래되고 중요한 비문을 남겼다. 주나가드(Junagadh)의 Girnār Praśasti로 알려지는 이 비문은 범어로 씌어진 최초의 공식적인 기록으로 받아들여진다(Benjamin Walker, *Hindu World*, Vol.2, p.322).

다. 모든 농토는 왕의 재산으로 간주되었으며, 일반적으로 생산물의 1/4 또는 1/6이 국고로 징수된다. 물론 수세나 기타의 요금들은 별도이다.[39]

세금을 징수하거나 국고 사용에서 공금을 유용하는 사례도 많았을 것이다. 까우띨리야는 40가지의 공금유용 형태를 세세하게 규정한다. "벌이 꽃에서 꿀을 딸 때, 그 혀끝에 닿는 꿀 또는 독을 맛보지 않는 것이 불가능한 것처럼, 관리가 왕의 수입의 털끝만큼이라도 먹지 않는 것은 불가능하다"(ii. 8, 9). 왕이 자신의 관리들을 다스리는 방법에 대해서도 마키아벨리의 사악함 못지않게 그 방법들을 설명한다. 다울리 별각칙령은 아쇼까 자신의 명령이 관리들에 의해 잘 실천되지 않는 사실에 불쾌한 심사를 보인다.[40]

왕이 왕국 전체의 대소사를 직접 관장한다는 것은 불가능하다. 그럼에도 불구하고 아쇼까는 친히 국정을 살피고 나라의 정책이 실생활에서 어떻게 적용되는지 살피는 일에 노고를 아끼지 않았다. 서구의 관료제도로 본다면 왕이 직접 챙기는 것이 아니라 관리들에게 위임할 만한 업무도 왕이 직접 관장했다. 인도에서는 왕과 백성의 직접적인 만남을 중요하게 생각한다. 이 점에서 아쇼까는 찬드라굽따의 전례를 따른다.

까우띨리야는 왕의 의무를 다음과 같이 규정한다. "왕은 신들, 외도들, 베다에 정통한 바라문들, 가축, 성지, 소외 받기 쉬운 소수, 노인, 괴로움 당하는 자들, 의지할 곳 없는 자들, 여자들에 관한 일을 직접 챙겨야 한다"(i. 19).

고대 중국이나 우리나라의 여러 군주들처럼, 아쇼까는 실행관료들을 감시하고 그들의 행동을 본부에 보고하는 감찰 라인을 별도로 운영했다. 심

39) V.A. Smith, *Asoka*, p.95.
40) "내가 왕자들을 위해서, 그들이 현세와 내세의 모든 이익과 행복을 얻기 바라는 것처럼, 또한 나는 모든 사람을 위해서 같은 것을 바란다. 경들은 나의 이 바람을 있는 그대로 이해하지 못한다. 경들 가운데 소수가 그것을 이해한다 해도, 그들조차 그것을 단지 부분적으로 이해할 뿐, 완전히 이해하지 못한다."

지어는 이 비밀스런 업무를 위해 창녀들이 채용되기도 했다. 당시의 왕들은 항상 주변에 대해 의심의 눈길을 보내야 할 이유가 있었기 때문이다. 찬드라굽따는 감히 낮에 잠을 잘 생각을 하지 않았으며, 매일 밤 자신의 침소를 옮겼다(i, 11).[41]

아쇼까는 즉위 14년 불법을 전하는 관료를 특별히 임명했다(암벽칙령 v). 다르마마하마뜨라와 다르마 유끄따들이다. 이들의 의무는 암벽칙령 v와 xii 그리고 석주칙령 vii에 언급된다. 찬드라굽따 행정부의 전반적인 엄격함은 여러 곳에서 감지된다. 탈세자는 사형에 처해졌으며, 심지어 왕의 사냥 행렬 길에 끼어든 자도 극형으로 다스렸다. 장인匠人의 손이나 눈을 다치게 하는 행위가 사형에 준하는 중형에 처해진 것은 숙련된 장인들이 왕에게 얼마나 중요한 역할을 했는가를 짐작하게 한다. 범법자의 머리카락을 삭도로 밀어버리는 형벌이 부과되기도 한다. 이 형벌은 아마 페르시아에서 차용했을 것이다. 이미 말한 것처럼, 아쇼까도 선조들의 예를 거의 그대로 따랐으며, 다만 사형의 언도와 집행 사이에 3일의 말미를 주는 정도의 완화가 있을 뿐이다(석주칙령 iv). 왕위에 즉위한 날을 기념하는 특사는 선례를 따른 것이다(ii, 36).[42] 메가스테네스는 이와 같은 법의 엄격함이 범죄를 감소시키는 결과를 가져왔다고 기록한다. 40만 인구의 수도 빠딸리뿌뜨라에서 절도된 물건의 총액이 200드라쯔마이drachmai를 넘지 않았다.[43]

깔링가의 두 별각칙령들은 아쇼까가 생각하는 이상적인 정부, 자비로운 아버지 같은 전제정치에 관한 언급이 있다.[44] 그는 관료들을 독려하여 밀

41) V.A. Smith, *Asoka*, p.93.
42) 석주칙령 v. "즉위 26년까지, 나는 이 기간동안 26회에 걸쳐 수인囚人들을 석방했다."
43) V.A. Smith, *Asoka*, pp.99~100.
44) "모든 백성들은 나의 자식들이다."(다울리 별각칙령 i)

림의 미개한 종족들이 자신을 다음과 같이 믿고 따를 수 있기를 원한다. "그 왕은 우리에게 마치 아버지와 같다. 그는 자신을 사랑하는 것처럼 우리를 사랑한다. 왕에게 우리는 심지어 자식과 같다는 것을 알게 해야한다"(자우가다 별각칙령 ii).

  잘 정비된 법에 따라 보병, 기병, 코끼리부대, 전차부대로 구성된 군대는 왕가의 경비로 유지되는 상비군이었다. 명문은 아쇼까의 군대조직에 대해 거의 언급이 없다. 다만 찬드라굽따의 궁정에 대사로 있던 메가스테네스의 기록을 참고할 뿐이다. 근세까지 유럽에서도 그랬던 것처럼 해군은 육군의 일부로 간주된다. 마우리야 왕들에 의해 유지된 해군 병력의 범위에 대해서는 분명히 알 수 없다. 다만 고대 인도인들은 그들의 후손들이 그런 것처럼 '검은 물'을 피하지 않았으며, 남인도의 여러 나라들은 수세기 동안 강력한 해군을 유지했다. 이로 미루어볼 때, 마우리야의 군함들은 단지 강에 한정되지 않고 바다를 항해했을 것이다. 까우띨리야에 의하면 해군의 수뇌는 내륙에 있는 강에서의 항해와 관련된 업무 뿐만 아니라, 바다를 가로지르는 배들을 감독해야 한다.

  전투 임무는 6개 부서로 나누어진 30명으로 된 위원회에 의해 통제되었다. 제1부서는 해군대장 직속의 해군본부, 제2부서는 수송, 병참, 그리고 북치는 사람, 말구종, 기계 수리공, 풀 베는 사람의 공급을 포함한 육군 보조업무, 제3부서는 보병, 제4부서는 기병, 제5부서는 전차부대, 제6부서는 코끼리부대를 관장했다. 아쇼까의 평화정책은 상당할 정도로 군대를 축소했을 것이다. 그러나 이에 대한 명문의 언급은 없다. 깔링가전쟁에서 적군의 사상자 수를 고려할 때, 아쇼까는 그 지역을 장악하기 위해 대병력을 투입했을 것이다.

  무기는 병기고에 보관되었으며, 말과 코끼리를 관리하기 위한 상당수의 마구간지기들이 있었다. 행군할 때, 말을 아끼기 위해 전차는 거세하지 않은 황소들이 끌기도 했다. 두 마리 또는 네 마리의 말을 나란히 마구를 채워 끄는 각 전차는 마부 외에 두 명의 전사들이 끌었다. 나라의 운송수단으로 사용될 때 마차들은 4마리의 말들이 끌었다. 까우띨리야에 따르면 "왕들의 승리는 주로 코끼리들에 달렸다"(ii. 2). 그는 누구든 코끼리를 죽이는 자는 사형에 처한다고 규정한다. 전투를 위한 수천 마리에 달하는 어마어마한 수의 코끼리들이 유지되었다. 각 전투 코끼리는 코끼리 모는 사람 외에 세 명의 전사를 태웠다.[45]

메가스테네스는 보병과 기병의 장비에 대해 자세히 기술하고 있다. 보병은 자신의 키와 맞먹는 길이의 활을 멘다. 이것을 땅에 내린다. 왼발로 그것을 눌러서 시위를 뒤로 멀리 잡아당기면서 화살을 메긴다. 화살대로는 3야드보다 약간 짧은 것을 사용하며, 방패나 가슴보호대 같은 것을 사용하지 않는다. 왼손에 자기 몸통 너비보다 좁은, 길이는 비슷한, 무두질하지 않은 황소가죽으로 된 작은 방패를 든다. 몇몇 전사들은 활 대신에 던지는 창을 들고 있으며, 모든 병사는 칼날이 넓은 3큐빗 남짓한 칼을 차고 있다. 전사들이 머뭇거리며 임하게 되는 접근전을 할 때, 세찬 주먹질을 위해 양손으로 휘둘렀다.

기병들은 사우니아saunia라고 불리는 두 개의 창과 보병들이 쓰는 방패보다 다소 작은 방패를 사용한다. 말에 안장을 올리거나 재갈을 물리지도 않으며, 다만 말 아가리의 끝 부분에 안으로 향하게 다소 무딘 쇠바늘을 박은 가죽으로 된 원형 입마개를 채웠다. 상아 못을 박은 고급 입마개가 사용되기도 한다. 말의 입안에 쇠스랑 모양의 쇠갈퀴를 물리고 여기에 고삐

---

45) V.A. Smith, *Asoka*, pp.99~101.

를 맨다. 기병이 고삐를 잡아당길 때, 그 쇠갈퀴가 말을 제어하며, 이 갈퀴에 부착된 쇠바늘들은 입을 찌른다. 따라서 말은 고삐에 복종하지 않을 수 없다.[46]

알렉산더의 침입에 관한 기록들은 당시에 부족장들에 의해 지배된 다수의 군소 국가들이 있었다는 것을 시사한다. 서로 끊임없이 전쟁을 하던 이 나라들은 어떤 하나의 탁월한 세력의 지배에서 자유로웠다. 물론 당시에도 마가다가 강력한 세력을 구축하고 있었던 것은 사실이지만, 난다의 왕이 전체 인도를 지배하는 군왕이라고 할 수는 없었다. 인도 제국의 개념은 찬드라굽따와 그의 충직한 신하들이 24년이라는 짧은 기간 안에 형성한 것이다. 그 후 역사는 그보다 더 위대한 정치적 성취를 보여주는 예가 거의 없다. 제국이 형성되었을 뿐만 아니라, 빠딸리뿌뜨라에서 포고된 군주의 명령은 인더스의 계곡들과 아라비아해 연안에 이르기까지 아무런 이의 없이 받아들여졌다. 그래서 찬드라굽따에 의해 이루어진 위대한 유산은 온전히 그의 아들과 손자에게 전해졌으며, 이 세 군주 모두 당시의 선도적인 헬레니즘 국가의 왕들 못지않은 위대한 군주들이었다.

마우리야 왕조가 인도 최초의 통일 제국이라는 것은 의심의 여지가 없다. 그러면 도대체 인도 고대사회에서 '제국' 또는 '제국적 지배'라는 것은 무슨 의미인가? 이에 대해서는 논란이 많다. 로마 제국은 팍스 로마나 Pax Romana, 로마 지배에 의한 평화의 확립, 로마 시민권의 점차적인 확대, 로마법 체계의 제정, 그리고 라틴어가 폭넓게 사용되는 것을 의미했다. 대영 제국은 법률과 질서의 유지를 위한 영국식 방식의 확립, 행정상의 목적으로 영어의 사용, 영국식 학교와 대학들의 유포, 기독교 해외포교의 시작, 영국식 법제

---

46) Arrian, *indica*, ch. xvi., trans. McCrindle, p.220.

의 점차적인 조성 등을 의미했다.

그러나 고대 인도에서 제국의 확립은 전혀 이런 의미가 아니었다. 고대 인도 군주의 제국적 통치는 주변의 다른 왕들에 대한 제왕적 통치였지만, 그 통치는 개인적이거나 직접적이지 않았다. 다른 모든 왕들이 배제되는 의미에서의 유일한 왕이 아니다. 다만 왕들 중의 왕일 뿐이다. 그는 무력으로 그 각각의 나라들을 지배할 필요가 없었다. 어떤 나라는 그의 막강한 힘을 느끼고 자발적으로 종속을 택했을 것이다. 진실한 복종일 수도 있고 또는 시의에 따라 잠시 엎드려 있는 상태일 수도 있다. 이 나라들은 자체의 개별성, 법제, 정부기구나 행정체계, 법률과 관습, 언어와 종교를 그대로 유지했다. 그들이 종속되어 있다는 눈에 보이는 근거는 정기적으로 바치는 공물, 전쟁에 필요한 물자 지원, 독자적으로 외국과의 관계를 하지 않는 것 등이다.[47] 제왕적 군주를 인정한다는 것은 일반적으로 행정 체계에서의 전환, 왕조의 변경, 혹은 식민지화하거나 수도로부터 주둔군을 파견하는 것을 의미하지 않는다. 이 자율적인 나라들은 자신들의 독특한 개별성과 자기 정부의 고유한 정책을 손상하지 않고 제국의 일원으로 자신들을 편입시켰다. 따라서 제국적 통치는 어떤 왕조가 아니라 군주로서 어떤 인물에 달려 있었다. 언제든 그런 인물이 사라지면 독자적인 위상을 지니는 나라들이었다. 제국은 전적으로 군주의 역량에 달렸다. 인도의 제국들이 단명하는 이유는 여기에 있다.[48]

고대 인도의 제국은 그 형태가 중앙집권적이라기보다는 연방제적인 성격이 강했다. 마우리야 왕국에 나타났던 제국으로서의 특징은 후대의 다른

47) N.N. Law, *Interstate Relations in Ancient India*, pp.62~63.
48) V.R. Ramachandra Dikshitar, *Mauryan Polity*, pp.73~74.

통일왕조에 그대로 적용된다. 마우리야 왕국은 인도 대륙에 확립된 전통과 별개가 아니기 때문이다. 마우리야 왕국의 궁극적인 목적은 성격상 영적이며 그 범위에서 종교적이었다.[49] 그것은 도덕률이 나라의 목적이라고 한 헤겔의 사상에 가깝다. 어떤 의미에서 마우리야 행정은 본질적으로 군사통치가 아니었으며, 따라서 중앙집권적 전제정치가 아니었다. 물론 전쟁이 치러졌고 정복이 있었다. 그러나 그 목적은 나라 전체를 하나의 왕권으로 가져가고자 하는 것이었다. 아쇼까 명문은 오히려 분권 체계를 시사한다는 지적도 있다. 이미 『아르타샤스뜨라』에서 이런 경향을 볼 수 있다. 여기서는 자기 본연의 의무가 강조되며, 이에 따라 아쇼까는 여러 나라에 다르마의 원리를 적극적으로 전파한다. 다르마의 전파는 정복이 아니라, 각자가 자신의 전통에서 최선을 다하도록 돕는 측면이 강하다. 그는 불교, 자이나, 아지비까, 바라문 모두를 인정하고 우대했다. 아쇼까는 이러한 조력이야말로 나라의 근본적인 의무라고 생각한다. 군주로서 자기 본연의 의무를 실천하고자 한 것이며, 이것은 궁극적으로 해탈과 직결된다. 이런 점에서 보면 아쇼까의 통치는 해탈 지향적이다. 정치를 포함한 세간의 삶이란 철저하게 해탈을 위해 있다는 것을 염두에 두고 있다. 물론 당시의 민간신앙으로 볼 때, 그 목적이 해탈이라기보다는 공덕을 쌓아서 천계의 명예로운 자리를 얻자는 것일 수도 있다(ii, 10).

『아르타샤스뜨라』는 단지 정치에 관한 이론적 논문일 뿐이며 당시의 시대 상황을 다루지 않는다는 견해가 있지만, 사실이 아니다. 저자는 이 저서가 나렌드라를 위해 저술되었다고 분명히 밝히고 있으며(ii, 10), 나렌드라가 찬드라굽따라는 것은 분명하다. 뿌라나 문헌들에서도 찬드라굽따에게 나

---

49) 같은 책, pp.80~81.

렌드라라는 이름이 부여된다.

단지 왕의 아들이라는 사실만으로 왕자에게 왕위가 주어지는 게 아니다. 플리니우스에 따르면, 왕은 30명의 평의회 의원으로 대표되는 백성들에 의해 선택되었다. 나라의 관리들, 빠우라paura市民와 자나빠다 등의 대표자들뿐만 아니라, 평민도 이 중대사에 출석했다. 국민들에 의한 왕의 선택은 쉽게 없앨 수 없는 중요한 민주적 요소였다. 대개는 장자가 왕위를 계승하고 다른 아들들은 지방 부왕이나 고위 관직에 임명되었다. 왕위 계승은 일반적으로 세습되었지만, 이 사실만으로 스스로 라자 또는 마하라자로 자처할 수 없었다. 즉위식을 거쳐야 한다. 이것은 사제와 고위 관료들이 왕자의 머리에 기름을 부어 즉위를 공식 인정하는 절차이다. 이 의식은 고대 베다의 제도이며 『아이따레야 브라흐마나』에 상세하게 언급되어 있다. 이에 따르면, 축제와 향연이 이루어진다. 즉위식에는 나이 제한이 있었으며,[50] 25세에 법적인 즉위식을 치렀다. 스스로 아들에게 양위하는 전통도 있었으며, 큰 명예로 여겨졌다.

베다와 서사시에는 왕이 임서기林棲期의 단계로 가기에 적합한 어떤 연령에 달하면, 아들을 위해 왕위를 포기하고 숲으로 들어가 명상과 고행에 전념하는 전통이 있었다. 찬드라굽따는 아들이 충분히 왕국을 통치할 역량을 갖추었다고 생각되었을 때, 양위하고 수행자의 길을 떠난 것으로 볼 수 있다. 아쇼까도 만년에 스스로 왕위에서 물러났다. 마이소르 지역에 있는 3개의 명문들 중에, 브라흐마기리의 명문은 아쇼까의 퇴위 기념일에 초안된

---

50) Jayaswal, *Hindu Polity*, ii, pp.52~53 참조. Khāravela의 명문에 따르면, 24번째 해를 다 채우는 것이 즉위식을 위한 나이이다.

것이며, 당시 그는 수바르나기리에서 종교적인 은거를 하고 있었다. 아쇼까가 하인들에게 왕국을 빼앗겼다는 기록도 있다.[51]

마우리야 왕은 또한 헌법상의 군주였다. 나라의 법을 준수한다는 의미에서 준법 군주였다. 대부분의 저서는 마우리야의 왕들을 전제 군주로 묘사하지만,[52] 근거가 없다. 만일 전제정치라는 말이 통치자가 전부이며 그의 행위에 영향을 줄 수 있는 어떤 권위도 그 위에 없다는 의미라면, 마우리야 왕들의 경우와 다르다. 고대 힌두교의 중요한 개념 중 하나는 왕은 결코 법을 제정할 수 없으며, 법을 제정하지 않았다는 것이다. 왕은 법 제정자가 아니었다. 법은 영원하며, 천계서天啓書에 의거한 여러 법전들에 담겨 있다. 나라의 왕은 이와 같이 규정된 법에 따라서 행위해야 했으며, 결코 그것을 무시할 수 없었다. 이미 확립된 그 법들을 짓밟는 것은 신성모독으로 간주되었다. 만일 그가 확립된 법의 원리에 반하는 행위를 한다면, 백성들은 그를 적법한 군주로 보지 않으며, 반란을 일으켜 왕위를 빼앗아 다른 사람에게 줄 수도 있다. 그러므로 법전들의 법은 나라의 진정한 주권자였다. 왕이 내리는 명령이란 이미 존재하는 법에 대한 설명, 오용되고 있는 법의 부활을 선언하는 것에 지나지 않는다.

사르나트의 석주칙령, 산치와 까우샴비의 명문에 나오는 '샤사나'sāsana라는 말은 새로운 법률의 공포를 의미하지 않는다. 아쇼까가 한 것은 잘 실천되지 않고 있었던 과거의 법률에 대한 재천명이다. 관습법 또는 『아르타샤스뜨라』와 『다르마샤스뜨라』에 나오는 '사마야' samaya에 대한 침해 없이 오래된 법을 선언하는 것이다(ii. 10). 승가의 율을 범한 승려에 대한 벌칙은

51) V.R. Ramachandra Dikshitar, *Mauryan Polity*, p.90.

52) D.R. Bhandarkar, *Asoka*, p.98 ; Mookerji, *Asoka*, pp.47~49 ; V.A. Smith, *Asoka*, p.92.

그를 가사 대신에 흰 옷을 입혀서 승원 이외의 장소로 쫓아내는 것이었다. 이것은 단지 『다르마샤스뜨라』에 따라서 잘못한 자를 추방하는 벌칙의 적용에 불과하다.[53] 다울리에 있는 별각칙령 i과 ii 및 자우가다의 별각칙령 i에 언급된 사마야는 특별히 재판관들의 판정이라는 기술적인 의미로 사용되었다. 이 말 앞에는 항상 '사스바땀' sasvatam이라는 수식어가 선행하며, 사스바땀 사마야는 '항상'이라는 의미를 지닌다. 사실 사스바땀이라는 수식어가 없다면 사마야는 무의미하다. 여기서 사스바땀은 영원한, 즉 관습적이라는 의미가 된다. 명문들의 샤사나, 사마야 개념, 벌칙 규정 등에서 아쇼까는 『아르타샤스뜨라』의 정신을 따르고 있다.

영원한 것으로서의 법 개념, 법의 중요한 요소로서의 사마야 등의 관점에서 보면, 고대 인도에서 군주를 법제정자로 간주하는 것은 잘못이다. 고대 인도 정치에서는 전제정치의 독재 군주의 여지는 없다. 더욱이 왕의 주변에는 국정을 함께 논의하고 자문을 구하는 위원회들이 있었다. 그 중 하나는 만뜨리빠리샤드mantriparisad였으며, 여기서 중요한 관료는 뿌로히따로서, 그는 정신적 세속적 문제에 대해 왕에게 조언을 하는 사람이다. 뿌로히따와 함께 이 대신들은 왕이 바른 길을 가도록 조언하며, 부주의와 경솔함으로 인해 왕이 악의 수렁에 빠지지 않도록 했다(i. 7). 마우리야 왕조의 이 대신들이 스스로의 의무를 충실하게 이행했다는 것은 이 시기 동안 나라 전체에 평화로운 행정이 이루어졌다는 사실로도 충분히 입증된다. 만일 왕의 전횡이 견제되지 않고 모든 국사가 왕 한 사람의 철권에 좌우되었다면, 그 방대한 제국이 오랫동안 지속될 수 없었을 것이다. 왕이 정당하고 합법적으로 그들을 대했기 때문에, 그들도 묵묵히 왕의 지시와 명령을 이행할

---

53) 『아르타샤스뜨라』에는 saṇyāsin의 법복 착의와 관련해 엄격한 율이 규정되어 있다(ii. 1).

수 있었다.

아쇼까의 명문들에는 빠리샤드_{pariṣad}라는 평의회가 언급되며_(암벽칙령 iii), 이것은 규정된 길에서 벗어나 그릇된 길로 가기 쉬운 왕에게 효과적인 견제 장치였던 것으로 입증된다. 아쇼까 시대의 빠리샤드가 까우띨리야_(i. 14)의 만뜨리빠리샤드인가에 대해서는 단정할 수 없다. 까우띨리야의 만뜨리빠리샤드는 대신들의 평의회였으며, 그 주요 기능은 ① 새로운 일의 착수, ② 이미 시작된 일의 완수, ③ 다른 가능성의 모색, ④ 행정에서 기율의 강화이다. 왕은 어떤 결정을 내리기 전에 자문 위원들과 평의회 대신들에게 자문을 구했다. 이에 비해 아쇼까 명문들을 통해서 보면, 빠리샤드는 ① 왕의 명령이 하급관료들에 의해 수행되는 것을 강화하는 기능을 하고, ② 왕은 필요할 경우 언제든지 소집해 자문을 구할 수 있으며, ③ 그 구성원들 사이에 견해의 차이가 생길 때마다, 왕은 그 일에 간섭했다. 또한 ④ 빠리샤드는 나라의 관료들에게 중대한 영향력을 지녔다. "오늘날 왕은 자신의 신하들에 의해 권력을 빼앗겼다."는 『디비야바다나』의 언급은 빠리샤드의 기능이 얼마나 막강했는가를 보여주는 대목이다. 이것은 마치 오늘날 영국 정부에서 의회제도를 연상하게 한다.

Imperor Ashoka

왕국의
영토

마우리야 제국 영토의 대부분은 이미 난다 왕조 때에 형성되었다. 난다 왕조는 고대의 수많은 끄샤뜨리야 부족들을 복속했던 것으로 전해지며, 짐작컨대 그들의 통치는 데칸의 상당부분까지 미쳤던 것 같다. 마우리야 왕조가 인도 역사상 최초의 제국이라는 것이 일반적인 견해이지만, 역사적 사실은 난다 왕조 또한 이에 못지않은 방대한 제국이었다는 것을 보여준다.[1]

뿌라나 문헌들은 기원전 400년경 마가다의 왕좌에 오른 마하빠드마에게 그에게 '나라의 유일한 제왕' 이라는 의미의 '에까라뜨'ekarāt, 또는 '제국의 일산을 지닌 유일한 자' 라는 의미의 '에까짜뜨라'ekachatra라는 칭호를 부여한다.[2] 고대 인도의 수많은 왕들이 갈망했으나 결코 얻지 못했던 칭호이다. 문헌 기록 외에도 여러 명문들은 난다 군주들의 통치 아래 있는 마가다 제국의 광대한 영토에 대해 시사하고 있다. 난다 왕조시의 이 제국은 그리스 사가들에게 프라시 또는 간가리데로 알려졌다. 서쪽으로 인더스강에 접해 있었으며, 빈디야 산맥 북부 야무나와 갠지스강 유역 전체에 걸치는 제국이었다. 쉬슈나가 왕조 깔라소까 통치시대 이래로, 이 왕국의 수도는 갠지스강과 손강이 합수하는 기리브라자 라자그리하였다.

난다 왕조를 넘겨받은 찬드라굽따는 원래 난다 왕조가 차지하고 있던 영역에 인도의 북부, 북서부, 서부의 광대한 영역을 보탰으며, 아쇼까 시대에

---

1) V.R. Ramachandra Dikshitar, *Mauryan Polity*, p.71
2) F.E. Pargiter, *The Purana Text of the Dynasties of the Kali Age*, p.25.

들어 깔링가 정복을 통한 영토 확장이 있었다. 아쇼까는 '비지따' vijita(암벽칙령 ii, iii, xiv), '비자야' vijaya(암벽칙령 xiv), '라자 비샤야' rāja-viṣaya, '뿌타비' puthavii(암벽칙령 v) 등의 용어로 자신의 영토를 가리킨다. 비지따와 비자야라는 용어는 자신이 다르마비자야를 통해 정복한 왕국의 영토를 의미한다. 암벽 칙령 xiv에서 그의 비지따는 광대한 것으로 묘사된다. 그의 영토가 광대했다는 것은 뿌타비地라는 용어로도 짐작할 수 있다. 뿌타비라는 말은 '확장된 것'이라는 문자적인 의미를 지닌다. 뿌타비 또는 쁘리티비prithivi라는 표현은 모두 잠부드비빠를 가리키는 말로 쓰이며, 불교 전승들은 아쇼까를 잠부드비빠閻浮提의 유일한 군주로 간주한다.

한편 암벽칙령 ii에서 아쇼까 자신의 영토는 변경에 위치한 나라들과 구분되며, 이 지역의 사람들은 '정복되지 않은 변경인들'로 특징지어진다(별각암벽칙령 ii). 그럼에도 불구하고 변경의 나라들에도 아쇼까의 어떤 특정 임무를 지닌 두따들이 파견되었다. 심지어는 그의 두따들이 가지 않은 변경 너머의 나라들도 있었다. 변경 지역 너머의 나라들이 마우리야 제국의 영토 바깥에 있었다는 것은 분명하다.

암벽칙령 xiii에서 아쇼까는 다르마비자야가 "여기 및 변경의 모든 나라들, 심지어는 6백 요자나 되는 먼 거리에 있는 나라들"에서도 성취되었다고 말한다. 명문에서 '여기'는 제국의 영토 안에 있으나 변방에 접한 지역들이다. 요나, 깜보자, 나바까, 나바빰띠, 보자, 삐떼니까, 안드라, 빠린다 등이 여기에 속한다. 이에 비해 제국의 영토 바깥에 접해 있는 변방 나라들로는 서쪽으로 앙띠요까라고 부르는 요나 사람들의 왕이 사는 곳과 그 너머의 뚜라마야, 암띠끼니, 마까, 알리까수다라 등 4요나의 왕들3)이 통치하

3) 이 네 왕들은 기원전 3세기경 각각 이집트, 마케도니아, 키레네Cyrene, 에페이로스Epeiros의 왕이다.

는 곳, 그리고 남으로 땀바빤니처럼 멀리 있는 쪼다[4]와 빤디야 사람들이 사는 곳이 언급된다. 이외에도 암벽칙령 ii에는 변방으로 사띠야뿌뜨라, 께랄라뿌뜨라, 땀바빤니, 요나 등이 부가적으로 언급된다. 왕국의 서쪽과 남쪽에 위치했던 이 나라들이 아쇼까의 직접적인 통치권 바깥에 있을 수 있었던 것은 아쇼까가 "전쟁의 북소리bherii-ghośa가 아니라 다르마의 북소리"dharma-ghośa에 만족했기 때문이다.

명문들에서 언급되는 '여기'에 속한 나라들과 영토 바깥에 접한 '변방' 지역들을 고려하면 아쇼까 제국의 경계를 대략적으로 짐작할 수 있다. 암벽칙령 ii와 xiii에서 영토 안 변경에 접한 나라로 말해지는 요나 또는 야바나는 인도 북서쪽 국경 지역으로 카불과 인더스강 사이에 위치한다. 깜보자는 요나의 이웃이며, 서西파키스탄 하자라 지역을 포함하는 라자우리 부근에 위치한다. 이들의 핵심부는 만세흐라에서 그리 멀지 않았을 것이다.[5] 이와 비슷한 지역에 간다라가 위치했으며, 그 수도는 딱사쉴라이다. 요나, 깜보자, 간다라는 지난날 셀레우코스 1세가 찬드라굽따에게 양도한 영토의 일부이다.

한편 암벽칙령 xiii에서 영토 바깥 변방으로 언급되는 요나는 헬레니즘 4 왕의 국가에 접해 있는, 그러나 이 왕국들보다는 가까운 곳에 위치한 지역이다. 보자는 서부 인도 마하라쉬뜨라의 타나와 쫄라바 지역 또는 마하라쉬뜨라의 비다르바 지역에 있었다. 뻬따니까는 마하라쉬뜨라의 아우랑가바드 지역에 있었으며 그들의 동쪽과 남쪽에 안드라가 있었다. 쪼다 또는 쫄라는 꼬로만델 해안에 위치하며 빤디야는 마드라스주의 마두라이와 띠

---

4) 쫄라(Cola)라고도 하며, 그 수도는 우라가뿌라(Uragapura)였다.
5) D.R. Bhandarkar, *Asoka*, p.31

네벨리 지역에, 사띠야뿌뜨라는 마이소르주에 있는 망갈로르 부근 뚤루와 지역에, 께랄라뿌뜨라는 께랄라주에 있는 말라와르 지역에 있었다. 땀라빠르니라는 이름으로도 알려지는 땀바빤니는 고대 스리랑카를 일컫는다. 빠린다, 나바까, 나바빰띠의 위치는 정확히 알려지지 않는다. 반다르까르는 빠린다를 웃따르쁘라데쉬에 있었다고 보며,[6] 어떤 학자는 나바까, 나바빰띠를 인도와 네팔 국경에 위치했던 것으로 보기도 한다.

변방으로 언급되는 지역들은 마우리야 왕국의 일부로 간주될 필요는 없을 것이다. 그럼에도 불구하고 완전히 독립적인 국가로 간주하는 것도 무리다. 이 지역 통치자들은 어떤 종교 활동이나 자선사업을 수행하는 아쇼까의 대리인들을 거부하지 않았다. 이런 점으로 미루어볼 때, 변방의 이 나라들은 왕국 체계의 특별한 부분을 형성했던 것으로 볼 수도 있다. 그들의 내적 행정은 마우리야 제국의 관심사가 아니라 할지라도, 그들은 세력의 범위 안에 있었다. 쪼다, 빤디야, 사띠야뿌뜨라, 께랄라뿌뜨라 같은 인도 아대륙의 남단에 위치한 왕국들과 땀바빤니는 마우리야 제국의 영토 바깥에 있었던 것이 분명하다.

북쪽으로는 동東아프가니스탄의 일부를 포함했던 것으로 보인다. 왕위에서 물러날 즈음기원전 305~304 찬드라굽따는 셀레우코스로부터 아리아, 아라초시아, 빠로빠니사데, 게드로시아의 일부를 획득했다. 이 지역은 헤라트, 칸다하르, 카불과 발루치스탄의 여러 지역들에 걸치는 영역이며 아쇼까 시대에도 여전히 왕국 영토로 지속된다. 아쇼까 명문의 그리스-아람어 버전이 아프가니스탄의 칸다하르 지역에서 발견된 바 있다.[7]

---

6) 같은 책, p.35.
7) 암벽칙령 xii와 xiii이 칸다르의 폐허에서 발견되었다. 이것을 칸다르 제2칙령 또는 그리스어 제2칸다르 칙령이라고 부른다(츠카모토 게이쇼, 『아쇼까왕 비문』, p.24).

현장은 아프가니스탄의 여러 곳에서 아쇼까왕이 지은 것으로 전해지는 아주 호화로운 건축물들을 보았다고 기록한다. 카피리스탄의 어느 도시인 까피사「대당서역기」 제1권의 가필시국迦畢試에서 30미터가 넘는 웅장한 스뚜빠, 잘랄라바드 부근「대당서역기」 제2권의 나게라갈국국那揭羅曷國의 카불 강가에 있는 난그라하르에서 9미터의 높이에 온갖 호화로운 장식을 한 웅장한 건물을 보았다. 스바뜨 계곡「대당서역기」 제3권의 오장나국鳥仗那國에서도 건축물에 대한 아쇼까의 열정이 입증된다.

여러 가지 정황으로 보아 지금의 까슈미르는 아쇼까의 영토 안에 있었다. 주 정부 자리로서 지금의 스리나가르 또는 쁘라바라뿌라 자리에 있었던 도시는 아쇼까에 의해 건설되었다. 이곳은 원래 현재 수도의 남동쪽 4킬로미터 정도 떨어진 곳에 있는 빤드레탄이라 불리는 고대 지역을 나타내는 것으로 믿어진다. 그러나 이슬람교의 연대기들은 아쇼까의 도시를 리다르강가의 시르에 있었다고 전한다. 이곳은 이슬라마바드 및 마르딴다에서 그리 멀리 않은 곳이며, 스리나가르로부터는 48킬로미터 이상 떨어져 있다. 전설에 따르면, 아쇼까는 까슈미르에 5백 곳의 불교 사원을 지었으며, 이 지역의 기념비적 건축물들 가운데는 분명히 아쇼까와 어떤 관련을 지닌다.[8]

네팔의 따라이가 왕국의 일부였다는 것은 룸비니와 니그리바의 명문을 통해서도 분명히 알 수 있다. 이 명문들은 즉위 후 20년, 왕의 불교성지 순례를 기념해 새긴 것이다. 네팔의 외진 계곡들이 실제로 아쇼까의 영토였음을 입증하는 잘 보존된 기념물들이 있다. 우빠굽따의 안내로 이루어진 순례는 추리아 가띠 또는 고라마산을 경유하여, 당시에는 만주 빠딴으로 알려지던, 오늘날의 카트만두 계곡으로 들어갔다. 아쇼까는 한 도시와 웅

8) V.A. Smith, Asoka, pp.76~77.

장한 기념물을 세움으로써 자신의 방문을 기념하기로 결정했다. 새로운 수도를 위해 선택된 장소는 카트만두의 남동쪽 3킬로미터 정도 되는 거리에 약간 언덕진 곳이었으며, 거기에 오늘날 랄리따 빠딴 또는 빠딴으로 알려지는 그 도시가 세워졌다. 정확히 그 중심에 아쇼까는 사원을 세웠는데, 왕궁 또는 다르바르의 남쪽 편에 여전히 남아 있다. 이 도시의 동서남북 네 곳에 반구형의 대형 스뚜빠를 조성했다.[9]

빠딴의 여러 건축물에도 아쇼까의 이름으로 전해지는 건축물들이 다수 있다. 아쇼까는 순례 길에 자신의 딸 짜루마띠 부부를 동반한다. 사위는 꾸

▲ 아잔타 석굴사원

9) V.A. Smith, *Asoka*, p.77.

샤뜨리야 출신의 데바빨라였다. 딸 부부는 빠슈빠띠의 신성한 사원 가까이 네팔에 남았다. 그들은 데바 빠딴을 건설하고 사람들이 살게 했다. 그들은 거기서 많은 자손들을 축복 받았으며, 노년을 맞아서는 조용히 은거하며 종교적인 삶에 전념하기로 결심했다. 둘은 각기 승단을 위한 수행처를 조성하고자 서원했다. 짜루마띠는 자신의 서원을 이룰 수 있는 행운을 누릴 수 있었으며, 자신이 세운 비구니 수행처에서 죽었다. 이 수행처는 지금도 데바 빠딴 북쪽 가까이의 짜발리 마을에 여전히 있다. 그러나 데바빨라는 죽기 전까지 수행처를 세우기로 한 자신의 서원을 이루지 못했으며, 큰 슬픔 속에서 죽었다. 이 일들은 끼라따족들, 또는 동쪽 출신의 산악 사람들이 네팔을 지배할 때 있었던 것으로 보이며, 당시 스툰꼬가 그 지역의 왕이었다.[10]

서쪽으로 제국의 영토는 사실상 오늘날 구자라뜨주와 마하라쉬뜨라주 전체를 포함했다. 사우라쉬뜨라는 제국의 한 주였으며, 오늘날 주나가드에 행정본부를 두고 있었다. 동쪽으로는 오늘날의 비하르와 오릿사주, 그리고 벵골에 걸치는 지역은 제국의 심장부나 마찬가지였다. 웃따르쁘라데쉬의 알라바드는 제국의 주요 지역 중 하나였으며, 까우샴비에 수도를 두고 있었다. 중인도에서 비디샤에 수도를 둔 웃자이니는 또 다른 주요 지역이다. 라자스탄 역시 제국의 영토였으며, 아마 자이뿌르의 바이라뜨가 수도였을 것이다. 이곳에서 2개의 명문이 발굴되었다.[11]

아쇼까 시대에 그리고 그 후 수세기 동안 수흐마라는 작은 독립왕국의 수도 땀랄리빠띠는 스리랑카, 미얀마, 중국 그리고 인도양의 군도로 사람들과 상품들이 나가고 들어오는 중심 항구였으며, 의심의 여지없이 이 주

10) 같은 책, p.78.

11) 소암벽칙령 i과 iii이 자이뿌르 지방의 바이라뜨에서 발견되었다. 바이라뜨의 언덕 위에는 불교승원 유적도 남아 있다.

요 시장은 아쇼까의 관할 구역이었다. 아쇼까는 여기에 스뚜빠를 세웠으며, 그것은 9세기까지도 거기에 있었다. 410년 법현이 이곳을 순례했을 때 22개소의 불교사원이 있었으며, 7세기에는 그 수가 반으로 줄었다. 이 항구는 진흙의 축적으로 파괴되고 땅처럼 편편하게 변해버렸다. 현재 이 자리에 옛 영화의 흔적을 전하는 땀루끄는 바다에서 37킬로미터 이상 떨어진 곳에 있다. 다른 하나의 스뚜빠가 사마따나 또는 브라흐마뿌뜨라 델따의 수도에 세워졌으며, 뱅골과 비하르의 여러 곳에도 스뚜빠들이 있었다. 이러한 사실들은 뱅골 전체가 마우리야 왕조의 통치권 하에 있었다는 것을 보여준다. 기원전 261년 마하나디강과 고다바리강 사이의 깔링가 합병으로 아쇼까의 통치구역이 나르마다강 이북의 전 영역을 포함하는 결과가 되었다. 남쪽의 영역들이 누구의 통치시대에 편입되었는지 확신할 수 없지만, 아마 빈두사라의 통치시기에 그렇게 된 것 같다. 루드라다만의 기르나르의 명문에 의하면 그의 아들은 멀리 서쪽 까티와르 반도에 있는 수라쉬뜨라의 영주였다.

왕국의 남쪽 국경은 마이소르 북부에 있는 3개의 소암벽칙령과 타밀 국가들이 독립국이었다는 암벽칙령 xiv의 언급으로 대충 어림잡을 수 있다. 뺀나르강 어구의 동해안에 있는 넬로레에서 서해안의 깔야나뿌리강 어구까지, 그 위가 왕국의 영토일 것이다. 이 강을 경계로 북쪽에 뚤루바국이 있었다. 뚤루바국은 짠다기리 또는 간가로떼강을 경계로 께랄라 또는 말라바르와 분리되었다. 간가로떼강은 지금도 나야르족 여인이 감히 건널 수 없는 종족적인 경계를 형성한다. 따밀나두를 제외한 전 영역이 왕국의 영토였다고 봐도 무방할 것이다. 북서쪽의 까마루빠 또는 앗삼 왕국은 독립국이었던 것으로 보인다.* 현장은 이곳에서 불교가 전혀 뿌리내리지 못했다고 전하며, 단 하나의 불교 사원도 없다고 기록한다.

여러 형태로 기록된 티베트의 전설은 히말라야 지역의 북쪽에 접한 코탄의 왕국과 도시는 아쇼까의 통치 동안에 인도인들과 중국인들의 협동으로 세워졌으며, 나라를 갈랐다. 한 전승에 따르면, 샬-추 공마강 위의 모든 땅

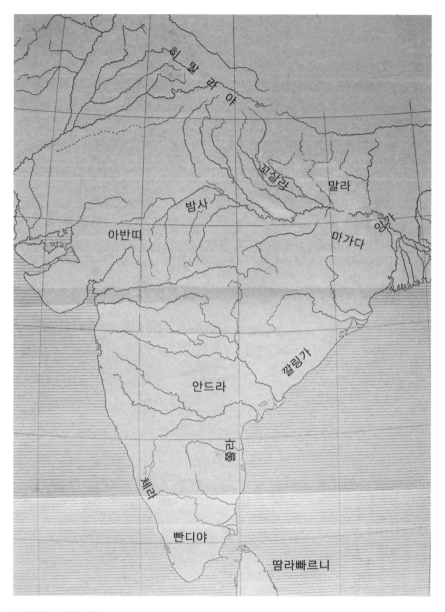

▲ 초기불교시대의 인도

들은 아리야바르따 또는 야끄사에게 귀속되었다. 또한 아리야바르따의 왕 아쇼까는 불멸 후 250년에 코탄을 방문했으며, 그는 만리장성을 세운 시황제와 동시대인이었다고 한다. 시황제가 246~210 동안 통치했던 사실을 고려하면 시기적으로는 상당히 정확하다.[12] 아쇼까의 통치 시기는 273~232년이다. 만일 불멸을 기원전 487년 설을 받아들인다면, 그는 237년에 코탄을 방문한 것이 된다. 코탄과 아쇼까의 영토 사이에 상당한 교류가 있었다고 보지만, 그러나 히말라야지역 모든 왕국들이 아쇼까의 행정적인 통치하에 있었다고 보기는 어렵다. 아마 그의 법의 통치는 히말라야의 남쪽 지역에 국한된다고 봐야 할 것이다. 코탄에 불교의 전파는 상당히 후기의 일이다.

아쇼까는 친교를 유지했던 다수의 그리스 통치자들을 언급한다. 그리스와의 외교관계는 이미 찬드라굽따시대에 시작되었으며, 마우리야의 궁정에 메가스테네스가 대사로 머물렀던 것은 이미 말한 바와 같다. 메가스테네스를 이어 시리아의 그리스왕국Antiochus I Soter 통치을 대표하여 다이마쿠스가 왔다. 이집트왕국 또한 디오니수스를 대사로 마우리야왕궁에 보냈을 가능성도 충분히 있다. 아쇼까는 안띠요까, 뚜라마야 안떼끼니, 마가, 알리까수다라에 자신의 사절들을 보냈다고 말한다. 그는 이 나라의 통치자들에게 자신이 무엇을 하고 있는지 알리고 싶어 했으며, 그들 또한 자신의 모범을 따라 그와 같이 하기를 희망했다.

---

12) 기원전 230~221년에 한(韓), 위(魏), 초(楚), 연(燕), 조(趙), 제(齊)나라를 차례로 멸망시키고 천하통일의 위업을 달성하였다.

Imperor Ashoka

다르마의 정복

다르마비자야

깔링가 전쟁 후 아쇼까는 다르마에 의한 정복이야말로 최상의 정복임을 알았다(암벽칙령 xiii). 다르마의 내용을 널리 알리기 위해 곳곳에 암벽을 이용하거나 석주를 세워 명문을 남겼다. 그는 바위에 칙령을 새김으로써 모든 사람들이 다르마 안에서 행복하기를 원했으며, "다르마가 영원히 지속될 수 있도록 그것이 석주들이 있는 곳이나 암벽이 있는 곳이면 어디나 새겨야 한다"(석주칙령 vii)고 결심했다. 암벽칙령들은 주로 제국의 변방에서 발견되는데 비해,[1] 석주칙령들은 제국의 중심지라 할 수 있는 갠지스강과 야무나강 하류에서 많이 발견된다.[2]

명문들에 나타난 아쇼까의 주요 관심사는 무엇보다도 종교 상호간의 친목, 관용, 공존이다. "모든 종교적 추구는 모든 곳에서 공존해야 한다. 왜냐하면 그들 모두는 자기제어와 마음의 청정을 구하는 것이기 때문이다."아쇼까 자신의 종교, 즉 불교에 대한 편애나 다른 종교에 대한 편견은 보이지 않는다. 오히려 왕의 다종교적 접근이 돋보인다. 사실 이것은 인도의 모든 종교적 전통들에서 강조되는 가르침이다.[3]

---

1) 츠카모토 게이쇼, 『아쇼까왕 비문』, p.265.

2) 츠카모토 게이쇼, 『아쇼까왕 비문』, p.271.

3) 아쇼까의 다르마 개념에 대해서는 이견이 많다. 金倉円照 中村元 등은 아쇼까의 다르마는 곧 붓다의 가르침이라는 의미라고 보는 반면에, 붓다의 가르침에 한정된 것이 아니라, 일반적인 도덕률을 근거로 하는 법칙, 즉 보통 사람들의 생활규범 원리로 이해하는 입장도 있다. 스미스는 아쇼까의 다르마가 라틴어 pietas, 또는 the Law of Piety 또는 단순히 piety 또는 the Law가 가장 가깝다고 본다. 또한 塚本啓祥(『アショーカ王碑文』, p.48, p.245)과 Romila Taphar(Asoka and the Decline of the Mauryas, p.181)는 아쇼까의 다르마를 붓다의 가르침인 동시에 모든 종교의 근본이 되는 법칙으로 간주한다. 또한 J.F. Fleet, R. Dikshitar는 아쇼까의 다르마는 바라문교 전통의 다르마 개념과 같다고 보며, E. Thomas는 아쇼까의 다르마 개념을 자이나교와 관련짓는다. 山崎元一, 『アショーカ王傳説の研究』(東京 : 춘추사, 1979), p.324의 註3 참조.

"데바남쁘리야 쁘리야다르쉬Priyadarśi, 喜見는 모든 종파와 그 성직자들과 평신도들을 공경한다. 그는 온갖 선물과 명예로써 그들을 공경한다. 그러나 데바남쁘리야는 그 선물과 명예가 본질을 중신시키는 것만큼 (좋은) 보시나 공양은 없다고 생각한다. 스스로의 종교적 신념을 자찬하지 않으며, 부적절한 상황에서 다른 종파에 대한 비난의 말을 삼가야 한다. 또한 설사 적절한 상황이라 할지라도 지나치지 않아야 한다. 그럼에도 불구하고 다른 모든 종파들은 어떤 경우에도 존중되어야 한다. 그렇게 하면서 자신의 종교를 증장하며 또한 다른 종교를 지지해야 한다. 그렇게 하지 않는 것은, 자신의 종교를 해치는 것이며, 또한 다른 사람들의 종교를 학대하는 것이다. 자신의 종교에 대한 광신 때문에 '우리는 우리 자신의 종교에 영광을 보탠다'고 생각하며, 자신의 종교를 찬양하면서 다른 사람의 종교를 헐뜯는 것은 그렇게 함으로써 또한 자신의 종교를 심하게 손상시키는 것이다. 오직 삼가는 것만이 권장된다. 무엇을? 서로의 다르마를 듣게 하고 기꺼이 듣게 해야 한다"(암벽칙령 xii).

아쇼까의 다르마 개념에는 생명 존중사상이 두드러진다. 다소 과장되었을 수도 있지만, 암벽칙령 i에 의하면 "거룩하고 자비로운 폐하의 부엌에서는 이전에 매일 수만 마리의 동물들이 커리를 만들기 위해 살육되었다." 그러나 즉위 11년부터 도살은 차츰 줄어서 '두 마리 공작과 한 마리 영양'만을 도살하게 했으며, 즉위 13년부터는 왕국의 식탁을 위한 모든 도살이 중지되었다. 동 칙령은 수도에서 희생제의, 육류를 사용하는 잔치를 금했다. 그러나 지방에서는 그와 같은 관행이 합법적으로 지속되었다.

그 다음 단계는 왕가의 사냥을 억제한 것이다. 이와 관련된 그의 정책의 최종 단계는 석주칙령 v에 정의된다. 여기서 그는 전 왕국 안에서 동물을 살해하거나 수족을 절단하는 것을 금하는 세밀한 법령을 포고한다. 이 법령은 신조, 사회관습, 종교적 정서의 모든 차이를 불문하고 모든 계급의 사람들에게 적용된다. 도살이 완전히 금지되는 동물, 도살이 제한되는 동물, 여러 유형으로 행해지던 동물의 사지절단 금지에 대해 상세한 규정을 두었다. 황소, 숫염소, 숫양, 수퇘지의 거세를 완전히 금지하지는 않았지만, 성스럽지 못한 일로 간주되었으며, 1년의 1/4에 달하는 성일聖日에는 그것을 금지했다. 말과 가축에 낙인을 찍는 것도 마찬가지로 취급되었다. 연중 56일의 성일에는 물고기를 잡거나 파는 행위가 금지되고, 식용을 위한 수탉의 거세는 항상 불법으로 규정되었다. 그와 같이 상세하게 규정된 법률의 시행은 사람들에게 아주 성가신 일이었을 것이다. 특히 어떤 특정한 날에

▲ 산치 마하스뚜빠

189

희생제의가 필수적이라고 믿는 사람들이나 이와 관련된 일에 종사하는 사람들에게는 매우 가혹한 조치였음에 틀림없다. 왕의 칙령을 시행하는 과정에서 감찰단과 모든 계급의 관료들은 열의를 가지고 움직였으며, 다수의 밀고자들이 있었을 것이다.

생명존중 사상은 불교에만 고유한 것이 아니다. 자이나교에서는 불살생 계율을 보다 엄격하게 지켰다. 미물의 생명조차도 존중되는 것이 이들의 생명윤리이다. 생명은 대개의 힌두 바라문에 의해서도 고귀한 것으로 간주되었다. 동물의 생명을 신성시하는 것은 이른바 인도의 3대 종교, 힌두교, 불교 자이나교의 근저에 깔린 윤회사상과 관련을 지닌다. 신deva들, 인간, 동물 모두는 하나의 그물에 서로 연결되어 있다. 지금 내 집 앞을 지나가는 저 소가 나의 아버지 또는 조상 중의 누구일 수도 있는데, 감히 어떻게 잡아 그 고기를 먹을 생각을 할 수 있겠는가? 산 생명을 함부로 다루지 않는 전통은 고대 인도에서 종교적 신조나 사회관습에 관계없이 수세기 동안 널리 퍼져 있었지만, 그럼에도 불구하고 그것이 모든 사람들의 사회적 의무로 규정된 것은 아쇼까에 의해서이다. 오늘날 인도 사회 전반에 보이는 동물에 대한 친근감은 아쇼까의 다르마비자야 덕분이라 해도 과언은 아니다. 물론 왕의 칙령이 모든 백성들에게 무리 없이 수용되기까지는 상당한 기간 동안 지속적인 노력이 있었을 것이다.

아쇼까의 칙령 전반에 현저하게 나타나는 부모와 어른 그리고 스승에 대한 공경의 의무 또한 아힘사 또는 생명존중 사상의 다른 표현이다. 다른 생명체에 폭력을 가하지 않는다는 입장에서 볼 때, 부모와 스승에 대한 공경은 지극히 당연한 귀결이다. 아쇼까가 미미한 벌레의 생명에 부여된 신성함을 강조하면서도 사형제도를 폐지하지 않은 것은 다른 각도에서 이해해야 한다. 그는 사형제도를 불가피한 것으로 간주했다.[4] 이전보다는 덜 무시무시하게 집행하는 정도의 고려는 있었지만, 완전히 없애지는 않았다.[4] 이것은 인간이 모든 생명의 중심이라는 점에서 이해할 수 있을 것이다. 인간은 모든 생명 가운데 책임이 가장 크다. 마치 소년 범죄는 성인의 경우와 달리 평가되는 것처럼, 인간보다 생각이 깊지 못하고 자유의지가 없는 동물은 보호되어야 한다는 차원으로 볼 수 있다. 동물의 생명에 비해 인간의 생명에 낮은 가치를 부여한 것이 아니라, 일체중생의 어른으로서 짊어져야 할 윤리적인 책임을 물은 것이다.

다르마를 따르는 것은 '이생과 내생에서의 복지와 행복'을 공고히 하는 것임을 거듭 강조한다. 그것은 당시 인도의 모든 종파들을 아우르는 최상의 공통분모이다.

> 이것은 훌륭하다. 이것은 행해져야 한다. 그렇게 함으로써 우리는 이생과 내생에서 행복을 얻을 수 있다. 무한한 공덕이 이 다르마의 선물에 의해 생겨난다(암벽칙령 xi)

다르마비자야의 다종교적 성격을 특징짓는 이 언급은 어떤 의미에서 오히려 불교의 견해에 반하는 것이 아닌가 하는 의문이 들게 한다. 즉 불교에서 천상의 지복이란 단지 순간적일 뿐이며, 생로병사를 완전히 넘어서는 열반이야말로 불교의 궁극적인 목적이기 때문이다. 이런 점에서 아쇼까의 다르마는 "재가신도용으로 붓다가 이미 확립해 놓은 자연윤리의 원칙들을 명시한 것에 불과"하며, "출가 수행자들에게 가르친 심오한 근본적인 교리

---

4) 즉위 말년인 243년에 내린 칙령에 따르면, 그는 모든 사형수에게 집행 전에 사흘의 유예기간을 두어서 내세를 준비할 수 있게 했다. 인도의 군주들이 일반적으로 행하던 사형제도, 즉 형이 확정되는 순간 즉시 집행하던 관행을 약간 완화한 것이 아쇼까가 할 수 있었던 전부였다.

에는 미치지 못한다"고 보는 입장도 있다.[5] 사실 아쇼까는 불교에서 강조하는 사성제나 팔정도에 대해 전혀 언급하지 않는다.[6] 아쇼까의 명문에 나타난 다르마는 어느 종교에 속한 사람도 수용할 수 있는 보편적인 도덕률이다. 아쇼까는 각자의 종교전통을 추구하는 가운데 다르마의 영광이 있다는 것을 믿었다. 이것은 마치 마하뜨마 간디가 힌두교인은 보다 훌륭한 힌두교인이 되고, 기독교인은 보다 훌륭한 기독교인이 되며, 무슬림은 보다 훌륭한 무슬림이 되어야 한다고 말한 것과 같다.

아쇼까는 모든 종교가 최소한 자기 수련과 마음의 청정을 추구하는 미덕을 보여야 한다고 생각한다. "비록 누가 많은 보시를 한다 할지라도 만일 감각의 제어, 생각의 청정, 감사, 확고한 헌신이 없다면 그는 참으로 비천하다"(암벽칙령 vii)는 것이다. 자기 수련과 마음의 청정이라는 두 가지 보편적인 덕목을 강조한다. 이러한 덕목의 중요성을 강조하면서도 또한 자신이 모든 사람에게 너그러움을 보장한다고 거듭 강조한다. 아쇼까는 결코 자신이 여러 종파에 보시하고 상을 내리는 공덕이 종교적인 추구 그 자체에서 오는 내적인 증진보다 가치 있다고 생각하는 사람이 아니라는 것을 거듭 강조하고 있다. 다르마의 추구는 그 자체로 의미 있는 것이지, 결코 그것을 통해 상을 받거나 하는 결과가 중요하지 않다는 것이다.

칙령의 전체적인 분위기는 따뜻한 휴머니즘이며, 모든 중생의 행복에 초점이 있다. 지극히 실천적인 특징을 지닌다. 추론으로 어떤 명제를 증명하려는 시도도 없고, 순수 지적인 인식에 어떤 가치를 부여하지도 않는다. 공경과 자비의 실천만이 행복으로 이끄는 길이 될 수 있음을 보여준다. 어떤

5) 에띠엔 라모뜨, 『인도불교사 1』, p.420.
6) H. Dodwell ed, *The Cambridge History of India*, vol. 1, Ancient India, Cambridge University Press, 1978, p.455.

형이상학적 근거나 신학적인 이론으로 접근하는 것이 아니라 누가 보아도 자명한 실천적 안내를 위해 필요한 규범들을 제시한다.

이와 같이 아쇼까는 제국 안의 모든 종교 전통을 포용하는 다르마를 추구하고 있지만, 그럼에도 불구하고 그것은 힌두교 전통의 다르마 개념과 상당한 차이가 있다. 힌두교에서 다르마는 카스트와 삶의 단계에 따라 규정되는 삶의 규범이다. 한 사람이 개인으로서 그렇게 살아야 하는 이상적인 삶의 단계인 동시에 사회적인 의무이다. 그리고 그것이 차츰 카스트와 밀접한 관련을 지니는 개념이 되었다. 그러나 아쇼까의 명문에 나오는 다르마는 이와 다르다. 불교적 윤리 개념이 강하게 나타나는 다르마 개념이다. 의무개념과 카스트와의 관련은 아쇼까의 생각에서 배제된다. 그 대신에 모든 생명의 신성함을 존중하는 것, 부모와 어른에 대한 공경이 강조된다. 이것은 힌두교의 카스트 개념과 차이가 있다. 아쇼까 명문에 보이는 윤리는 힌두교적이라기보다는 오히려 불교적이라는 것을 알 수 있다.[7]

다르마비자야가 표방하는 종교 상호간의 관용은 아쇼까가 그 무렵 불교 상가에서 얻은 경험과 무관하지 않을 것이다. 불교 상가 내의 불화는 이른바 분열칙령에 예시되고[8] 스리랑카 빨리어 문헌에 상술되어 있다.[9] 그는 모든 종교들이 어디서나 공존하기를 희망한다. 적대시하거나 남의 종교에 몰래 숨어들어 분란을 야기하거나 부패하면 결국 상가 안에 분열이 일어난다. 이것은 결국 왕국의 중재나 개입을 야기하는 부정적인 결과로 나타난다. 스리랑카 문헌에 따르면 불교 상가의 분열은 다른 종교를 따르는 자들

---

7) Bhābra 칙령에서 선법(sadhaṃma)은 붓다의 말씀에 대한 총칭으로 쓰인다.
8) "비구 또는 비구니로서 승가의 화합을 깨뜨린 자는 흰 옷을 입혀 주처住處가 아닌 곳에 살게 해야 한다."
9) 『디빠밤사』 vii.44~56.

▲ 산치 마하스뚜빠(Mahā stūpa) 유적지의 석주칙령

의 잠입에 기인한다.[10] 물론 이와 같은 잠입은 아쇼까가 불교 상가나 수행자들에게 베푸는 이득을 보자는 생각에서 이교도들이 몰래 불교도를 가장한 것이다. 그와 같은 요소들을 불교 상가로부터 제거하자는 생각에서 이와 같은 칙령을 내린 것이다.

바브라의 칙령은 왕의 윤리강령의 토대로서 세존 붓다의 권위를 명백하게 주장한다. 이 칙령에는 왕이 불경에 대한 열렬한 옹호자로 보인다.[11] 붓다의 윤리적 가르침은 단지 명목상의 도그마로 또는 하나의 신조로 아쇼까에게 수용된 것이 아니다. 아쇼까의 윤리적 사고의 핵심은 "미미한 것이든 위대한 것이든 그 자체의 힘을 발휘하게 두라"(소암벽칙령 i)는 것이다. 위대하든 미미하든 인간은 그 자신의 노력을 통해 무한한 천계의 지복을 얻을 수 있다. 최고 수준의 윤리적 차원을 실현할 수 있다. 이 점에서 왕의 사고방식은 『법구경』의 여러 구절에 보이는 정신과 동일선상에 있다. 초월자를 인정하지 않으며, 초월자의 은총을 통한 구원이라는 생각도 있을 수 없다. 이 점에서 그는 힌두교 전통이 아닌 불교 전통 위에 있다. 인간은 자신의 노력을 통해 죄악에서 벗어나고, 자신이 쌓은 공덕으로 여기와 내생에서 행복을 누린다는 것이다.

아쇼까의 가르침은 순수하게 실천적이며, 사람들을 바른 삶의 길로 인도하자는 것이다. 번쇄한 철학적 견해를 갖게 하자는 것이 아니었다. 바라문 전통은 대개 두 가지 경향으로 요약될 수 있다. 초월적 전제들에 대한 순수 지적인 이해 또는 제사의 가치에 지나치게 매달린다. 따라서 윤리적 의무의 중요성을 간과하기 쉽다. 아쇼까에 따르면, 이와 같은 노력은 거의 무익하다. 아무런 열매도 맺을 수 없다. 불교는 윤리적 의무를 전면에 내세우는

---

10) 『마하밤사』 v.228~230 ; 『디빠밤사』 vii.38.
11) "큰 스승들이시여, 세존 붓다가 설하신 것은 모두 잘 설해졌습니다"(소암벽칙령 iii).

실천종교이다. 여러 면에서 아쇼까는 생활불교, 실천불교의 선구자라 할 만하다. 병든 사람에 대한 특별한 관심과 보호를 강조하고 있으며, 나라 안 팎에서 약초를 개발하고 재배하는 일에도 열심이었다. 칙령에 병원이라는 말은 없지만, 병원 및 의학을 연구하는 기관이 있었을 것이고 상당수의 무료 의료시설이 있었던 것 같다.[12] 5세기 이후 중국 순례자가 빠딸리뿌뜨라에서 본 기록은 아쇼까의 의료기관이 여전히 지속되고 있었음을 보여준다. 지금도 여전히 수라뜨 및 서부 인도의 도시들에 있는 호기심을 끄는 동물병원들은 아쇼까의 의료기관들의 흔적으로 간주해도 무방할 것이다.

아쇼까가 역대 왕들의 유흥을 위한 행차vihāra-yātrā를 법순례法巡禮dharma-yātrā로 바꾸었을 때, 그것은 거룩한 보리수를 방문하는 것으로 시작된다.[13] 보드가야의 보리수sambodhi에 대한 언급은 이와 같은 혁신의 영감을 얻은 원천 또한 불교라는 것을 암시한다. 이와 같은 새로운 형태의 왕실 행차는 이전의 왕들이 사냥이나 유흥 위주로 떠나는 비하라야뜨라와 대조된다. 첫 성지순례 이래로 왕의 정기적인 법순례는 특별한 성격을 부가했다. 법순례는 여러 종파의 은둔 수행자 및 바라문들을 만나서 그들에게 필요한 것들을 제공하는 상호 종교적 경험을 위한 장이 되었다. 이러한 만남에서 왕은 다르마 문답을 했으며, 백성들에게 윤리적인 가르침들을 널리 권고하고 장려했다.[14] 이 시기에 다르마 행차를 통한 다르마 문답은 아쇼까에게 다르마 정복을 위한 중요한 정책의 하나가 되었다. 암벽칙령 iii에서 아쇼까가 고참신하들에게 명령했던 것처럼, 그는 분명히 5년마다 이러한 순례를 했다. 북

12) 암벽칙령 ii.
13) "지난날 오랫동안 왕들은 유흥을 위한 행차를 떠났다. 이 여행 중에 그들은 사냥을 했으며, 여타의 오락을 즐겼다. 그러나 친애희견왕은 즉위 10년에 삼보디(sambodhi)를 방문했다. 그때부터 법의 순례가 시작되었다"(암벽칙령 viii).
14) 암벽칙령 viii.

전에서 아쇼까의 빤짜바르쉬까pañcavārṣika로 언급되는 대연회들은 아쇼까의 다르마야뜨라들과 관련이 있을 것이다.

아쇼까가 성지순례를 하는 중에 여러 바라문, 은둔자들과 다르마에 대한 의견을 주고받은 것은 마치 붓다가 자신의 가르침과 확신을 전달하기 위해 대기설법이라는 특별한 방편을 즐겨 사용했던 것과 같다. 다르마쁘릿차 dharmaprcchā라는 용어는 나중에 문답식 가르침을 펴는 불교 문헌의 한 유형을 가리키게 된다는 점에서 주목할 만하다. 성지순례 노정에서 바라문이나 은둔자를 만나서 다르마를 논하는 상황은 밀린다왕과 나가세나 비구의 문답을 생각하면 쉽게 이해할 수 있을 것이다.

불교에 대한 아쇼까의 열렬한 사랑은 불전에 대한 해박한 지식, 불교성지순례, 승단에 대한 애정어린 조정 등에 의해 입증된다. 아쇼까는 불전에 익숙했다.[15] 즉위 20년에 그는 룸비니를 순례했다. "이곳은 즉위 20년 되는 데바남삐야 삐야다시가 방문하고 '여기서 석가족의 성자 붓다가 탄생하셨다'고 말하며, 예를 올린 곳이다. 석벽을 조성하고 또한 석주를 세웠다. 성자가 태어난 곳이므로 룸비니 마을은 세금을 감면해 1/8만 부담하게 한다"(룸민데이 기념석주칙령). 이 시기에 그는 또한 붓다 꼬나가만의 스뚜빠를 순례하며, 원래 크기의 두 배로 증축하고 석주를 세웠다(니글리바 기념석주칙령). 아마 그는 이 지역의 다른 여러 곳도 방문했을 것이다. 그러나 다르마비자야를 시작한 지 10년째 되던 해에 붓다의 탄생지인 룸비니 순례를 결정한 것은 의미심장하다. 명문의 기록으로 보면 이것은 아쇼까의 첫 룸비니 방문이라 할 수 있지만, 북전 자료와 다소 어긋날 수 있다. 북전에 따르면 아

---

15) 소암벽칙령 iii에서 아쇼까는 비구, 비구니, 우바새, 우바이 모두가 공부할 만한 경전들을 선별하여 권장하고 있다.

쇼까가 불교로 개종한 후 우빠굽따의 안내로 256일 동안 불적지를 순례한 것으로 전해진다.

　왕조사를 통해 가장 감동적인 문서로 말해지는[16] 암벽칙령 xiii에서 아쇼까는 다르마 전파자로서 자신의 성취 결과를 '정복' vijaya이라는 용어로 표현한다. 다르마의 증장을 위해 투입한 노력을 가리키기 위해 '다르마비자야', 즉 '다르마 정복'이라는 지극히 의미심장한 용어를 사용했다. 물론 이 용어가 처음으로 사용된 것은 아니다. 이미 까우띨리야의 『아르타샤스뜨

▲ 다울리 별각칙령

16) *The New Encyclopaedia of Britannica* (15th Edition), 1977, vol.17, p.135.

라』에서 사용되고 있지만, 아쇼까에 의해 구체화된다. 까우띨리야는 단지 3가지 정복의 하나로 생각하며, 무력에 의한 정복을 부정하지 않는다.[17] 이에 비해 아쇼까는 암벽칙령 xiii에서 다르마비자야만이 유일한 길임을 강조하고 있으며, 만일 자신이 무력을 버리고 다르마의 정복을 펴지 않았다면 도저히 얻을 수 없는 귀중한 업적을 성취했다고 말한다. 그는 무력행위를 그만둠으로써 보다 위대하고 자비로운 군주가 되었다. 그는 법의 정복을 통해 6백 요자나에 걸치는 자신의 영토의 모든 나라들의 정복자가 된다.

모든 아쇼까 명문은 왕의 다르마 전파를 위한 노력과 관련된다. 그러나 깔링가의 두 곳, 다울리와 자우가다[18]에 있는 별각칙령들의 경우는 특별하다. 또살리와 사마빠[19] 두 도시의 마하마뜨라들에게 내린 칙령이다. 왕의 일차적인 관심사는 정복되지 않은 변경지역의 백성들을 회유하고 달래는 내용이다. 변경지역의 백성들은 여전히 아쇼까의 회심을 의심하는 분위기가 있었으므로, 그들이 왕의 진심을 알 수 있도록 희망한다. 관리들을 통해 이 지역의 백성들에 대한 왕의 믿음과 사랑을 전하는 것이 우선이었으며, 그들이 다르마의 길을 가게 하는 것은 그 다음 관심사였다. 또살리와 사마빠의 명문들에서 이 사실을 알 수 있다.

또살리와 사마빠에 대한 왕의 관심은 특별하다. 깔링가 전쟁이 있었던 지역이었으므로, 백성들이 쉽게 왕의 진의를 받아들이기 어려웠을 것이다.

---

17) 『아르타샤스뜨라』는 세 가지 유형의 정복을 시사한다(xii.1). ① 법에 의한 정복dharmavijaya : 정복한 왕이 단지 정복된 사람들에 의해 (그곳에서) 그의 통치권이 인정되는 것만으로 만족한다. ② 탐욕스런 정복 lobhavijaya : 정복왕의 목적은 적의 영토와 재물을 탐내며, 그런 후에 그의 왕국에서 계속 머문다. ③ 흉포한 정복asuravijaya : 적에게 자신의 왕국, 재물, 아들과 아내를 빼앗기며, 왕 자신은 전쟁의 포로로 잡혀 옥에 갇히거나 살해된다. V.R. Ramachandra Dikshitar, *Mauryan Polity*, p.129 참조.

18) '황금의 언덕' 또는 '황금의 산'을 의미한다. 자우가다는 Risikulya 강가에 위치한 오래된 성채이며, Ganjam의 서 북서쪽 18마일 정도 떨어진 곳이다. 마우리아 왕국 당시에는 각각 Tosali, Samāpā로 불렀다.

19) 아쇼까시대 깔링가의 주요 도시들이다. 이중 또살리는 당시 깔링가의 도읍지였다.

따라서 왕은 특히 이 지역의 마하마뜨라들에게 조목조목 상세하게 풀어서 칙령을 내리는 배려를 하고 있다. 아쇼까는 현장의 하급 관리들이 자신의 이상과 사고방식을 잘 이해하지 못할 것 같은 염려에서 우선 이들에게 내리는 간곡한 훈계로 칙령을 시작한다.

그러나 너희는 내가 이 문제에 얼마나 큰 관심을 가지고 있는지 알지 못한다. 어떤 사람은 그것을 이해할지도 모른다. 그렇다 해도 그 또한 단지 일부만 이해할 뿐이며 전체를 이해하지는 못한다. 아무튼 너희는 이것을 준수해야 한다(별각칙령 i).

그런 후에 왕은 관리들에게 명한다. 같은 경우인데도 어떤 사람은 오랜 옥살이를 하고 어떤 사람은 풀려난다든가 하는 일이 없어야 한다. 시기, 분노, 잔인함, 경솔함, 인내심의 결여, 게으름과 피로 때문에 이런 일이 일어날 수 있다. 공평무사해야 한다. 정의로운 행정이 잘 이루어지고 있는지 확인하고 감독하기 위해 5년에 한 번씩 수도에서 마하마뜨라들을 파견했다. 처음에는 깔링가 지역의 통치를 위한 안배로 시작되었지만, 나중에는 왕국 전체에 확대하여 적용했다. 깔링가의 이 두 도시는 지리적으로 후미진 해안에 위치한 지역이며, 이러한 지역들에서 정의로운 공공행정과 사법의 개혁을 통해 이 지역 사람들의 사랑과 믿음을 얻고자 했다.

자신의 영토 안에서 다르마 증장 노력에 상당한 성과를 거두었다고 판단한 아쇼까는 그것을 변경 지역과 이웃 왕국에까지 확장하려고 한다. 이것은 두 단계로 추진된다. 첫 단계는 인도적인 공공 서비스 차원이다. 암벽칙령 ii에서 보는 것처럼, 처음에는 사람과 동물을 위한 의약의 제공, 또는 그 지역에서는 구할 수 없는 약초나 음식을 공급하는 것에 한정되었던 것 같다. 스리랑카 역사서들에 따르면, 아쇼까가 스리랑카에 사신을 보내어서 약초와 곡물을 전했다. 그리고는 아쇼까가 불교로 개종했다는 소식을 전한다. 이와 같은 교환이 있은 후에 마힌다 장로가 불법을 전하기 위해 스리랑카로 간다. 둘째 단계는 아쇼까의 다르마를 전하기 위한 특수 임무를 띤 두따dūta들을 파견한다. 이웃 왕국에 두따들의 파견은 다르마마하마뜨라라는 관료들이 임명되기 이전인 즉위 11년에 이루어졌을 것이다. 이로써 아쇼까의 다르마비자야는 순수하게 아쇼까의 다르마를 전하는 순수 포교적인 성격을 띠게 된다.

적어도 아쇼까 시대에는 타밀의 불교가 스리랑카로 전해졌다. 이미 그 이전에 전파 가능성도 있다. 아쇼까의 기르나르 명문에는 그가 보낸 포교사들이 쫄라, 나뚜, 빤띠야 나뚜, 스리랑카에 파견 사실을 전한다(암벽칙령 xiii). 이 포교사들은 이 지역에 테라바다 불교를 전파했을 것이다. 갠지스강 삼각주의 서쪽 연안에 위치했던 땀랄리빠띠의 발레야 항구와 스리랑카 사이에 해로가 있었으며, 이를 통해 안드라의 바즈랄라, 타밀나두의 깐치뿌람 및 나깝빳띠남과 스리랑카가 연결된다. 현재 스리랑카 불치사에 있는 붓다의 치아사리는 원래 뿌리의 단따뿌라에 있다가 이 해로를 따라 스리랑카로 갔다.

그리스 왕국에 포교사들이 파견된 것은 역사적인 사실로 보인다. 아쇼까는 그리스 통치하의 다섯 변경 국가에 사신을 파견했다고 기록하고 있지만, 그리스 기록에서는 무시된다. 그리스로부터 메가스테네스, 데이마코스, 디오니시오스 등의 대사가 마우리야의 궁중으로 파견되었던 것처럼,[20]

---

20) B.C. 302년경 셀레우코스가 찬드라굽따의 궁중에 Megasthenes를 파견하였고, 빈두사라왕 때는 Antichos Soter로부터 Deimachos가 파견되었으며, 세 번째 사신 Dionysios는 아쇼까와 동시대인 Egypt의 Ptolemy Philadelphos에 의해 빠딸리뿌뜨라의 궁중에 파견되었다. 이러한 사실은 그리스 기록에는 있지만, 인도 문헌에서는 무시된다.

아쇼까의 사신들도 그리스의 여러 나라에 파견되었을 것이다. 당시의 상황으로 본다면 서로 대사를 주고받는 것은 지극히 자연스러운 일이다. 아쇼까가 그리스 영역에 대사를 보낸 것은 역사적 사실로 받아들여야 할 것이다. 물론 그의 다르마의 정복이 그들에게 어느 정도로 영향을 미쳤는가 하는 것은 미지수이다.

Imperor Ashoka

아쇼까왕
비문

지금까지 발견되고 해독된 아쇼까의 비문은 이본異本을 고려할 때 154개, 그렇지 않을 때는 40여 개이다. 동일한 칙령들을 다수 복사하게 했다는 암벽칙령 xiv의 내용으로 본다면, 앞으로도 이미 알려진 칙령들의 새로운 사본들이 더 발견될 가능성이 높다.[1] 이 명문들은 새겨진 재료와 방식에 따라 대개 7가지 범주로 나눌 수 있다.

첫째, 석굴의 벽에 새겨진 명문으로 가야 인근에 위치한 바라바르의 3개 석굴에 있는 칙령 i, ii, iii 3개이 있다. 이 석굴들은 아쇼까가 고행자들을 위해 기증한 것이다.

둘째, 암벽에 새겨진 것으로 7가지 이본이 발견되는 암벽칙령 i-xii, ix, x, xiv 10×7=70개, 8가지 이본이 발견되는 암벽칙령 viii 1×8=8개, 그리고 5가지 이본이 발견되는 암벽칙령 xi, xii, xiii 3×5=15이 있다. 암벽칙령 i-xii, ix, x, xiv는 까티와르 지방의 기르나르, 데라 둔 지방의 깔시, 뻬샤와르 지방의 샤흐바즈가리히, 하자라 지역의 만세흐라, 뿌리 지방의 다울리, 간잠 지방의 자우가다, 꾸르눌 지방의 예라구디에서 발견되며, 암벽칙령 viii은 앞의 7곳 외에 소빠라에서도 발견된다. 한편 암벽칙령 xi, xii, xiii은 기르나르, 깔시, 예라구디, 샤흐바즈가리히, 만세흐라 등 5곳에서만 발견된다.

셋째, 각기 다울리와 자우가다에서 이본이 발견된 별각칙령 i, ii 2×2=4개가 있다. 깔링가 지역의 다울리와 자우가다에서 발견되는 명문에는 암벽칙령 xi, xii, xiii이 누락되었으며, xiv 이후에 2개의 별각칙령이 부가되었다. 암벽

1) 츠카모토 게이쇼, 『아쇼까왕 비문』, p.265.

205

▲ 델리 또쁘라석주, 1837년 아쇼까비문 중에서는 최초로 프린셉에 의하여 해독된 비문이다.

칙령 xiii의 주요 내용은 깔링가 전쟁과 이에 따른 참상인데, 아쇼까는 이 내용을 굳이 깔링가 지역 사람들에게 공포하고 싶지 않았을 것이다.

넷째, 자이뿌르 지방의 바이라뜨, 비하르 지방의 사하스람, 중인도의 루쁘나트, 남인도의 마스끼, 빨끼군두, 하이데라바드 지방의 가비마트, 싯다뿌라, 마이소르 지방의 자띤가 라메슈와라, 꾸르눌 지방의 예라구디, 그리고 브라흐마기리에서 발견되는 소암벽칙령1×10=10이 있다.

다섯째, 작은 바위에 새겨진 바브라칙령 또는 캘커타-바이라뜨칙령 1개이 있다. 자이뿌르 지역 바이라뜨에 있는 산꼭대기에서 발견된 작은 화강석 바위에 새겨져 있으며, 불교 승가에 보낸 것이다. 이 산 아래에 바이라뜨 소암벽칙령이 있다. 바브라칙령이 새겨진 화강석 바위는 캘커타로 옮겨졌다.

여섯째, 델리-또쁘라, 델리-미라뜨, 라우리야-아라라즈, 라우리야-난다가르흐, 라마뿌르바, 까우샴비에서 각기 6가지 이본이 발견되는 석주칙령 i-vi 6×6=36과 이본이 발견되지 않는 석주칙령 vii 1개이 있다. 7장 석주칙령 모두가 새겨진 칙령은 델리 남쪽 꼬띨라에 있는 델리-또쁘라 석주 하나뿐이다. 이 석주는 원래 암발라 지역 또쁘라에 있었는데, 14세기 말엽 피로즈 샤흐왕에 의해 꼬띨라로 옮겨졌다. 델리-미라뜨 석주칙령은 또한 원래 미라뜨에 있던 것을 피로즈 샤흐왕이 델리의 북쪽으로 옮겼다. 제7장을 담고 있는 것은 오직 또쁘라 석주뿐이다. 북부 비하르의 참빠란 지역에 있는 세 개의 석주가 위치한 라우리야 및 라마뿌르바와 명문 없는 또 다른 하나의 석주가 있는 바키라는 아쇼까가 빠딸리뿌뜨라에서 네팔의 따라이에 있는 불교성지들을 순례했던 노정과 관련이 있는 것으로 여겨진다.[2]

일곱째, 사르나트, 까우샴비, 산치에서 각기 3가지 이본이 발견되는 소석

---

2) F.J. Monahan, *The Early History of Bengal*, p.202.

주칙령1×3=3개, 왕비칙령 1개, 그리고 룸비니와 니글리바에서 발견된 기념석주칙령2개이 있다. 사르나트 석주는 부러진 채로 밑동 부분만 원래 위치에 서 있으며, 부서진 4조각과 4마리 사자로 장식한 두주頭柱는 현재 사르나트 박물관에 소장되어 있다. 널리 알려진 것처럼, 이 두주 장식은 인도를 상징하는 국장으로 사용되고 있다. 이 석주의 명문은 원래 11줄로 이루어져 있었으나 첫 3줄은 소실되고 없다. 산치의 석주는 마하스뚜빠 남문 옆에 부서진 채로 누워 있다. 까우샴비칙령의 첫머리에는 이 칙령이 까우샴비의 대관에게 내려진다는 언급이 있다. 그러나 사르나트칙령과 산치칙령의 경우에는 첫머리 부분이 파손되어 칙령을 받는 사람이 누구인지 불분명하다. 다만 사르나트칙령의 경우에는 첫머리 부분에 '빠따'Pāṭa라는 말이 남아

▲ 사흐바즈가리히 암벽칙령 – 인도 북서 변경의 뻬사와르에서 북동쪽으로 40마일 떨어진 유주프자이 지역에 위치하며, 비문은 카로슈티문자로 새겨져 있다. – ⓒ이춘호

있기 때문에, 이 칙령이 빠딸리뿌뜨라의 대관에게 내린 것으로 추정한다. 산치의 칙령은 대개 까우샴비의 경우와 마찬가지로 왕이 이 지역의 대관에게 내린 것으로 본다.[3] 현장의 『대당서역기』에 따르면, 룸비니 석주는 원래 말의 상으로 된 주두가 있었는데, "후에 사악한 용이 벼락을 일으켜서 그 기둥 가운데를 부러뜨려 땅에 쓰러지게 했다."[4] 현재 이 석주의 윗부분과 주두는 전해지지 않는다.

암벽칙령들의 위치는 불교 포교사가 파견된 지역과 어떤 관련을 지닌다. 스리랑카의 연대기와 『사만따빠사디까』는 맛즈한띠까 장로가 까슈미르와 간다라에 파견되었다고 전하는데, 만세흐라의 암벽칙령은 이 지역에 위치한다. 마하담마락키따 장로는 요나랏타 또는 요나로까에 파견되었으며, 이 지역에는 샤흐바즈가리히 암벽칙령이 있다. 맛즈히마 장로가 파견된 것으로 전하는 히마반따 또는 히마반따빠데사 지역에는 깔시 암벽칙령이 있다. 이외에도 마하담마락키따 장로의 파견지인 마하랏타 지역에는 꼽발 소암벽칙령이 있으며, 마하데바 장로가 파견된 마히사만달라 지역에는 수바르나기리 소암벽칙령이 있다.

아쇼까의 명문들 중에서 샤흐바즈가리히와 만세흐라에서 발견된 것들은 카로슈티문자로 새겨졌는데, 이 문자는 아람어와 유사하며 우에서 좌로 왼쪽으로 횡서하는 고대언어이다. 이 언어는 기원전 4~5세기경 페르시아 영토였던 편잡에 전해진 것으로 추정된다. 나머지 명문들은 모두 좌에서 우로 횡서하는 브라흐미 문자로 새겨졌다.

카로슈티와 브라흐미 문자가 사용된 이 명문들은 다양한 지방언어로 씌

3) 츠카모토 게이쇼, 『아쇼까왕 비문』, p.72
4) 한글대장경 『대당서역기 외』, 제6권, 劫比羅伐窣堵國편, p.183.

어졌으며, 이로써 당시 현지의 일반대중들이 쉽게 읽고 이해할 수 있도록
했다. 2천 3백여 년의 세월이 지나면서 명문들의 곳곳이 마모되었기 때문
에 독해에 어려움이 있으며, 이 부분들에 대해서는 동일한 칙령의 다른 버
전을 참고하거나 전체적인 문맥에 따라 어림잡아 독해해야 하는 경우도 있
다. 각 명문들의 주요 내용을 요약하면 아래와 같다.

1. 석굴 명문

① 니그로다 석굴 : 즉위 12년 이 니그로다 석굴은 아지비까 교도들에게
　기증되었다.

② 칼라띠까산 석굴 : 즉위 12년에 칼라띠까산에 있는 이 석굴이 아지비
　까 교도들에게 기증되었다.

③ 칼라띠까산 제2석굴 : 즉위 19년에 이 쾌적한 칼라띠까산에 있는 석
　굴이 우안거를 위해 기증되었다.

2. 14장 암벽칙령

① 암벽칙령 i 샤흐바즈가리히 : 어떤 동물도 여기서 희생제의를 위해 도살되어
　서는 안 된다. 단 한 마리의 생물도 살해되어서 희생제의에 바쳐져서
　는 안 된다. 사마자Samāja도 열려서는 안 된다. 매일 수만 마리의 동물
　들이 식사를 위해 도살되었는데, 다만 공작 두 마리와 사슴 한 마리만
　도살을 허용한다. 이 세 마리조차도 금지되어야 할 것이다.

② 암벽칙령 ii 기르나르 : 나라 안과 변경지방, 그리고 그리스 영역에까지 두
　종류의 의료지원이 있었다. 사람에 대한 의료시술, 짐승에 대한 의료
　지원, 사람과 동물을 위한 약초 또한 가져다 심게 했다. 길 가에 우물
　을 만들고 가로수를 심어 동물과 사람들이 마시고 쉴 수 있게 했다.

③ 암벽칙령 iii 기르나르 : 즉위 12년, 제국 안에서 유끄따들, 라주까, 쁘라데쉬까는 매 5년마다 순회여행을 한다. 자신에게 맡겨진 직분 뿐만 아니라 새로이 맡겨진 다르마의 전파에도 충실해야 한다. 부모를 섬기고, 친구, 친척, 바라문들과 사문들에게 넉넉하게 베풀어야 한다. 살생을 금한다. 의회parisā는 왕의 명령에 따라 유끄따들에게 지시할 수 있다.

④ 암벽칙령 iv 기르나르 : 지난 오랜 기간 동안 동물에 대한 희생제와 생물에 대한 잔인함이 극성을 부렸으며, 친척들, 바라문들, 사문들이 부당한 대우를 받아왔는데, 왕에 의해 전쟁의 북소리가 다르마의 북소리로 바뀌면서 동물의 도살이 줄었고, 불살생도 잘 실천되고 있으며, 친척들, 바라문들, 사문들도 합당한 대우를 받는다. 왕의 아들들, 손자들, 자손대대로 이와 같은 도덕적 실천들이 나날이 증장될 것이다. 즉위 12년에 이 명문이 새겨졌다.

⑤ 암벽칙령 v 만세흐라 : 왕에 의해 많은 덕행들이 성취되었다. 자손들도 이와 같은 덕행을 증장하고 사악한 일이 줄어들 수 있게 해야 한다. 즉위 13년에 전에는 없었던 다르마마하마뜨라들을 임명한다. 그들은 다르마의 확립과 증장을 위해 모든 종파들에서 임용된다. 종파, 지역을 초월한 임용, 나아가서는 병사들과 그 책임자들, 바라문 고행자들이나 가장들 중에서도 합당한 자가 있으면 임용한다. '나의 형제자매들의 모든 거처들' 이라는 표현이 나온다. 다르마를 실현하고자 열성적인 사람, 다르마에 확립된 사람, 자애와 자선에 헌신하는 사람들 중에서 다르마마하마뜨라들을 임용했다.

⑥ 암벽칙령 vi 기르나르 : 이전에는 업무의 전달이나 보고의 접수가 원활하게 이루어지지 않았다. 이제는 왕이 식사 중이든 후궁(後宮)에 있든, 침소에 있든 농장에 있든 수레 안에 있든 어디에 있든, 쁘라띠베다까

prativedaka上奏官들이 백성들의 관심사를 나에게 보고하도록 명했다. 왜냐하면 짐은 백성들의 복지를 우선으로 고려해 최선을 다해야 하기 때문이다. 나의 노력으로 나는 이생에서 어떤 행복을 구현할 수 있을 것이며, 그들은 내생에 천계에 태어날 수 있을 것이다.

⑦ 암벽칙령 vii 샤흐바즈가리히 : 모든 곳에서 다양한 종파의 사람들이 살 수 있기를 희망한다. 왜냐하면 그들은 모두 감정의 제어와 마음의 청정을 희구하는 사람들이기 때문이다. 내적인 청정 감정의 제어, 관용, 지속적인 헌신이 강조된다.

⑧ 암벽칙령 viii 샤흐바즈가리히 : 지난날에는 왕이 사냥과 이와 유사한 유흥이 있는 행차를 위해 나갔다. 그러나 왕은 즉위 10년에 보드가야의 보리수가 있는 곳으로 갔다. 그 후로 이 법순례가 있었다. 법순례에서는 바라문들과 사문들을 방문해 보시하는 일, 어른들을 방문해 금을 하사하는 일, 백성들을 방문하는 일이 있었다. 이 과정에서 그들에게 도덕을 교시하고 그들과 이에 대해 논의했다. 이것은 왕에게 매우 흡족하고 기쁜 일이 된다.

⑨ 암벽칙령 ix 깔시 : 어머니들과 아내들은 쓸데없는 의례들을 많이 한다. 의례들은 분명히 행해져야 하지만, 거의 공덕이 없다. 그러나 다르마와 관련된 의례들은 큰 결실이 있다. 노예들과 고용된 사람들을 적절하게 대해야 하며, 스승들을 존경하며, 생류에 대한 폭력을 삼가며, 바라문 사문 고행자들에게 너그러워야 한다. 다르마와 관련된 의례의 공덕은 시공을 초월한다. 다르마망갈라mangala法儀吉祥에 의해 이생에서 그 목적이 성취되지 않는다면 내생에서 이루어진다.

⑩ 암벽칙령 x 깔시 : 다르마를 따르는 일의 중요성이 강조된다. 왕은 영광이나 명예를 큰 소득으로 간주하지 않는다. 큰 명예와 영광이 되는 것

은 다르마에 대한 복종을 실천하는 것, 다르마의 준수를 확립하는 것
이다. 왕은 오직 이 목적을 위해 영광과 명예를 바란다.

⑪ 암벽칙령 xi 샤흐바즈가리히 : 다르마의 보시, 다르마의 전파에 비견되는 선
물은 없다. 노예들과 하인들에게 잘 대하는 것, 어머니와 아버지에
대한 복종, 친구 · 친척 · 바라문과 사문 고행자들에 대한 너그러움,
희생제의를 위한 생류의 살해금지가 권고된다.

⑫ 암벽칙령 xii 기르나르 : 왕은 모든 종파에 대해, 고행자들과 가장들 모두

▲ 샤흐바즈가리히 암벽칙령 – ⓒ이춘호

213

에게 존경을 표하며, 온갖 선물과 공물을 그들에게 준다. 그러나 만일 모든 종파들에 공통된 본질적인 요소들의 증장이 없다면, 왕은 그와 같은 선물이나 공물을 가치 있는 것으로 여기지 않는다. 이러한 진정한 요소들을 증장하는 방법은 다양하다. 그러나 그 근본은 말을 삼가는 것이다. 자기 종파를 치켜세우지 말아야 하며 이유 없이 다른 종파를 비난하지도 말아야 한다.

⑬ 암벽칙령 xiii 샤흐바즈가리히 : 즉위 8년에 깔링가가 정복되었다. 10만 명이 죽고 15만 명이 포로로 잡혔다. 왕은 이 일을 후회하며 비통하게 생각한다. 또한 왕은 법에 의한 정복이 최상의 정복이라고 생각하며, 앞으로 왕자들과 자손들을 무력에 의한 새로운 정복을 시도하지 않게 하기 위하여 이 칙령을 새긴다.

⑭ 암벽칙령 xiv 기르나르 : 지금까지 다르마리삐는 왕에 의해 축약된 형태, 중간 형태, 늘려진 형태로 새겨졌다. 제국이 방대하므로, 모든 칙령이 모든 곳에서 적합할 수 없다. 이미 많은 칙령들이 새겨졌으며, 또한 앞으로도 많은 칙령을 새기게 할 것이다.

3. 깔링가 별각칙령

다울리 별각칙령은 또살리의 고관들에게 명령하는 내용이며, 특히 "모든 백성은 나의 자녀"라는 표현이 눈에 띈다. 자우가다 별각칙령은 사마빠에 있는 고관들이 받는 것으로 되어 있다. 자우가다의 명문에서는 선으로 둘러싼 공간 안에 있는 주된 칙령과는 별개로 두 개의 별각칙령이 새겨져 있다. 선으로 둘러싼 공간의 윗부분 두 구석에는 만卍자 상징이 있으며, 아랫부분에는 선을 따라서 '마'卐자가 네 번 나타난다.

4. 소암벽칙령

바이라뜨 등 열 곳에서 이본이 발견되는 소암벽칙령은 비록 길지는 않지만, 독해에 논란이 많다. 예를 들어, 브라흐마기리의 명문에 따르면, 아쇼까는 "2년 반 이상 우빠사까_{upāsaka}였다. 그러나 신실한 불자는 아니었다. 그러다가 1년, 아니 1년 이상 동안 나는 승가와 접촉했으며, 나의 신심은 크게 고양되었다." 이 부분은 아쇼까가 재가자의 신분으로 있다가 출가해 비구가 되었다는 의미로 해석되기도 했다. 마스끼의 소암벽칙령에는 데바남삐야 아쇼까의 명령으로 이 명문이 새겨졌다는 사실이 언급되는데, 이것은 아쇼까의 명문들 가운데 아쇼까라는 이름이 언급된 유일한 경우이다. 마이소르 지역의 세 곳에서 발견되는 소암벽칙령은 아쇼까가 256일 동안의 성지순례를 끝낸 후에 공포한 것이며, 고래의 윤리 도덕이 강조된다. "스승이 제자에게 공경되듯이, 친척들에 대해서도 이와 같이 대해야 한다. 이것은 옛날부터 전해오는 이법이다. 이것은 장수를 가능케 한다. 그러므로 우리는 그와 같이 행해야 한다."

5. 바브라 또는 캘커타—바이라뜨칙령

이 칙령은 다음과 같이 시작된다. "마가다의 왕이 상가에 인사를 드리며, 그들 모두가 행복하고 건강하기를 바라며, 그들에게 다음과 같이 말한다. 불법승 삼보에 공경과 믿음을 표한다. 세존께서 설한 것은 모두 잘 설해진 것이다." 이어서 붓다가 설한 7가지 경을 공부해야 한다고 권유한다. 이 경들은 빨리어 경전의 율장에서 확인할 수 있다.

6. 7장 석주칙령

① 석주칙령 i : 즉위 26년에 이 다르마리삐를 새긴다. 다르마를 최고로

귀하게 여기지 않는다면, 이생이나 내생 모두 얻기 어렵다. 다르마에 대한 나의 교시에 의해 나날이 다르마가 증장되고 있으며, 앞으로도 그럴 것이다. 지위 고하를 막론해 나의 모든 백성들은 나의 교시에 따라 행동하며, 스스로 합당한 실천을 강화한다.

② 석주칙령 ii : 다르마는 훌륭하다. 다르마는 무엇을 포함하는가? 자기 탐닉에서 자유로움, 많은 선행, 친절, 관용, 진실, 청정을 포함한다. 영적 통찰 또한 내가 부여한 선물이다. 또한 두 발 짐승, 네 발 짐승, 조류, 물속에 사는 동물들을 위해 나는 자비와 친절을 명했다.

③ 석주칙령 iii : 사람들은 '이 선행은 나에 의해 실천되었다'고 생각하며, 오직 자신의 선행만 본다. 그러나 그들은 '이 그릇된 행위는 내가 범했다'고 생각하며 자신의 죄를 보려고 하지는 않는다. 완전히 보는 것, 그것은 실로 어렵다. 그러나 그렇게 볼 수 있어야 한다.

④ 석주칙령 iv : 즉위 26년에 새긴다. 수많은 라주까들이 나에 의해 임명되었다. 그들의 법 또는 정의는 나에 의해 규정되었으며, 그들 자신의 권위의 근거가 된다. 따라서 라주까들은 확신을 가지고 두려움 없이 스스로의 업무를 행해야 한다. 선행을 널리 전파하고 백성들의 행복을 증장해야 한다. 다르마를 따르는 것이 이생과 내생에서 큰 공덕이 된다는 점을 강조한다. 라주까들은 나의 명령에 따를 만반의 준비가 되어 있어야 한다. 그들은 또한 나의 뜻을 아는 백성들에게 복종해야 할 것이다. 어떤 사람이 아주 능숙한 보모에게 아이를 위탁하고 '그 능숙한 보모가 우리 아이를 잘 돌볼 것이다'라고 확신하며 쉬는 것처럼, 라주까들도 백성들의 선과 행복을 위해 나에 의해 임명되었다. 법의 집행에 공정해야 한다. 사형을 언도받은 사람들에게 3일의 말미를 허용한다. 이 기간 중에 죄수들의 친척들이 라주까들을 설득해 판정

▲ 바이샬리의 아쇼까왕 석주 – 바이샬리는 붓다시대 북인도 16국 중 하나인 릿차비족의 수도로 번성했던 도시이다.
이 석주는 온전한 모습을 그대로 간직하고 있지만, 명문은 없다.

을 재고할 수 있게 하거나, 또는 죄수들이 내생을 위해 자선을 베풀거
나 단식을 행할 수 있을 것이다.

⑤ 석주칙령 v : 즉위 26년에 새긴 명문이다. 도살을 금지하는 조류, 물고
기, 포유류의 이름들을 상세하게 전한다. 수컷의 거세 금지조항, 이유
없이 또는 짐승들을 상해할 목적으로 숲을 태우는 것은 금지된다. 어
획금지 기간에 관한 규정 등이 담겨 있다.

⑥ 석주칙령 vi : 왕은 본인의 친척들뿐만 아니라 가까이 있거나 멀리 있
는 모든 사람들의 선과 행복을 도모하며, 이를 위해 합당하게 명을 내
린다. 왕은 모든 계급에 속한 사람들을 돌본다. 또한 모든 종파들은
다양한 공물로써 왕에 의해 공경된다. 즉위 26년에 이 명문을 새긴다.

⑦ 석주칙령 vii : 어떻게 백성들이 다르마의 전파와 함께 성장할 것인가? 지금까지는 다르마의 증장에 따라 흡족하게 향상되지 못했다. 그러면 어떤 수단에 의해서 백성들이 다르마를 빈틈없이 따르게 할 것인가? 이 목적을 위해 나에 의해 여러 종류의 종교적 메시지들이 공포되었으며, 수많은 사람들을 담당하도록 임명된 나의 백성들은 그 메시지들을 널리 전할 것이다. 라주까들 또한 나에 의해 훈육되었다. 다르마마하마뜨라들이 임명되고 다르마를 전하는 칙령들이 작성되었다. 큰 길가에는 반얀나무들을 심게 하여 가축과 사람들에게 그늘을 제공하게 했으며, 망고동산이 만들어지고 매 1/2꼬스_{kos}마다 우물을 마련하고 쉼터를 만들었다. 여러 업무들을 담당하는 다르마마하마뜨라들이 모든 종파의 사람들 중에서 임명되었다. 불교 승가, 브라흐마나와 아지비까 고행자들, 그리고 니르그란타_{Nirgrantha}5)들 중에서도 이와 같이 임명될 수 있도록 교시했다. 사람들이 다르마 안에서 성장하는 것은 두 가지 방편에 의해 촉진되었다. 하나는 다르마의 규정이며 다른 하나는 내적인 명상이다. 이 중에서 다르마에 대한 규정에 의해서는 작은 효과를 그리고 내적인 명상에 의해서는 큰 효과를 가져왔다. 이 점은 특히 불살생과 관련해 특히 현저했다. 다르마의 길을 따르면 이생과 내생에서 행복이 얻어질 것이다. 즉위 26년에 새긴 칙령이다.

이 칙령에는 왕가의 구성원들이 모두 빠딸리뿌뜨라에만 거주하지는 않았다는 사실이 시사된다. 특히 후궁들이 지방에도 거주했을 가능성이 보인다. 자신의 아들들과 다른 왕후들의 아들들이라는 언급이 있다.

---

5) 자이나 교도들을 일컫는 말이다.

7. 소석주칙령

① 사르나트 소석주칙령 : 승가는 어느 누구에 의해서도 분열되어서는 안 되며, 승가의 분열을 야기하는 자는 비구든 비구니든 백의를 입혀서 승원 이외의 어떤 다른 곳에 살게 해야 한다.[6] 이 칙령은 비구 승가와 비구니 승가에 알려져야 한다. 칙령의 한 부는 관청에 맡기고 다른 한 부는 너희도 보관하라. 동일한 법칙의 사본 한 부는 우바새에게 맡겨라. 우바새는 이 칙령을 숙지하기 위해 매 단식일에 와야 한다. 매 단식일에 법대관도 정기적으로 포살[7]에 가서 이 칙령을 스스로 숙지할 수 있어야 한다. 또한 법대관은 하급 관료를 시켜서 이 칙령이 성채가 있는 모든 도성에 전달되게 해야 한다.

② 왕비칙령 : 모든 곳의 법대관들에게 왕이 교시한다. 두 번째 왕후에게 주어진 선물이 무엇이든, 그것이 망고동산이든 정원이든 또는 사설 구빈원이든, 이 모든 것은 그 왕후의 것으로 간주되어야 한다. 이것은 띠발라의 어머니인 두 번째 왕후 깔루바끼의 바람이다.

③ 기념석주칙령

ⓐ 룸민데이 : 즉위 20년에 짐이 이곳을 방문했다. 이곳은 붓다 샤끼야무니가 탄생한 곳이다. 세존께서 여기서 탄생하셨다는 것을 보이기 위해 석주를 세웠다. 룸비니마을은 조세로 단지 소출의 1/8만 부과한다.

ⓑ 니글리바 : 즉위 14년에 짐은 꼬나까무니붓다[8]의 스뚜빠를 두 배로 증축했다.

---

6) 인도에서 백의odātāni dussāni는 재가자들이 입는 옷이다. 따라서 백의를 입게 하는 것은 출가자를 환속시킨다는 의미이다.

7) posathāye, uposatha 또는 범어 upavasatha에서 온 말이다. 초하루와 보름에 행해지던 다르사daśa와 pūrṇa-māsala고 불리는 베다의 희생제yāgas 바로 전의 단식과 금욕의 날이다.

8) 과거 7불 중 제5불인 구나함모니불俱那舍牟尼佛을 가리킨다.

Imperor Ashoka

아쇼까왕 석주와
불교미술

아쇼까왕의 석주는 불교미술사의 관점에서도 중요한 의미를 지닌다. 또쁘라, 미라뜨, 라우리야, 라마뿌르바, 까우샴비, 사르나트, 산치, 룸비니, 니글리바, 바키라 등에서 발견된 석주 외에도 빠뜨나에서 이와 유사한 석주의 파편들이 발굴되었다. 바라나시 인근에는 1809년에 발생한 폭동 과정에서 이 지역의 이슬람 교도들에 의해 파손된 석주 밑동이 남아 있다. 이 석주들 중에서 온전한 모습을 그대로 간직하고 있는 것은 바키라와 라우리야-난다가리흐에 있는 두 개뿐이다.

바키라는 고대 바이샬리가 있었던 곳이다. 이 석주들은 꼭대기에 종 모양의 장식과 그 위에 한 마리 사자가 앉아 있는 주두로 장식되어 있다. 이 두 석주 외에는 대개 몇 조각으로 부서진 형태로 남아 있다. 부서진 석주들은 주두가 없는 것이 일반적이지만, 어떤 경우에는 석주의 잔해 부근에서 주두가 발굴되기도 한다.

현재 인도의 국장國章으로 쓰이는 사르나트 석주의 주두는 그 균형미와 기법의 정교함에서 아쇼까 시대의 불교미술을 대표한다 해도 과언이 아니다. 그 아랫부분은 16개의 꽃잎으로 장식된 종 모양으로 되어 있는데, 이 꽃잎들은 페르세폴리탄 양식을 따른 것이라 한다. 그 위에 놓인 마치 누운 북처럼 생긴 중간 부분의 원주두圓柱頭는 각기 24개의 바퀴살을 지닌 4개의 바퀴와 그 사이사이에 코끼리, 황소, 말, 사자 등 4마리의 동물을 돋을새김하여 장식했다. 이 4마리 동물들은 오른쪽에서 왼쪽으로 탑돌이 하는 형상으로 배치되어 있다. 걸어가고 있는 코끼리, 사자, 황소와 전력 질주하는 말은 지금도 살아있는 듯 생동감이 넘치며 그 모습이 우아하다. 4바퀴의 축들은 연마되지 않은 채로 두었는데, 아마 원래는 귀금속으로 된 뚜껑으로 씌워져 있었던 것 같다. 원주두 위에 실제 크기의 4마리 사자가 등을 기대고 사방을 바라보는 윗부분이 얹혀 있다. 실제로는 사자의 앞모습만 보인다. 4마리 중 2마리는 완벽하게 보존되었지만, 나머지 두 마리의 머리는 몸체에서 분리된 것을 다시 붙였다. 눈동자 위치에는 원래 값진 보석이 박혀 있었

▲ 사르나트 석주의 주두, 현재 인도를 상징하는 국장으로 쓰인다.

으나 지금은 없다. 아래 위의 눈꺼풀에 지금도 남아 있는 미세한 구멍은 눈동자의 보석이 빠지지 않도록 고정하는 핀이 있었던 흔적이다. 원래 사르나트의 주두는 하나의 사암을 조각하고 연마해 만든 것인데, 지금은 종 모양 장식 바로 윗부분이 부러져 있다. 4마리 사자 사이 중앙에 만들어진 홈으로 미루어 보아 원래 이 주두는 4마리 사자 위로 법륜이 장식되어 있었다. 직경 25cm 정도로 파인 홈에 바퀴의 축을 꽂고 그 위에 마치 스뚜빠의 일산처럼 법륜을 올렸을 것이다. 이 법륜의 일부로 추정되는 4조각의 유물이 발견되었다. 주두에 사용된 석재는 추나르 지역에서 나는 검은 반점이 있는 담황색 사암이다. 산치 석주의 주두는 사르나트 석주와 비슷한 양식으로 만들어졌으며, 람뿌르바의 두 석주 부근에서는 주두 윗부분의 동물 장식으로 각각 사자와 황소가 사용되었다.

이 석주들의 기둥은 아래에서 위로 차츰 가늘어지며, 전체 높이는 12~21미터, 밑동 직경이 0.9~1.2미터 정도이다. 모든 석주들은 마우리야 시대의 다른 조각들과 마찬가지로 그 표면이 매우 잘 연마된 특징을 지니며, 고대 페르시아의 수도였던 페르세폴리스와 그 인근에서 발견되는 석조 미술품들과 유사한 점이 많다고 한다. 페르시아의 미술양식이 아쇼까의 석주에도 반영되었다는 견해는 상당한 설득력을 지닌다. 기원전 5세기경 히스타스페스의 아들 다리우스는 인더스강 유역을 정복하고 자신의 영토로 편입했는데, 그 후 이 지역은 인도의 아케메니드 식민지가 된다. 따라서 마우리야 왕조가 성립되기 약 2백 년 전에 북인도의 통치자들은 페르시아 제국과 접촉했으며, 그들은 페르시아의 선진문화에 영향을 받았을 가능성이 크다.[1]

석주에 쓰인 사암은 미르자뿌르 지역의 추나르 인근에서 가져온 것으로

---

1) F.J. Monahan, *The Early History of Bengal*, p.202.

추정된다. 동일한 종류의 사암을 캐는 채석장이 지금도 거기에 있으며, 인도의 다른 어떤 곳에서도 그와 같은 크기와 양질의 사암을 구하는 것은 불가능하다. 석주 하나의 무게가 50톤 정도라고 볼 때, 어떻게 그 석주를 움발라 인근의 또쁘라나 보빨에 있는 산치까지 옮길 수 있었는지, 또는 그것을 어떻게 세울 수 있었는지는 지금도 해명되지 않고 있다.

Imperor Ashoka

전법왕
아쇼까

제국의 군주로서 아쇼까는 나라 안의 모든 백성과 종교를 포용하는 다르마비자야를 실천했지만, 그럼에도 불구하고 그 중심에 불교가 있었다는 것은 분명하다.

소암벽칙령 i에서 그는 약 1년 동안 승가에 가서 열심히 정근했다고 기록하고 있다. 통치 후반부 10여 년 동안 그는 승가의 분열을 막기 위하여 칙령을 내리고 이와 관련해 책임 있는 자들을 벌해야 한다고 권고하기도 한다(파승가에 관한 소석주칙령). 그는 처음부터 끝까지 제국의 왕으로서 그리고 승가의 한 구성원으로서의 직분을 성공적으로 수행했다. 불교적인 국가 개념에서 왕권은 사회적 정치적 변화와 윤리적 사회 정치 질서를 창조하는 수단이었다. 따라서 왕은 불교가 중심 역할을 하는 사회질서의 창조과정에서 후원자였을 뿐만 아니라 실제적인 참여자였다. 아쇼까는 그와 같은 왕의 전형이었다. 다르마 정책을 통해 사회와 경제를 개조하려는 그의 노력은 거대한 제국의 형성으로 귀결되었으며, 이와 더불어 불교는 제국 전체로 확산될 수 있었다.

아쇼까의 아낌없는 지원으로 인도에서 불교는 크게 번성했다. 그러나 급격한 변화에는 항상 부작용이 따르기 마련이다. 불교에 대한 아쇼까의 특별한 배려 때문에 외도나 무자격자들이 대거 불교승단으로 유입되었다. 『마하밤사』 v. 267~282에 따르면, 차츰 불교승단은 편안함과 안전을 보장하는 적소로 여겨졌으며, 단지 이 목적으로 승복을 입는 경우가 드물지 않았다. 율장에는 붓다 당시 명의(名醫) 지바까[1]가 불교승단에 무료 진료가 시작되었을 때, 많은 부적격자들이 어떻게 승복을 입었는가에 대해 전하고 있다. 결과적으로 무수한 사이비 비구들이 생겨났다.

그러자 원칙을 고수하는 비구들은 부적격자들과 함께 보름에 한 번 바라제목차波羅提木叉, praṭimokṣa를 듣고 자신의 행동을 반성하는 포살布薩, uposatha의식을 거부했다. 왜냐하면 포살의식은 공동체 구성원 전체의 청정을 전제로 하기 때문이다. 심지어는 아쇼까의 이름으로 빠딸리뿌뜨라에 조성된 아쇼까라마Asokārāma 사원에서 포살 참회가 7년 동안 시행되지 않았다. 이 참회식의 수행을 강화하기 위한 노력에서 어떤 관료가 말을 듣지 않는 비구들을 죽였다.[2] 왕은 그 살인사건에 대한 책임이 자신에게 있는 게 아닌가 하고 염려했다. 목갈리뿟따띳사 장로가 신통력을 부려 이 문제와 관련된 왕의 의혹을 해소시켰다.

그 후 띳사 장로는 왕에게 7일 동안 다르마를 설했다. 7일째 되던 날 아쇼까는 아쇼까라마 사원에 가서 그 주변의 모든 수행자들을 불러 모은 후 띳사 장로와 함께 일일이 붓다의 가르침에 대해 질문했다. 그들 중에는 『범망경』에서 외도로 규정된 상주론常住論, śāśvatavāda이나 회의론amarāvikṣepa 등 62가지 주장들을 붓다의 가르침이라고 말하는 자들이 있었다. 이와 같은 이설을 따르는 자들은 정통적인 비구가 아니라는 것을 알고 아쇼까는 그들에게 재가신자의 백의를 입혀 승단 바깥으로 나가서 살게 했다. 이것은 까우삼비의 분열칙령에도 언급된 내용이다. 숙정된 외도들의 수는 6만 명에 달했다. 숙정 후 그 대상에 포함되지 않은 비구들에게 붓다가 가르친 것이 무슨 교리인지 물었을 때, 그들은 분별설分別說, vibhajyavāda이라고 대답했다. 아

---

1) 원래 라자그리하에서 고급 창녀의 아들로 태어났으나 쓰레기통에 버려졌다. 왕가의 어떤 사람에 의하여 거두어졌으며, 나중에 딱사쉴라에서 아뜨레야의 지도 아래 의술을 배웠다. 불전에서는 흔히 마가다왕국 빔비사라왕의 궁정의사 또는 붓다의 의사로 자주 언급된다(Benjamin Walker, *Hindu World*, Vol.1, p.109).

2) 『마하밤사』 v.229~242.

쇼까는 다시 띳사 장로에게 확인을 받은 후, 비구 대중이 청정하게 되었다고 결론을 내렸다. 정통적인 비구로 판명된 6만 명의 비구 대중이 포살을 행하게 한 뒤 왕궁으로 돌아갔다.[3]

목갈리뿟따 띳사 장로는 비구 대중 가운데서 삼장에 정통한 천 명의 비구들을 선발해 붓다의 정법을 새로 결집하도록 했다. 이른바 제3결집이 요청된 것이다. 승단 안에 의견의 불일치나 이교도들에 의해 승단이 위협을 받을 때, 참된 가르침의 지속을 담보하는 방법은 경전의 결집이다. 이것은 불교사를 통해 입증된다. 아쇼까의 지원으로 이루어진 승가의 정화와 개혁 후에 목갈리뿟따 띳사장로가 결집을 주도한 것은 당연한 수순이다. 『마하밤사』는 이 결집이 왕의 보호 하에 이루어졌다고 기록하고 있지만,[4] 결집에는 아쇼까가 어떤 큰 역할을 하지 않은 것으로 묘사된다. 제1차 결집에서는 아자따삿뚜왕이 숙소와 회합장소, 그리고 그 외의 편의시설을 제공했으며, 제2차 결집에서 깔라쇼까의 역할은 회합에 모인 비구들의 안전을 보장하는 것이었다. 당시에는 라이벌 그룹의 첨예한 반대가 있었기 때문이다. 그러나 아쇼까 당시에는 이 두 가지 모두 이미 확보되어 있었기 때문에 왕이 크게 개입할 일은 없었을 것이다. 스리랑카 역사서들은 띳사 장로가 이 결집 중에 외도의 교설들을 반박하기 위해 『까타밧투빠까라나』論事, Kathāvatthuppakaraṇa를 저술했다고 전하며,[5] 이 문헌은 제3결집의 가장 중요한 산물로 간주된다.[6] 라자그리하 결집의 마하까샤빠나 바이샬리 결집의 야샤스 까깐다까뿌뜨라처럼 띳사 장로와 천 명의 비구들은 9개월 동안의 회합

---

3) 『마하밤사』 v.265~274.

4) 『마하밤사』 v.279.

5) 『마하밤사』 v.278.

6) 『가산불교대사림』, 제1권, p.659.

을 통해 법과 율을 결집했다.

남전에 따르면, 이 3차 결집의 결과로 여러 이웃 지역들과 나라 바깥으로 포교사들이 파견되었다. 『디빠밤사』는 해외나 이웃 나라들에 포교사 파견이 순수하게 목갈리뿟따의 지휘 아래 이루어진 것으로 말하고 있으며, 아쇼까는 아예 언급조차 되지 않는다. 긴 안목을 지닌 목갈리뿟따는 신성한 눈으로 장차 영토 바깥에서 믿음이 확립될 것을 내다보고 5명씩 팀을 이루게 하여 비구들을 파견했다. 맛즈한띠까 장로는 까슈미르와 간다라에, 맛즈히마 장로는 히말라야에, 마하담마락키따는 마하라슈뜨라에, 그리고 소나와 웃따라는 동남아시아에 위치한 수반나브후미에 파견되었으며, 아쇼까의 아들 마힌다는 스리랑카로 파견되었다.[7] 수반나브후미는 오늘날의 미얀마를 가리킨다고 보는 견해가 있지만, 확실하지는 않다. 『마하밤사』에 따르면 수반나브후미는 흉포한 락카시가 지배하는, 해안에 접한 나라이다. 락카시는 이 지역에서 가장 큰 영향력을 행사하던 여신의 이름일 것이다. 한편 『디빠밤사』와 『사만따빠사디까』는 수반나브후미의 위치를 해안과 관련짓지 않으며, 다만 삐샤차 사람들이 사는 곳으로 말한다.

한편, 북전 자료는 하나같이 승가 안에 외도나 바람직하지 못한 자들을 정화하고 추방하는 아쇼까의 역할에 대해 침묵한다. 승가의 분열은 아쇼까 명문에서도 분명하다. 사르나트의 소석주칙령 i 및 ii, 산치와 꼬삼비의 소석주칙령 i에서 아쇼까는 자신이 비구승가와 비구니 승가 모두를 화합시켰다고 말한다. 산치의 명문 내용은 다음과 같다.

비구 및 비구니 승가는 나에 의해서 통일되었으며, 나의 아들들과 손

7) 『디빠밤사』 viii.1~13.

▲ 사르나트 석주 칙령

자들, 그리고 해와 달이 있는 한 영원할 것이다.

아쇼까는 이 칙령들을 통해 세 가지 특별한 명을 내린다. 첫째, 화합을 해치는 자들은 승가에 허용되어서는 안 된다. 둘째, 승가에 분열을 조장하는 비구 비구니는 흰 옷을 입혀서 승원이 아닌 다른 곳에 살게 해야 한다. 셋째, 마하마뜨라들은 이 칙령을 관료들과 재가자들이 볼 수 있는 곳에 게시해야 하며, 이 칙령들이 잘 준수되고 있는지 확인하기 위해 자신의 관할 구역에 몸소 가서 시찰한다. 아무튼 상가의 화합과 지속에 대한 아쇼까의 관심이 남달랐다는 것은 분명하다.

빠딸리뿌뜨라의 제3결집이나 이에 따른 포교사 파견 사실에 대해서도 『아쇼까바다나』 등 북전 자료에는 전혀 언급이 없다. 단지 스리랑카 역사서들에서만 이 사실들이 전해진다는 것은, 이 일들이 단지 한 부파, 즉 남방분별설부에만 한정된 전승이었다는 것을 의미한다.[8] 이 전승의 배경에는 자설의 정당성을 공고히 하자는 의도가 깔려있을 수 있다는 것이다.『마하밤사』가 전하는 띳사 장로의 『까타밧투빠까라나』가 논장에 포함되어 있다는 사실이 곧 제3결집의 역사성을 입증한다는 주장은 설득력이 부족하다. 왜냐하면 『까타밧투빠까라나』에는 이 결집 때까지 아직 불교가 전파되지 않았던 안드라지방 부파安達派의 교리에 대한 비판이 포함되어 있기 때문이다.[9] 다시 말해, 『까타밧까라나』가 반드시 띳사 장로의 저작이 아닐 수도 있다는 것이다. 만일 산치 유적지의 사리함에서 나온 '사뿌리사사 목갈리뿌따사' 라는 이름이 곧 목갈리뿟따 띳사장로를 지칭하는 것이라면, 불교에 대한 그의 공헌이 남달랐다는 것은 분명해진다.

적어도 포교사 파견 사실에 관해서는 상당히 설득력 있는 고고학적 자료들이 있다.『마하밤사』에 언급된 몇몇 비구들의 사리가 산치에서 고고학자들에 의해 발굴되었기 때문이다.[10] 까삿빠곳따 및 둔두브힛사라와 함께 히

---

8) 『디빠밤사』 vii.34~43 ; 44~59, 『마하밤사』 v.267~282 ; 『사만따빠싸디까』, pp.60~61와 그 한역인 『선견비바사율善見律毘婆沙』, T. 1462, k.2, p.684a~b에서 전한다.

9) 에띠엔 라모뜨, 『인도불교사 1』, p.532

10) John S. Strong, *Aśokāvadāna*, p.25.

말라야로 파송된 맞즈히마 장로들의 사리는 브힐사에서 발견되는데, 까삿빠곳따 장로는 '전체 히말라야의 스승'으로 칭송된다. 이들의 사리가 산치와 소나리의 브힐사 불탑군에서 발견된다는 것은, 당시 포교사들이 입적할 때까지 포교지에 있지 않았다는 것을 나타낸다. 그들은 포교를 떠났던 원래의 승원으로 돌아왔으며, 거기서 입적했다. 마힌다 장로와 그의 동료들 또한 포교사업이 완수되었다고 생각되는 시점에서 다시 빠딸리뿌뜨라로 돌아가고자 했다. 『디빠밤사』와 『사만따빠사디까』에 따르면, 쩨띠야빱바따와 아누라다뿌라에 포교를 위한 교두보를 마련하고 56명의 비구들에게 수계했을 때, 그는 동료들과 함께 모국으로 돌아가고 싶다는 뜻을 보였다. 스리랑카의 왕이 투빠라마Thūpārāma의 조성을 시작했으므로, 그들은 모국으로 가는 것을 단념하고 스리랑카에 남게 되었다. 그들의 사리는 스리랑카 여러 곳에 흩어져 있다. 아마 그때 돌아갔더라면 그들이 포교를 떠났던 브힐사의 어디에 안치되었을 것이다. 스리랑카 암빠라의 라자갈라에 있는 한 스뚜빠에 장로의 사리가 안치되었다.

북전에도 스리랑카와 까슈미르의 포교가 언급된다. 현장은 스리랑카에 불교가 전해진 과정을 기록했다.[11] 그에게 이야기를 제공한 사람은 아마 그가 남인도에 갔을 때 만난 스리랑카 여행자였을 것이다. 당시 스리랑카는 정치적인 소요가 있었으며, 그는 잠시 순례 일정을 쉬면서 스리랑카 입국을 미루고 있었다. 그는 아쇼까의 동생 마혜인타라가 스리랑카에 불교를 전한 사실을 기록하고 있으며,[12] 또한 맞즈한띠까 장로에 의한 까슈미르 사람들의 개종에 대해 전한다.[13] 이에 관한 그의 이야기는 『마하밤사』(xii.

---

11) 한글대장경 『대당서역기 외』, pp.103~105.
12) 같은 책, p.339.
13) 같은 책, p.104. 맞즈한띠까는 말전저가末田底迦라는 이름으로 전해진다.

와 거의 일치한다.

제3차 결집에 대해서는 아쇼까의 명문 어디에도 기록이 없다. 해외로 포교사를 파견한 것에 대한 기록도 없다. 그러나 그가 해외 포교에 상당한 공헌을 했다는 것은 여러 명문에서 확인된다. 그리스어와 아람어로 된 소석주칙령 iv는 즉위 10년 후 사람들에게 경건함을 가르치기 시작했다고 전한다. 그러나 어떻게 했는지, 그의 윤리체계를 가르치기 위해 선생들을 파견했는지 어떤지에 대해서는 언급이 없다. 아쇼까는 자신의 다르마를 널리 전파하고 또한 그것을 감독하기 위해 마하마뜨라, 랏주까, 라슈뜨리까들로 구성된 전국적 행정 체계를 이용했다. 또한 그들로 하여금 바라문 공동체의 코끼리 타는 사람들, 서기, 마차 끄는 사람들, 선생들과 같은 비관료적 행동가들을 동원하도록 했다. 비구 비구니, 또는 다른 어떤 은둔 수행자들에 대한 언급은 전혀 없다. 이 단계에서 아쇼까의 다르마 전파는 주로 정부 조직을 이용한 재가자로서의 노력이었다.

즉위 14년에는 다르마의 전파라는 특수한 목적을 지닌 다르마마하마뜨라法大官들을 처음으로 임명한다(암벽칙령 v). 이들은 다르마에 관한 칙령의 시행에 전념하는 고위 관료로서 '감찰관'이라 할 수 있다. 사실 근대 까슈미르 등 인도의 여러 지역에서도 다르마드히까리Dharmādhikārii라는 이름으로 관직이 있었다. 아쇼까는 이 감찰관들에 큰 중요성을 두고 있었으며, 이들은 다르마의 전파에 관한 아주 포괄적인 교육을 받았다. '다르마유끄따' Dharmayuktas[14]라는 관료들이 이들을 보조했다. 아쇼까는 이 특별 관리들을 통해 6백 요자나에 걸쳐 있는 자신의 영토 안에 다르마의 통치를 널리 펴고자 했다. 심지어는 숲 속에 거주하는 미개한 종족들에게도 다르마를 전

---

14) 단순히 yuktas, upauktas, āyuktas라고도 불렸다.

하는 일에서 예외가 아니었다. 요나, 깜보자, 나바까, 나바빰띠, 보자, 삐떼니까, 안드라, 뿔린다 같은 히말라야 산자락의 덜 개화된 종족들, 멀리 땀나빠르니강[15]까지 반도의 가장 남단인 촐라와 빤디야의 왕들에게도 사신을 보냈다.

안드라 지역에는 적어도 기원전 5세기 초부터 7세기 초까지 천 년의 역사동안 불교가 성했다. 고고학적 발굴이나 명문을 통해서 보면 북으로 살리훈담, 남으로 뻬다간잠, 서로 구띠에서 동으로 밧띠쁘롤루에 이르기까지 안드라는 고대 불교의 중심이었다. 심지어는 붓다 재세 때 이미 안드라에 불교가 전파되었다는 견해도 있다.

현장은 붓다가 안드라에서 법을 설했다는 전설을 기록하고 있다. 『숫타니파타』1019에는 아스마까의 바라문 스승 바바리와 그의 제자 16인의 이야기가 있다. 라자그리하에서 붓다를 만난 그들 중 15명은 아라한이 되었으며, 아나가미로 남은 한 명은 바바리에게 돌아왔다. 그의 설명을 들은 바바리는 아라한과를 얻었다.

아쇼까의 암벽칙령 xiii은 이미 안드라가 다르마를 따르고 있다는 것을 분명히 기록하고 있다.[16] 아쇼까의 중앙집권 통치는 당연히 아리안 문화와 토착 문화의 융합을 염두에 두지 않을 수 없었다. 안드라의 끄리슈나강 하류와 고다바리 계곡에서, 불교를 후원하는 가장 이른 시기의 토착 그룹은 역시 정치적 엘리트들이었다.

타밀과 마찬가지로 안드라 사람들은 거석이 많은 지역을 선호하는 경향

---

15) 암벽칙령 ii 및 xiii 언급된다. Tambapaṇṇi는 대개 스리랑카와 동일시된다. 그러나 『라마야나』에서 그것은 남인도 타밀나두 Tirunelveli 지역을 흐르는 강의 이름이다. Tāmraparṇi(Tambapaṇṇi)는 옛날부터 진주 (Mauktika)로 유명하다.

16) 한글대장경 『대당서역기 외』, p.321.

이 있었는데, 이 지역들은 토착적 소수 전통과 남하한 아리안 전통의 통합 과정을 보인다. 이 과정은 갠지스 계곡에서부터 원거리 상인들과의 접촉을 통해 마우리야라는 거대 제국이 이 지역을 압도하던 시기에 시작되었다. 불교 스뚜빠들이 안드라의 거석 거류지들과 접촉하면서, 결과적으로 원래 죽은 자에 대한 숭배의 의미를 지니던 거석이 붓다와 같은 위인의 기념탑 이라는 의미를 지니게 된다. 말하자면 원래 토착전통의 거석에 대한 의미 전환이 이루어진다. 원래 이 지역에는 거석을 조성해 조상들을 숭배하는 전통이 있었기 때문에, 불교의 스뚜빠가 쉽게 거부감 없이 융합될 수 있었 으며, 결과적으로 거석숭배 자체에 대한 의미 전환을 가져왔다.[17] 그 이후 로 부족 공동체의 회합을 위한 새로운 상징들은 스뚜빠, 보리수, 불족적佛足 跡이었다. 불교적인 숭배 상징들을 후원했던 지역의 부족장들은 법왕으로 서의 정신적 지도자 역할을 했던 것으로 보인다.[18] 아마라바띠에서 스뚜빠 와 보리수 상징들은 아쇼까 시대 이전부터 매우 복합적인 역할을 했다. 아 마 원거리 상인들에 의해 형성된 이와 같은 전통은 마우리야 왕들에 의해 더욱 강화된 것 같다. 그것은 숭배의 중심이 되었으며, 문화적 변용과 통합 의 상징을 나타낸다. 이것은 이 스뚜빠를 위한 재원이 마우리야 제국의 왕 들, 토착적 정치 엘리트들, 그리고 그 부족 단체들에 의해 조성되었다는 점 에서도 잘 나타난다. 아마라바띠의 마하스뚜빠는 이와 같은 문화적 변용과 통합의 전형이다.

안드라 불교도들은 『까타밧타우』Kathāvatthau에 기록된 제3차 결집에서 선

---

17) Sudarshan Deepal Suresh Seneviratne, *Social Base of Early South East India and Sri Lanka* (bc 3rd Century), Ph.D. Thesis Ch. 5(New Delhi : Jawaharlal Nehru University, 1985).

18) 예를 들어 Bhartproru 지역의 왕이었던 Kubiiraka, 그리고 Sāhuṇdam의 Ashkashiri는 dharmaraja라는 수식어를 사용한다. H. Luders, *A List of Brahmi inscriptions*, Delhi, 1973.

▲ 싼치 마하스뚜빠 탑문 torana

도역할을 했다. 아마라바띠는 아쇼까 시대에 널리 알려진 곳이다. 만주슈
리물라깔빠는 이곳의 스뚜빠가 불사리 위에 건축되었다고 말한다. 아마라
바띠스뚜빠는 아쇼까에 의해 조성되었을 가능성이 있다. 이 지역의 쁘라끄
리띠 명문에는 기원전 200년경 마우리야 왕조 문자로 다나까따까<sub>현재 아마라바
띠지역</sub>라는 말을 담고 있으며, 여러 가지 점에서 아마라바띠의 초기단계는 산
치나 보드가야보다 이른 시기일 가능성이 높다. 안드라는 아쇼까 시대에
불교의 중심이 되었다.

　안드라 지역에서는 대중부_{caityaka-mahāsāṃghika}가 유행했다. 나가르쥬나꼰
다 명문에서는 아리야 하가나_{āriya Haghana} 또는 아리야 상가_{ārya Saṃgha}로 명
명된다. 안드라 불교도들은 열반을 '결함 없는 적극적인 상태'_{sampatti samp⁻}

adaka로 이해하며 이것은 오직 대중부에서나 가능한 이해이다. 이러한 개념들은 이미 끄리슈나 계곡, 나가르쥬나꼰다에서 형성된 개념들의 연속선상에서 이해된다. 아마라바띠와 나가르쥬나꼰다를 잇는 이 지역은 인도 국내뿐만 아니라 해외에까지 대승불교도들의 성지였다. 이것은 마치 보드가야가 테라바다 불교도들의 성지였던 것과 같다. 대승불교와 금강승은 안드라의 승원들에서 시작되었다고 주장된다.

타밀 역시 마우리야 왕조에 의한 인도 아대륙의 변화의 영향권 내에 있었지만, 마우리야의 정책이나 이념에 직접적인 영향은 별로 없었다. 물론 해안교역이 늘어나고 데칸이나 안드라 지역과의 지역간 교역도 늘어났다. 사실 이 지역에는 마우리야 왕조의 주된 관심사 중 하나였던 광물자원이 별로 없었다. 단지 살렘 지역의 철광석과 꼬임바또르 지역의 녹주석광산 정도가 전부였다. 남부 까르나타까에는 아쇼까 이전 시대에 이미 자이나교도들이 상당수 유입되어서 정착했다. 이 지역의 거석 유적지 가까이에서는 마우리야 왕들의 명문이나 불교 스뚜빠가 발견되지 않는다. 불교가 타밀에 들어오게 되는 것은 주로 타밀 상인들과 마우리야 왕들 간의 상업적 접촉에 기인한다. 아쇼까 이전의 안드라 불교는 분명히 타밀에 전파되었다. 안드라의 유명한 불교 승원들과 가까운 깐치뿌람에 불교 승려들이 정착했다. 안드라에서 발생한 탑파 숭배는 짠깜Cankam 문학에 기록된 것처럼 타밀의 내륙 마두라이에도 전파되었다. 스리랑카로 포교를 떠난 여러 종파의 많은 승려들은 타밀의 끝점, 특히 나깝빳띠남을 통해 스리랑카로 갔을 가능성이 높다.

암벽칙령 ii 및 xiii에 기록된 것처럼, 왕에 의해 파송된 승려들은 기원전 3세기경에 깐치뿌람에 도달했으며, 따라서 스타비라바다Sthaviravāda 또는 테라바다 불교가 타밀지역에 이 승려들에 의해 전해졌을 것이다. 깐치뿌람뿐 아니라 까베릿뿜빳띠남, 마두라이, 나깝빳띠남에도 전해졌다. 심지어 마힌다 장로는 스리랑카로 가기 전에 뽀띠야말라이를 방문했던 것으로 말해진다.[19] 아쇼까에 의해 대중화된 브라흐미 문자들이 타밀의 석굴 명문에서 다수 발견된다.

『아까나누루』[20]는 남쪽의 나라들로 영토를 확장하기 위해 빈디야 산맥을 넘는 마우리야 왕들을 언급한다. 그들은 아라이바이라고 불리는 길을 지나 뽀띠일산에 닿았다. 왕들이 아바로끼떼스와라의 거소로 알려지는 뽀띠야말라이에 불교를 전파했다.[21] 나중에는 관세음보살 신앙의 본거지가 된다. 『뿌라나누루』175는 꾸라잇딸의 행위, 즉 산을 줄여서 마우리야 왕들이 아무 장애 없이 수레의 바퀴를 굴릴 수 있게 하는 것에 대해 언급한다. 마우리야 왕들이 빈디야 산맥을 넘어 남인도로 내려온 게 분명하며, 이것은 아쇼까 시대 또는 그 이전 시대의 불교가 안드라를 통해 타밀로 들어왔다는 사실을 뒷받침한다. 타밀나두, 특히 빤띠야 나뚜의 수도에서는 짜이띠야caitya, 塔院 숭배가 매우 성행했다. 사원으로 가는 인파가 너무 붐비기 때문에 "어머니들이 꽃과 코코넛 등을 들고 안전을 위해 아이들의 고사리 같은 손을 잡고 남편들과 사원으로 향했다."

또한 아쇼까는 인도 아대륙 곳곳에 포교사를 내보내는 것으로 만족하지 못하고 인도 국경 바깥의 여러 나라들, 이를테면 안티오쿠스 테오스의 영토들, 시리아의 왕과 서아시아, 프톨레미 필라델푸스, 이집트의 왕, 북아프리카 키레네의 왕, 안티고노스 고나타스 , 마케도니아의 왕, 알렉산더, 에피루스의 왕에게도 법을 전하기 위한 사신을 보냈다.[22] 아쇼까의 포교사들은

19) Shu Hikosaka, *Buddhism in Tamil Nadu, A New Perspective*, pp.181~187.

20) *Akanāṇūru*(69.9~12, 281). 이 문헌은 고전 타밀 시집으로 사랑과 이별에 관한 400수의 시를 담고 있다

21) Shu Hikosaka, 같은 책, p.182.

22) 포교사 파견 범위에 대해 V.A. Smith, C.I.E., *Asoka*, p.43에 상세한 언급이 있다.

▲ 법륜 dharmacakra - 진리의 상징

즉위 11~12년에 그리스 영토에 아쇼까의 다르마를 가지고 들어갔다. 만약 그렇다면 아쇼까의 해외 포교사 파견은 목갈리뿟따띳사가 포교사들을 파견한 것보다 적어도 5~6년 앞선다. 스리랑카 문헌에 헬라 문화권 국가들이 누락된 것은 이 문헌이 형성되는 시기[23]에는 이 나라들이 이미 멸망하고 없었기 때문일 것이다. 다르마마하마뜨라들이 임명되던 바로 그 해에 아쇼까는 해외의 여러 나라에 물자 지원을 했다. 아쇼까가 붓다의 헌신자가 된 것은 적어도 마힌다가 포교사로 떠나기 이전으로 봐야 한다. 승가는 이미 아쇼까가 해외 포교를 위해 자신의 신하들과 해외의 행정 공관들을 이용하

---

23) 이 문헌들은 아쇼까 칙령이 공포되고 600여 년이 지난 후에 형성되었다.

기 시작한 관행들을 따른 것이다.

아쇼까는 세계 역사상 어떤 군주보다도 방대하고 체계적인 포교 조직을 확립했다. 광대한 제국의 힘을 바탕으로 한 그의 포교 조직은 세계 역사상 가장 방대한 규모의 포교 사업이었다. 그 조직은 방대했을 뿐만 아니라 성공적이었다. 얼마 지나지 않아 불교가 인도와 스리랑카의 중심 종교가 되었으며, 나아가 미얀마, 시암, 캄보디아, 인도 군도, 중국, 한국, 일본, 몽고, 티베트 등 아시아 거의 모든 국가에 전파되었다. 대개는 아쇼까의 열정과 노력에 힘입어 마침내 불법을 받아들인 나라들이다. 아쇼까는 인도의 한 지역종교였던 불교를 세계종교로 만든 장본인이다.

기독교의 공식 후원자였던 콘스탄티누스와는 비교가 되지 않는다. 콘스탄티누스는 자발적으로 기꺼이 기독교를 옹호하고 장려한 것이 아니라 이미 저항할 수 없는 힘에 대한 정책적인 수용, 마지못해 하는 행위였다. 시대의 대세였다.[24] 만일 콘스탄티누스가 기독교를 수용하지 않았다면, 그의 후계자들이 그렇게 했을 것이다.

그러나 만일 아쇼까가 불법에 대한 진심에서 우러나는 믿음을 보류했다면, 붓다의 가르침이 인도 사람들의 믿음에 영향을 미치고 나아가서는 수많은 다른 나라에 전파되기는 힘들었을 것이다. 붓다는 마가다와 그 인근의 아주 제한된 영역에서 살고 활동하고 열반했다. 불멸 후부터 아쇼까가 포교사를 내보내기까지 3세기 동안 불교가 인도 바깥에서 어떤 큰 반향을 불러일으킨 적이 없으며, 인도 안에서도 그다지 크게 번성하지도 않았다. 또한 아쇼까가 어떤 정치적인 이유에서 반드시 불교를 받아들이지 않을 수 없는 상황에 있었던 것도 아니다. 아쇼까의 회심 또한 돌발적으로 일어난

---

24) Bryee, *Holy Roman Empire*, 1892, p.10.

사건이 아니다. 스스로가 남긴 명문에 따르면 그의 신심은 깔링가 전쟁을 계기로 차츰 확고해졌다.

붓다의 가르침에 대한 아쇼까의 개인적인 헌신은 다른 종파들에 대한 그의 선의를 삭감시키지 않는다. 그는 가장 이상적인 종교인 상을 보여준다. 자신의 종교가 오직 유일한 진리라고 믿고 따르지만, 그럼에도 불구하고 다른 종교를 비방하거나 박해하지 않았다. 불교에 귀의한 후에도 그는 끊임없이 아지비까나 바라문 등 다른 종파에 대해서도 호의를 보였다는 것은 널리 알려진 사실이다.

칙령들은 불교 수행자들뿐만 아니라 바라문들에 대한 탁발의 의무도 거듭 강조한다. 모든 백성은 '왕의 자식들'이며, 아지비까, 자이나, 바라문에 대해서도 똑같은 애정을 보인다. '이웃' 종교를 비난하지 말 것을 간곡히 당부하기도 한다. 실로 그는 모든 종교가 각기 나름대로 거룩한 진리의 일부를 설한다고 여겼다. 교의나 신조에 얽매이지 않는 종교인이다. 모든 종교는 자기제어와 삶의 청정을 목표로 한다. 불교사원이나 탑파 조성에 자신의 재물을 아끼지 않았을 뿐만 아니라, 아지비까 나행裸行 수행자들에게 단단한 편마암의 넓은 공간의 석굴사원을 깎아 기증하는 것을 주저하지 않았으며, 심지어는 석굴 내벽을 거울처럼 연마하는 데 소요되는 비용을 아끼지 않았다.

아쇼까의 이러한 자세는 하나의 전형으로 자리 잡았으며, 후대의 왕이나 왕자들에게 귀감이 되었다. 예를 들어, 오릿사의 카라벨라왕은 이웃 종교들에 대한 아쇼까의 전례를 거의 그대로 따른다. 그는 "모든 종교적 교의나 신조를 공경한다"고 선언한다. 또한 그 후에 하르샤나 그 외의 많은 왕들이 아쇼까와 똑같은 입장에서 여러 종파들을 대했던 것은 널리 알려진 사실이다. "인간은 자신의 믿음을 지닐 권리가 있다. 그러나 그것을 다른 사람에게 강요할 권리는 없다"는 것은 인도 종교전통을 관통하는 하나의 축이다.

마힌다 장로와
상가밋따 비구니

스리랑카 역사서들에 의하면, 제3결집 후 목갈리뿟따 띳사 장로에 의해 파견된 마힌다 장로에 의해 스리랑카에 불교가 전해졌다. 아쇼까와 거의 동시대 인물인 데바남삐야띳사왕기원전 247~207 때의 일이다. 당시 포교사 파견이 띳사 장로의 주도로 이루어졌다고 말하면서도 스리랑카 포교와 관련해서는 아쇼까가 중요한 역할을 하는 것으로 묘사된다. 데바남삐야띳사왕으로부터 우호의 메시지와 선물을 가지고 온 사신에 응답해, 아쇼까왕은 선물을 지닌 사신을 스리랑카에 보내면서 자신은 삼보에 귀의했다는 메시지를 보낸다.

나는 삼보에 귀의했습니다. 나는 석가의 아들의 믿음 속에 우바새의 신분을 권합니다. 또한 삼보에 대한 믿음으로 당신의 마음을 가득 채우고, 붓다에 대한 믿음에 귀의하십시오(『디빠밤사』 xii.5~6).

인도 사신들의 도착과 함께, 띳사왕은 두 번째 즉위식을 거행했다. 그리고 한 달 후에 아쇼까의 아들 마힌다가 스리랑카에 왔다(『디빠밤사』 xi.40).『디빠밤사』에 따르면, 마힌다의 스리랑카 파견 결정은 아쇼까가 아니라 승가에 의한 것이다. 아쇼까라마의 탁월한 신통력을 지닌 다수의 장로들이 마힌다 장로에게 스리랑카로 가서 불법을 전해야 한다고 권한다. 당시 마힌다는 테라바다의 장로였으며, 삼보에 귀의하기로 서원한 데바남삐야띳사왕 통치 하의 백성들을 불법에 귀의시키고자 했다(『디빠밤사』 xii.8~12).

스리랑카에 온 지 얼마 되지 않아서 마힌다는 사람들의 마음을 사로잡기에 충분했으며, 그들을 개종시켰다. 왕은 수도 아누라다뿌라 근교에 마하비하라_{Mahāvihāra}를 짓게 하여 마힌다의 가르침을 받고자 모이는 승려들이 공부할 수 있게 했다(『디빠밤사』 xiii, xiv). 뗏샤왕의 개종에 답하여 마힌다는 아버지에게 사신을 보내서 붓다의 사리를 보내달라는 요청을 했으며(『디빠밤사』 xv.10), 그 사리를 모신 스뚜빠를 조성했다. 또한 스리랑카 포교사들로부터 아쇼까는 붓다가 사용하던 발우를 보내달라는 요청을 받는다. 실제로 아쇼까가 사리를 붓다의 발우에 담아서 보냈는지는 분명하지 않다.

"유쾌해진 왕은 사미의 손으로부터 발우를 취해 향수를 뿌린 후 진귀한 보석 같은 사리로 채워서 그것을 그에게 주었다."(『디빠밤사』 xv.11) 『디빠밤사』에서는 분명히 붓다의 발우가 아니라 사미의 발우다. 그러나 『마하밤사』(xvii, 13)에서 '빳따뿌라'_{pattapūra}가 사미의 발우를 가리키는지 붓다의 발우를 가리키는지 분명하지 않다. 이 거룩한 물건은 스리랑카의 역사서에 여러 차례 언급된다.

삼보에 깊이 귀의한 뗏사왕의 왕비 아눌라가 마침내 왕을 통해 마힌다로부터 비구니계를 받고 싶다는 뜻을 전했다. 이에 마힌다 장로는 빠딸리뿟뜨라에서 비구니계를 수계한 자신의 동생 상가밋따를 생각하고, 데바남뼈야뗏사왕에게 자신의 동생이야말로 왕비에게 비구니계를 수계할 적임자라고 말한다(『디빠밤사』 xv.74~76). 그러자 왕은 자신의 아들 아릿타를 사신으로 삼아 아쇼까와 상가밋따에게 보냈다(『디빠밤사』 xv.86). 아눌라 왕비와 다른 여자 수행자들이 비구니가 될 수 있게 하기 위해서였다.

상가밋따가 아쇼까에게 허락을 청했다. 그러자 왕의 반응은 이미 스리랑카에 상당수의 그의 가족들이 가 있다는 이유로 그녀의 출국을 만류하고자 했다. 그러나 상가밋따는 오라버니의 분부를 따르고자 하는 마음이 간절했

▲ 스리랑카 최초의 불교사원인 이수루무리야. 상가밋따가 인도에서 가져가 심은 2300여 년 된 보리수가 있으며 상가밋따의 사리탑이 있다.

으므로 아쇼까가 이를 허락했다(『디빠밤사』 xv.94). 아쇼까왕은 몸소 보리수 가지를 취해서 딸이 스리랑카로 떠나는 해안까지 와서 그것을 스리랑카로 가져가게 했다. 스리랑카에서는 왕과 왕비가 보리수와 비구니를 맞이하기 위해 아누라다뿌라 도성 바깥까지 나왔다. 그 가지는 마하비하라가 있었던 마하메가의 숲에 심어졌다. 아눌라 왕비와 왕자 아릿타는 수계하여 각각 비구니와 비구가 되었다(『디빠밤사』 xvii.95). 마힌다는 수계를 받은 지 16년이 되는 해인 기원전 199년에 죽었다(xvii). 데바남삐야띳사왕 사후 왕위를 이어받은 웃띠야왕의 즉위 8년째 되던 해의 일이다. 상가밋따는 그 다음해에

죽었다. 당시 세수 59세였다.(『디빠밤사』 xx.48~49)•

  빠딸리뿌뜨라에 있던 마힌다는 어떤 경로로 스리랑카로 갔는가? 스리랑카 전통이 전하는 것처럼 '백조들의 왕이 나는 것처럼'(『디빠밤사』 xii.36) 허공을 날아서 스리랑카로 간 것은 역사적인 사실로 보기 어렵다. 사실 스리랑카의 『마하밤사』와 『디빠밤사』에는 그들이 어디로부터 스리랑카로 왔는지 언급이 없다. 아쇼까의 남인도 포교 사실로 미루어 본다면, 스리랑카에 불교가 전해진 것은 마힌다 비구에 의해 급작스럽게 이루어진 것이 아니라, 오히려 스리랑카와 가까운 인도의 인근 지역과 상당한 기간 동안 지속적인 교류 끝에 이루어진 일로 봐야 할 것이다.

  물론 마힌다는 스리랑카에 불교를 전파하는 선구자였음에 틀림없다. 스리랑카 전통은 가능한 한 스리랑카의 불교를 마가다와 직접 연결시키려는 의도를 가지고 있다. 스리랑카 자료에 아쇼까의 타밀지역 포교 사실이 누락되어 있는 것은 싱할리족과 타밀 사이의 세속적인 적대감 때문이거나, 아니면 스리랑카 불교는 타밀과 무관하게 직접 마힌다로부터 전해지는 독자적인 불교라는 것을 보여주고 싶었기 때문일 것이다. 싱할리 사람들은 자신들을 박해한 타밀 조상들을 믿음의 형제들로 인정하고 싶지 않았을 것이다.[1]

  명문과 후대의 문헌 기록이 다를 때는 당연히 명문 기록의 권위가 우선된다. 남부의 타밀 왕국들에 대한 포교는 비록 스리랑카 문헌에는 없지만, 역사적인 사실이다. 남전 사가들은 포교의 모든 조직들을 목갈리뿟따 띳사 비구에 의한 것으로 돌리며, 아쇼까의 공은 무시된다. 이것은 당시의 명문 기록과 다르다.

---

1) V.A. Smith, *Asoka*, p.45.

아쇼까왕 시대에 불교가 포교사를 통해 인도 전역에 전파되지만, 타밀나두는 포교사들의 직접적인 영향이 미미했다. 그럼에도 불구하고 5세기와 7세기 중국 순례승들의 기록은 인도 남단에 불법을 전하고자 했던 아쇼까의 노력이 헛되지 않았다는 것, 그리고 스리랑카에 가까운 타밀 지역에 상당수의 불교 사원들이 있었다는 것을 전한다. 적어도 아쇼까 시대에는 타밀의 불교가 스리랑카로 전해졌다. 이미 그 이전에 전파 가능성도 있다. 이지역의 사원들이 스리랑카 사람들의 믿음에 영향을 줄 수 있었다는 것은 충분히 가능한 일이다. 현장은 쫄라, 드라비다[2) 또는 팔라바 왕국, 까베리 Cauvery강의 남쪽 말라꾯따국에서 아쇼까왕이 세운 것으로 알려지는 여러 스뚜빠들에 대해 언급하고 있다.

> 성의 동쪽으로 멀지 않은 곳에 옛 가람이 있는데 뜰과 건물은 황폐해졌고 그 터만 남아 있다. 무우왕의 동생인 대제大帝가 세운 것이다. 그 동쪽에 솔도파가 있는데, 기단은 이미 허물어졌고 발우를 엎어놓은 듯한 형상은 아직 남아 있으며 이것은 무우왕이 세운 것이다. 옛날 여래께서 법을 설하시며 신통력을 나타내서서 한량없는 중생들을 제도하셨는데, 이로써 부처님의 유적지를 나타내기 위해 기념해 세운 것이다. 세월은 이미 오래 지났지만 기도하면 이따금 이루어지는 때가 있다.[3)

위의 기록은 아쇼까와 마힌다의 전승들이 7세기까지도 남인도에 생생하게 살아 있었다는 것을 보여준다. 현장은 말라꾯따국 포달락가산布呾洛迦山[4)

---

2) 한글대장경 『대당서역기』 제10권에서 쫄라는 주리야국珠利耶國, 드라비다는 달라비다국達羅鼻荼國으로 불린다.
3) 한글대장경 『대당서역기 외』, p.329.
4) 아마 인도 대륙 남단의 Pāpanāsam산을 말하는 것 같다. 전설상의 산이라는 설도 있다.

의 "동북쪽으로 가면 해안에 성이 있는데 이곳은 남해 승가라국僧伽羅國, 현재의 스리랑카으로 가는 길"[5]이라고 전한다.

현장은 깐치뿌람을 서술하면서 아쇼까가 세운 백 척 높이의 스뚜빠와 아쇼까의 동생 마힌다가 수도의 동쪽에 조성한 여러 사원들의 유적들에 대해서 언급한다.[6] 팔라바 왕들의 조상 가운데 하나로 아쇼까바르만이 언급되는데, 이는 마우리야의 왕 아쇼까의 변형으로 봐야 한다. 타밀에서도 유독 깐치뿌람이 다른 센터들에 비해 크게 융성할 수 있었던 것도 아쇼까의 재정적 지원이 한 요인으로 작용했을 것이다.[7] 깐치뿌람은 다수의 탁월한 불교 논사들을 배출했다. 아리야데바, 디그나가, 다르마빨라, 보디 다르마 등은 여기 출신이다. 물론 이와같은 논사들이 그냥 나온 게 아니다. 불교 센터로서 오랜 세월 동안 다져온 기반 위에 이런 인물들이 나왔다.

현장에 따르면, 딸로삐뚜는 붓다가 자주 방문한 곳이며, 깐치뿌람 가까이에는 과거 4불이 앉았던 곳의 흔적이 있다.[8] 그러나 역사적인 사실로 받아들이기 어렵다. 아쇼까는 특히 깐치뿌람 근교의 똔다만달람과 아주 긴밀한 관계를 유지했으며, 그곳에 불법을 전하려는 남다른 애착을 보였다. 현장에 의하면, 깐치뿌람의 동쪽 멀지 않은 곳에 오래된 승가람이 있었으며, 그 전실과 마당이 온통 잡초로 무성하다고 기록한다. 현장은 이 절이 아쇼까의 동생 마힌다가 조성한 것으로 기록한다. 그는 또한 마힌다가 싱할리로 가기 전에 드라비다 아래의 말라야꿋따에서 불교 포교를 했다고 전한다. 마하링감에 의하면 아쇼까의 명문과 부합되는 이 사실은 적어도 땀바

---

5) 한글대장경 『대당서역기외』, p.330.
6) 한글대장경 『대당서역기외』, p.327~328.
7) R. Sathyanatha Aiyer, *Studies in the Ancient Hidtory of Tondaimandalam*, Madras, pp.6~9.
8) 한글대장경 『대당서역기외』, p.328.

빤니의 상당 부분이 아쇼까 왕국의 일부였다는 결론이 된다.[9] 위에 언급된 아쇼까바르만도 이와 관련해 생각할 수 있다.[10] 아쇼까의 아우로서 마힌다가 딴조르에 있는 승원에 머물렀다는 설도 있다.[11]

마힌다는 스리랑카에 쉽게 닿을 수 있는 남인도의 불교사원에 머물다가 스리랑카로 갔을 것이다. 적어도 '백조들의 왕이 나는 것처럼' 허공으로 날기 전에는 타밀의 어떤 곳에 머물렀으며, 여러 가지 정황으로 볼 때 마힌다 비구는 스리랑카로 가기 전에 까베릿뿜빳띠남에 머물렀을 가능성이 높다. 이 도시는 짠깜 쫄라의 항구이자 제2의 수도였다. 타밀에서는 깐치뿌람 다음으로 중요한 불교 유적지이다. 아슈바고샤가 스리랑카로 가는 길에 잠시 들렀던 곳이기도 하다. 이 지역에 인드라 비하라가 있는데, 일설에 의하면 인드라가 지은 것이다. 그러나 마힌다 비구가 스리랑카로 가는 길에 여기에 들렀을 때 조성한 것이라는 설도 있다.[12]

한 가지 흥미로운 사실은 스리랑카 자료들에서 마힌다 비구가 '백조들의 왕이 나는 것처럼' 허공을 날아 스리랑카로 갔다는 표현이 단지 근거 없는 상상이 아니라는 점이다. 발미끼의 『라마야나』에는 마헨드라기리가 언급되는데, 라마의 심부름꾼인 하누만이 점프하여 바다 위를 날아서 스리랑카로 가는 곳이다. 마헨드라기리는 까베릿뿜빳띠남에 있는 뽀띠일산이다.[13] 이 지명은 마힌다에서 따온 것이며, 스리랑카로 가는 길에 그는 이 산에 들

---

9) Shankar Goyal, *Buddhism in Early South Indian History*, Sri Venkateswara University Oriental Journal, v. xlvii(2004), pp.1~9.

10) T.V. Mahālingam, *Kāñchīpuram in Early South Indian History*, New Delhi, 1968, p.8.

11) Williams Jackson, *History of India*, vol.2, pp.161~169.

12) Kandaswami S.N., *Buddhism as Expounded in Maṇṇimekalai*, Annamalai Nagar, 1970, p.3.

13) Shu Hikosaka, *The Potiyil Mountain in Tamil Nadu and the Origin of the Avalokiteshvara Cult*, *Buddhism in Tamil Nadu*, pp.119~141). 이 산은 또한 아와로끼떼스와라의 거소로 알려진다.

255

렸을 것이다. 하누만이 바다 위를 날아 스리랑카로 갔다는 신화적인 이야기에 비추어 마힌다 비구 또한 '백조들의 왕이 나는 것처럼' 허공을 날아 스리랑카로 갔다고 묘사했을 것이다. 훗날 많은 스리랑카 승려들이 이곳을 찾아 숭배했다. 이 산의 정상으로 오르는 길에 '짠까뭇띠라이' 라고 불리는 고원 같은 곳이 있는데, 그 이름 또한 상가미뜨라를 연상케 한다. 타밀의 고전인 『찔랏빠띠까람』, 『마니메깔라이』에 따르면 마힌다가 까베릿뿜빳띠남의 7곳에 비하라를 조성했다. 그는 이 도시에 한동안 머물렀던 것 같다. 이 도시는 『아낏따 자따까』Akitta Jātaka, 『마하밤사』, 그리고 여타의 빨리어 초기경전에 언급되는 타밀의 불교 중심지이며,[14) 쫄라 시대 최대의 항구도 시였다.

마힌다 장로와 아쇼까의 관계에 대해 북전과 남전은 전혀 다른 입장을 보인다. 스리랑카 전통은 마힌다 비구를 아쇼까의 장자라고 한다. 그러나 북인도의 빠딸리뿌뜨라와 남인도의 깐치뿌람에 널리 알려진 인도 전통은 마힌다가 아쇼까의 동생이라는 것이며, 5세기 초의 법현과 7세기 중엽의 현장에 의해 동생으로 기록된다. 현장은 북인도 마게타국摩掲陀國에 있는 옛 궁 북쪽의 커다란 석실을 설명하면서 무우왕의 동생 마혜인타라摩醯因陀羅에 대해 상세하게 언급하고 있다.[15)

"본래 무우왕에게는 한 어머니에게서 태어난 동생이 있었는데, 그의 이름은 마혜인타라라고 했다. 그는 '호화롭고 사치스러우며 방자하고 난폭했기 때문에 백성들이 그에게 원한을 품었다. 국사를 보필하는 원로들과

---

14) 이 도시와 불교의 관련은 K.A. Nilakanta Sastri, *The Cholas*, 제2장을 보라. Shu의 책 제1장 및 2장에서도 논의된다.

15) 한글대장경 『대당서역기외』, pp.231~232.

신하들이 왕에게 나아가 이 일을 간하였다." 이에 무우왕은 동생을 찾아가 국법에 의거하여 법을 집행하지 않을 수 없다고 울면서 말한다. 그러자 마혜인타라는 무우왕에게 재생의 기회를 베풀어 7일간의 말미를 달라고 간청했으며, 무우왕은 동생을 깊은 방에 안치시키고 엄중히 지키게 했다. "엿새째가 되자 마혜인타라는 깊은 근심과 두려움에 사로잡혀 거듭 온몸과 마음을 쏟아 마침내 과증果證을 얻었다. 그리하여 허공으로 날아올라 신령스러운 자취를 나타내며 이내 세속을 벗어나 멀리 깊은 계곡에 은거했다." 무우왕은 마혜인타라의 거소로 찾아가 수도로 다시 돌아올 것을 원하지만, 동생은 "인간 세상을 버리고 오래도록 골짜기에서 지내고 싶다"고 했다. 이에 무우왕은 귀신들을 움직여 동생이 거처할 수 있는 석실을 마련해 준다. 이 이야기는 여기서 끝난다. 스리랑카에 불교를 전하는 마힌다의 역할은 전혀 보이지 않는다.

현장은 깐치뿌람에서 스리랑카의 승려들을 만났으며, 이들은 현장에게 스리랑카 버전, 즉 아들이라는 전승을 이야기했지만, 그럼에도 불구하고 현장은 아들이 아니라 동생이라는 것을 알았다.[16] 그는 여행을 계속하는 중에 마힌다에 대한 이야기를 두 번 듣는다. 그가 드라비다를 떠나 말라야꿋따에 있을 때, 어떤 폐허의 승가람을 보면서, "이것은 아쇼까왕의 동생 마힌다에 의해 지어진 것이다."라고 기록한다. 그 다음은 스리랑카에 대한 정보를 듣는 과정에서 다시 마힌다에 대한 이야기를 듣는다. 현장은 기근과 부득이한 정치상황 때문에 그는 스리랑카로 갈 수 없었다. 따라서 스리랑카에서 2년간 머문 법현과는 달리 그는 단지 여행자들에게서 얻어듣는 단편적인 정보로 만족해야 했다. 여기서도 그는 마힌다를 무우왕의 동생으로 기록하며,

---

16) 에띠엔 라모뜨는 현장이 아쇼까의 동생 Tissa 또는 비가따쇼까 또는 Sudatta와 아들 마헨드라를 혼동했다고 본다.(『인도불교사 1』, p.485.

여러 가지 초능력을 지닌 아라한이며, 스리랑카로 갔다고 전한다.

빠딸리뿌뜨라에서 전해지는 이야기가 보다 신빙성이 있을 수도 있다. 법현은 빠딸리뿌뜨라에 갔을 때, 아쇼까의 은둔 수행자 동생에 관한 일화를 들었으며, 현장은 그를 마힌다라고 부른다. 어떤 전승들에서 그는 또한 비따쇼까 또는 비가따쇼까로 알려진다. 왕의 동생이 비구였다는 가설은 인도의 선례와 법에 부합된다. 인도의 법에 따르면, 왕이 죽을 때, 그의 장자가 왕위를 계승하며, 다른 왕자들은 가족을 떠나 종교적인 삶을 영위한다. 그들은 더 이상 자신들의 본래 왕국에 사는 것이 허용되지 않는다.

그러나 법현의 기록은 아쇼까의 동생에 대해 언급할 뿐, 마힌다라는 이름이 구체적으로 거명되지 않으며, 2세기 후의 현장은 단지 여행자들에게서 얻어 들은 단편적인 정보를 전하고 있다는 점에서 보면, 스리랑카의 역사서에서 전하는 내용이 오히려 신뢰할 만하다고 볼 수 있다.[17] 또한 아쇼까와 마힌다 사이에 20년 정도의 나이 차이가 있다는 점을 고려한다면, 그 둘을 형제로 보기 어려울 것 같다.

스리랑카 문헌은 마힌다가 32세 때 스리랑카로 가서 48년 간 포교 후 80세에 입적했다고 기록하는데, 당시 아쇼까의 나이는 52세 무렵으로 추산된다.[18] 상가밋따에 의해 보드가야의 보리수가 보내진 것은 아쇼까의 즉위식으로부터 18년째 되는 해의 일이며, 즉위 당시 아쇼까의 나이는 34세 무렵이었다.

실제로 마힌다는 아쇼까의 동생인데 스리랑카 불교의 위상을 높이기 위해 아쇼까의 아들로 각색했다는 견해도 있다. 왕의 동생보다는 왕자의 비

---

17) 아쇼까 연구자들 중 Romila Thapar(*Asoka and the Decline of the Mauryas*, p.24), Ananda W.P. Geruge (*Asoka*, A definitive Biography, pp.46~49)는 이 견해를 따른다.

18) Ananda W.P. Geruge, *Asoka*, p.48.

중이 더 크다는 것은 부인할 수 없다. 다시 말해, 왕의 동생이 전한 불교보다는 왕의 아들이 전한 불교가 훨씬 권위 있게 보일 수도 있다는 것이다.

사실 스리랑카 문헌은 아쇼까의 생애 중에서 그가 웃자인으로 가는 길에 베디사 길드 수장 데바의 환대를 받고 그의 딸 베디사데비와 결혼하게 되는 대목을 유독 세밀하게 전하고 있는데,[19] 이것은 마힌다의 출생을 고려한 배려로 볼 수도 있다. 훗날 스리랑카에 불교를 전하는 마힌다와 상가밋따는 바로 이런 인연으로 태어나기 때문이다. 마힌다가 스리랑카로 떠나기 전에 베디사나가라로 가는 장면이 묘사되는 것도 같은 맥락이다. 그는 어머니와 작별인사를 하기 위해 베디사나가라로 갔다.[20]

마힌다와 마찬가지로 상가밋따에 대해서도 아무런 명문 기록이 없다. 다만 빨리어 문헌에서만 전해진다. 물론 특히 보리수에 얽힌 이야기가 집중 조명된다. 『마하밤사』(xviii. 61 및 xix. 24)에 의하면 앗사유자Assayuja(8~9)월 15일에 아쇼까가 보드가야에서 보리수 가지를 취했으며, 상가밋따는 막가시라 Maggasira(10~11)월 초하룻날 스리랑카의 북부 아누라다뿌라에 닿았다. 이 두 사건은 모두 스리랑카에 불교가 전파되는 첫해에 있었다. 법현은 스리랑카 왕이 보리수의 씨앗을 보내달라고 인도에 사신을 보낸 것으로 기록하고 있다. 상가밋따Sanghamitta는 '승가의 벗'이라는 의미다. 그녀가 태어날 당시에는 아직 아쇼까가 전혀 불교와 무관했으므로, 아마 출가 시에 법명일 가능성이 많다. 아쇼까의 불교 귀의는 상가밋따가 태어나고 적어도 15년이 지난 후의 일이다. 『마하밤사』에 의하면 상가밋따는 18세에 수계했다(『마하밤사』 v. 204).

19) 『디빠밤사』 vi.15~16 ; 『마하밤사』 xiii.8~11.
20) 『디빠밤사』(xii.14~16)에 따르면, 마힌다는 스리랑카로 떠나기 전에 베디사에서 어머니에게 불법을 전했으며, 그곳에서 30일 동안 머물렀다. Vaṃsatthappakāsinī는 마힌다가 스리랑카로 떠나기 전에 왜 베디사로 가지 않을 수 없는가를 설명한다. 어머니와 작별인사를 하기 위한 것이다.

보리수를
시기한 왕비

아쇼까의 가정사나 비빈들에 대한 자료는 거의 없다.

빨리어 문헌들에 따르면 아산디밋따라는 왕비는 약 30년 동안 아쇼까의 정비였다.[1] 『마하밤사』에는 그녀가 히말라야의 아노땃따 호수의 정기를 이어받은 특별한 인물로 묘사하고 있지만, 정확한 내력에 대해서는 언급이 없다. 아쇼까가 지은 전생의 공덕을 언급하는 부분에서 어떤 처녀가 언급되는데, 그녀는 아쇼까가 공덕을 쌓는 일에 동참하며 훗날 왕가의 지체 높은 처녀로 태어나기를 원한다. 『밤삿탓빠까시니』*Vaṃsatthappakāsinī*는 이 이야기에 대한 해석을 하면서, 그녀가 아산디밋따로 태어나서 아쇼까의 왕비가 되었을 때, 그 원이 성취되었다고 말한다. 아산디밋따는 보리수가 스리랑카로 보내진 후 12년째 되던 해에 죽었다. 여기서 그녀는 아쇼까의 사랑스런 왕비로 묘사된다(『마하밤사』 xx. 2.).

아산디밋따가 죽은 후 띠사라카라는 여인이 중전의 지위에 올랐다. 『마하밤사』는 그녀에 대해 강하게 비난하고 있다.[2] 그녀를 불성실하고 어리석으며 자신의 아름다움을 과시하며 심술궂은 여인으로 언급한다. 보드가야의 보리수를 잘라버리려고 한 음모 때문에 사관들의 진노를 사기도 했다. 아쇼까가 자기보다 보드가야의 보리수를 더욱 아끼고 사랑한다고 생각한 나머지 질투하는 마음에서 보리수를 잘라버리려 했다. 『아쇼까바다나』에 따르면,[3] 보리수를 죽이라는 왕비의 명에 따라 형리刑吏 마땅가는 실에

---

1) 즉위 18년에 스리랑카의 아누라다뿌라에 보드가야의 보리수가 옮겨 심어졌으며, 이로부터 12년 후에 아산디밋따 왕비가 죽었다.(『디빠밤사』 xx.1~2.)
2) 『마하밤사』 xx.3~4 ; 한글대장경 『대당서역기 외』, p.97.
3) *Aśokāvadāna*, pp.257~258.

주술을 걸어 보리수에 묶었다. 보리수가 차츰 시들어가는 것을 보고 왕이 깊은 슬픔에 잠겼다. 이에 왕비는 마음을 고쳐먹고 수천 항아리의 우유를 보리수에 주도록 해서 그 나무를 살렸다.

아쇼까는 이 기쁜 일을 기념하기 위해 무차회無遮會, pancavarṣa를 열었다. 현장은 왕비가 보리수를 훼손하려다 실패한 이야기를 상세하게 전한다.[4] 이 일은 스리랑카 전승에도 알려져 있지만, 내용이 다소 다르다. 『마하밤사』에 따르면, 이 일은 상가밋따 비구니가 그 가지를 스리랑카로 가져 간 후 얼마 지나지 않아서 일어났으며, 보리수는 결국 시들어 죽었다. 산치 스뚜빠의 남문 부조에도 이 이야기가 묘사되어 있다. 시들어버린 보리수 앞에서 두 여인의 부축을 받으며 괴로워하고 있는 아쇼까의 모습이다.

보리수의 회생을 기념하는 무차회에는 30만 명의 비구들이 빠딸리뿌뜨라에 모였는데, 그 중 1/3은 아라한들이며 나머지는 아직 성도하지 못한 범부승들이었다. 아쇼까는 자신이 소유한 금뿐만 아니라, 부인들, 대신들, 심지어는 아들 꾸날라와 자신의 몸까지 승가에 보시했다. 나중에 부인들과 대신들, 또는 아들과 자신을 되찾는다는 명목으로 승가에 막대한 재물을 보시하게 된다. 또한 보리수 주변에 담장을 치게 하고 그 위에 자신이 올라가서 향수를 채운 수천 개의 항아리로 보리수에 물을 주었으며, 그런 후에 비구들에게 음식과 의복을 나누어주었다.

산치 스뚜빠의 동문에는 왕과 여러 신하들이 보리수에 물을 주기 위해 항아리를 들고 담장이 둘러쳐진 보리수로 가고 있는 장면이 묘사되어 있다. 보드가야를 방문했을 때, 현장도 이 담장을 보았다. "전정각산의 서남쪽으로 14~15리를 가다 보면 보리수에 이른다. 둘레는 벽돌을 쌓아서 울타

---

4) 한글대장경 『대당서역기 외』, p.251.

▲ 보리수

리를 만들었는데 높고도 견고하며 동서로 길고 남북으로 좁다."5) 또한 그
는 아쇼까의 무차회에 대해서도 들어 알고 있었던 것 같다. 빠딸리뿌뜨라
의 불족적을 보존하고 있던 사원 부근에서 보았다는 석주의 명문에 이 내
용이 있다고 전한다. "무우왕의 믿음이 굳고 올곧아서 섬부주를 세 번 불·
법·승에게 보시했고, 세 번 온갖 진귀한 보배로 값을 치른 뒤에 다시 스스
로 되샀다."6)

아산디밋따는 북방불교 문헌 어디에도 언급되지 않는다. 이에 비해 띠사

5) 한글대장경 『대당서역기 외』, p.249.
6) 한글대장경 『대당서역기 외』, p.231..

라카는 띠쉬야라끄쉬따라는 범어 이름으로, 그리고 제실라차帝失羅叉라는 한역 이름으로 『디비야바다나』와 『아육왕전』[7]에 각각 나타난다. 띠쉬야라끄쉬따의 비행은 질투심에서 보드가야 보리수를 잘라버리려 한 것에 국한되지 않는다. 그녀는 아름다운 눈을 지닌 의붓아들 꾸날라와 사랑에 빠졌으며, 그를 유혹했다. 꾸날라가 그녀의 유혹을 뿌리치자 그녀는 복수를 다짐하게 되고 꾸날라의 두 눈을 뽑아버리라는 칙령을 날조하게 된다는 이야기가 전해진다.[8]

꾸날라를 유혹하려다 오히려 무안을 당한 제실라차는 항상 그의 단점만을 찾고자 했다. 이때 딱사쉴라의 백성들이 반역해 왕이 몸소 그곳을 토벌하고자 했으나, 보상이 왕을 설득해 꾸날라를 딱사쉴라에 보내게 되었다. "그때 아쇼까왕이 큰 병이 나서 입 안에서는 분뇨 냄새가 나고 몸의 모든 털구멍 속에서는 분뇨 액체가 흘러나왔다."[9] 왕은 자신이 오래지 않아 죽을 것이라는 생각이 들자 대신들에게 명하여 딱사쉴라에 있는 꾸날라를 불러들여 왕위를 계승하게 했다. 그러자 만일 꾸날라가 왕위에 오르면 살아남을 수 없다고 판단한 제실라차는 자신이 왕의 병을 고치겠다고 했다. 왕과 똑같은 병을 앓고 있는 사람을 수소문해 병을 고쳐주겠다고 데려와서는 곧바로 죽여 배를 갈라 그 속을 살펴보았다. 그 속에 큰 벌레가 한 마리 있었는데 파를 먹으면 죽는다는 것을 알게 되었다. 이에 왕에게 파를 먹였다. 왕은 자신의 병에 차도가 있자 제실라차에게 소원을 물었는데, 그녀는 7일 동안만 왕이 되게 해달라고 청했다. 왕은 즉시 사자를 불러 7일 동안 왕이 되도록 허락했다.

7) 한글대장경 『대당서역기 외』, p.464.
8) John S. Strong, *Aśokāvadāna*, pp.270~279.
9) 한글대장경 『대당서역기 외』, p.466.

꾸날라에게 보복할 날만을 기다리고 있던 띠쉬야라끄쉬따에게 기회가 왔다. 띠쉬야라끄쉬따는 마치 왕이 내린 칙령인 것처럼 봉인된 칙령을 꾸날라가 부왕으로 있던 딱사쉴라의 빠우라 자나빠다위원회에 보내어 꾸날라의 눈을 뽑아버리게 했다. 빠우라 자나빠다의 위원들은 이 달갑지 않은 의무를 논의했으며, 결국 그들은 왕자에게 왕국의 칙령을 전했다. 왕자는 기꺼이 왕국의 명을 따랐으며, 위원들은 그의 눈을 뽑았다. 눈알 하나가 뽑힐 때 꾸날라는 그 아름답던 눈의 무상함을 관하여 수다원須陀洹의 도를 증득했으며, 다른 눈알 하나가 뽑힐 때 거듭 그 눈을 관함으로써 사다함斯陀含의 도를 얻을 수 있었다. 육체의 눈을 버린 까닭에 법안의 깨끗함을 얻었다. 띠쉬야라끄쉬따가 저지른 이 잔악한 행위의 전말이 아쇼까에 의해 밝혀졌을 때, 그녀는 아교로 만든 집에 가두어져 화형을 당했다. 딱사쉴라의 사람들도 마찬가지로 불태워졌다.

현장은 딱사쉴라에서 아쇼까가 꾸날라를 위해 세운 스뚜빠를 보았다고 전한다. 그 스뚜빠는 딱사쉴라 동남쪽에 위치한 어떤 언덕에 있으며, 계모의 악행으로 두 눈이 뽑힌 꾸날라를 위해 아쇼까가 세웠다는 것이다. 소경이 그곳에서 기도를 하면 눈을 뜬다는 이야기도 들었다.[10] 현장이 말한 그 언덕은 하티알 언덕이며, 꾸날라 스뚜빠는 시르깝의 동쪽 요새 위에 있다.

꾸날라 전설에 대한 두 가지 한역본이 있다. 3세기 강승회康僧會가 번역한 산문본은 『육도집경』(T 152, k.4, p.17c)에 들어 있으며, 4세기 담마난제曇摩難提가 번역한 운문본은 『아육왕식괴목인연경』阿育王息壞目因緣經(T 2054, pp.172b~183a)이라는 이름으로 전해진다. 또한 이 이야기는 티베트의 역사가 따라나타의 『인도불교사』에 상세하게 전해지고 있으며, 코탄의 연대기에도 전승된다. 꾸

---

10) 한글대장경 『대당서역기 외』, p.97.

날라의 눈을 멀게 한 죄로 딱사쉴라에서 추방된 관리들이 코탄으로 흘러들어왔으며, 그들과 중국 식민지 주민들이 충돌했다고 전해진다.[11] 한편 스리랑카 연대기에서도 띠쉬야라끄쉬따 왕비에 대한 이야기는 나오지만, 꾸날라에 대해서는 완전히 침묵한다.

『아쇼까바다나』의 꾸날라바다나Kunālāvadāna는 빠드마바띠[12]라는 이름의 또 다른 한 명의 아쇼까왕의 부인을 언급한다.[13] 그녀는 아쇼까가 8만 4천 탑들을 짓고자 하는 서원을 하던 날 아들을 낳은 것으로 전해진다. 그 아들이 바로 꾸날라이다. 꾸날라의 본명은 다르마비바르다나法增인데, 새의 눈을 닮은 아름다운 눈 때문에 꾸날라라는 별명으로 불렸다. 『아쇼까바다나』에는 없는 이야기지만, 한역 『아육왕전』에서는 이 에피소드의 말미에서 빠드마바띠가 한 번 더 언급된다. 띠쉬야라끄쉬따는 자신에 의해 눈이 멀게 된 꾸날라에게 참회하는 마음에서 꾸날라의 어머니인 빠드마바띠에게 자신의 두 눈을 뽑아달라고 청했다.

『아쇼까바다나』는 아쇼까의 여러 왕비와 빈들 중에서 빠드마바띠의 지위에 대해 아무런 언급도 하지 않는다. 따라서 그녀가 아쇼까의 왕비 중 하나였다고 단정하는 것은 무리다.[14] 문헌에서 왕비로 분명하게 언급되는 사람은 오직 스리랑카 문헌들이 정실로 간주하는 아산디밋따와 까우샴비에 있는 이른바 왕비칙령에서 두 번째 왕비로 언급되는 깔루바끼뿐이다. 북전에는 깔루바끼 왕비에 대한 언급이 전혀 없다. 명문에 따르면 깔루바끼 왕비는 띠발라의 어머니이다. 띠발라는 아쇼까의 아들들 가운데 명문에 이름

---

11) 에띠엔 라모뜨, 『인도불교사 1』 p.482.

12) 한역 불전에서는 의역하여 蓮花라고 칭했다. 한글대장경 『대당서역기 외』 p.463.

13) John S. Strong, *Aśokāvadāna*, pp.270~279. 고칼레는 Padmāvati와 Asandhimittā를 동일인으로 본다 (*Asoka Maurya*, p.53).

14) 로밀라 타빠르는 빠드마바띠를 아쇼까의 세 번째 왕비로 본다(*Asoka and The Decline of the Mauryas*, p.30).

이 새겨진 유일한 인물이며, 나중에 불교승단에 출가해 비구가 되었다고
한다.

　몇 명의 왕비와 빈들이 있었는지는 알려지지 않는다. 그러나 『아쇼까바
다나』에는 여러 위상의 다수 여인들이 거주하는 별궁들이 시사된다.[15] 궁
안의 아쇼까 나무를 훼손한 일로 격노하여 아쇼까가 참수한 것으로 알려진
5백여 명의 궁녀들,[16] 그리고 한 왕자와 사랑에 빠져 결국 기리까의 지옥으
로 보내진 내궁의 어떤 여인 등이 있었다. 석주칙령 vii에 따르면, 왕비와

▲ 아쇼까왕이 녹아원 순례시 쉬었던 자리

15) John S. Strong, *Aśokāvadāna*, pp.210~211.
16) 한글대장경 『대당서역기 외』, p.427.

빈들은 수도뿐만 아니라 다른 지역에도 머물렀다.

아쇼까의 왕비 중에서 불교, 특히 스리랑카 불교와 관련해 가장 중요하게 거론되는 베디사데비의 정확한 위상에 대해서도 단정하기 어려운 점이 있다. 빨리어 문헌에 따르면, 베디사데비는 아쇼까를 동행하여 수도로 가지 않았다.[17] 마힌다와 상가밋따는 아버지를 따라 수도로 갔지만,[18] 그녀는 웃자인에 그대로 남기를 원했다. 나중에 마힌다가 스리랑카로 포교를 떠날 때도 그녀는 베디사나가라에 있었다. 만일 그렇다면 베디사데비는 죽을 때까지 베디사나가라에 머물렀으며, 따라서 정비의 지위에 오르지 않았을 가능성이 높다.

로밀라 타빠르는 베디사데비가 상인의 딸이었으므로 사회적 신분으로 볼 때 왕족인 아쇼까와 어울릴 수 없었으며, "아쇼까와 합법적으로 혼인하지 않았기 때문에, 중전이 될 수 있는 자격은 원래부터 없었다."[19]고 말한다. 스리랑카의 두 역사서 『마하밤사』와 『디빠밤사』에서는 아쇼까와 베디사데비의 혼인을 '동거' saṃvāsa[20]라는 말로 표현하고 있으며, 이 말은 정식 혼인을 지칭하지 않을 수도 있다. 물론 이 말이 '혼외'라는 의미로 해석될 필요는 없으며, 사실 '동거' 전에 아쇼까는 그녀의 부모와 상의해 허락을 받은 것으로 묘사된다. 상가밋따가 아쇼까의 조카인 아그니브라흐마와 결혼했다는 전승도 있다.[21] 만일 이것이 사실이라면, 상가밋따는 첫 조카와의 결혼을 금하는 족외혼제도에 적용되지 않았다는 것을 의미하며, 따라서

---

17) 『디빠밤사』 vii.15 ; 『마하밤사』 xiii.11.

18) Gokhale는 두 자녀도 어머니와 함께 머물렀다고 본다(*Asoka Maurya*, 53).

19) Romila Thapar, *Asoka and the Decline of the Mauryas*, p.23.

20) 『디빠밤사』 vi.16. '함께 거주하는 것'을 의미한다. 비나야에서는 이 말이 스님들이 함께 거주하는 것을 표현한다.

21) 이 두 사람 사이에 Sumana라는 아들이 태어났다.

상가밋따는 아쇼까의 정실 소생이 아니라는 반증이 된다. 만일 데비가 아쇼까의 정실이었다면 상가밋따와 아그니브라흐마와의 결혼은 불가능하다는 것이다.[22]

　물론 데비가 아쇼까를 따라 빠딸리뿟뜨라로 가지 않았다는 사실만으로 그녀는 정비가 아니었다고 단정할 수는 없다. 석주칙령 vii과 왕비칙령으로 본다면 당시에 왕비들이 반드시 수도에 머무르지 않았을 가능성이 있기 때문이다. 석주칙령 vii에는 아쇼까가 수도 이외의 다른 곳에 있는 아내들을 위해 여러 가재도구를 하사하는 내용이 나오는데, 그 중 하나가 데비를 위한 것일 수도 있다. 왕비칙령에는 깔루바끼 왕비와 그녀의 아들인 띠발라의 이름까지 확인되는데, 이 명문은 그녀에 대한 기부가 별도로 기록되어야 한다고 말한다.

　『마하밤사』와 『디빠밤사』는 아쇼까와 데비의 관계를 정식 혼인으로 본다. 이에 비해 이보다 5백여 년 앞서 까우삼비 지역에서 만들어진 범본 『아쇼까바다나』와 이의 한역인 『아육왕전』에는 베디사데비와 두 자녀에 대한 이야기가 없다. 따라서 시기적으로 나중에 만들어진 『마하밤사』의 기술에 다소의 허구가 부가되었을 수 있다는 주장을 전혀 무시할 수는 없을 것이다. 심지어 빨리어 문헌에서는 데비의 조상을 샤끼야족과 연결시키는데, 이것은 스리랑카 불교의 시원인 마힌다의 어머니가 붓다의 친척이었다는 것을 보여줌으로써 스리랑카 불교의 고유성과 권위를 확보하기 위한 신심의 발로로 봐도 무방할 것이다. 물론 스리랑카 문헌보다 오래된 북전의 기록이 항상 정확한 것은 아니다. 찬드라굽따 마우리야를 마우리야의 왕이

---

22) Romila Thapar, *Aśoka and the Decline of the Mauryas*, p.24. 로밀라 타빠르는 마힌다가 일찍이 출가를 하게 된 것도 아쇼까의 합법적인 아들이 아니었기 때문이라고 본다(같은 책, 12). 빠딸리뿟뜨라의 궁중에서 조정의 신하들에 의해 냉담하게 다루어지기보다는 출가자의 삶을 선호했을 수도 있다는 것이다.

아니라 난다의 왕으로 기술하는가 하면, 심지어 아쇼까와 깔라쇼까를 혼동하기도 한다.

아쇼까의 아들 중에는 마헨드라와 꾸날라, 그리고 띠발라 외에도 잘로까라는 이름의 아들이 있었는데, 그는 까슈미르 지방을 통치했다. 그러나 그의 어머니가 누구였는지는 알 수 없다. 이 네 명의 아들 외에도 여러 아들들이 있었던 것으로 보이며, 그들은 지방의 부왕이나 고위관료로 파견되었다. 딸들 중에서는 오직 상가밋따만 알려졌다.

Imperor Ashoka

팔만사천
스뚜빠를 따라서

『아쇼까바다나』에 따르면 아쇼까는 붓다의 유골을 나누어서 팔만 사천 불탑을 만들었다. 사리 숭배는 이미 전부터 있었지만, 아쇼까에 의해 널리 유행하게 되었으며, 북전은 특히 아쇼까가 붓다의 사리를 인도 전역에 널리 전파시킨 것을 큰 공로로 생각한다. 이것은 대승불교의 시원이 곧 불탑숭배와 관련된다는 것을 생각하면 오히려 당연하다.

『대반열반경』에서 붓다는 자신의 입멸 후 장례는 재가신자에게 맡기고 비구들은 이에 관계하지 말 것을 가르치고 있는 것을 보면, 스뚜빠 숭배는 본래 출가 비구와 무관했던 것 같다. 사리 숭배는 '자등명법등명'自燈明法燈明의 정신과 다소 거리가 있으며, 주로 재가자를 중심으로 성행했다. 붓다 입멸 후 예배의 대상을 잃은 재가자들이 그의 사리를 8등분하고 탑을 세워 공양해 왔는데, 아쇼까가 이들을 다시 모아 8만 4천 등분해 인도 전역에 불탑을 세운 것이다. 아쇼까가 고대의 8기 스뚜빠들을 해체할 때, 그 중 라마그라마 스뚜빠는 그대로 두었다고 한다. 『마하밤사』에서는 이 스뚜빠의 사리는 나중에 스리랑카의 아누라다뿌라에 있는 헤마말리 투빠에 안치되었다고 기록한다.[1]

스뚜빠 숭배는 공덕을 쌓는다는 의미를 지닌다. 공덕을 쌓아 내세에 보다 좋은 세계에 태어나기를 원하는 것은 당시 인도 일반의 대중적 신앙이었으며, 불교 신자도 예외가 아니었다. 재가자뿐만 아니라 심지어는 출가 비구도 이를 원했다는 것은 문헌이나 명문 곳곳에서 볼 수 있다. 수행자에

---

1) 『마하밤사』 xxx.17~74

게 음식이나 의복 등을 보시하는 것도 큰 공덕이 되지만, 스뚜빠의 건립은 더 큰 공덕이 된다고 생각했던 것 같다. 스뚜빠를 둘러싸고 있는 울타리나 요도의 난순 등에 그것을 기증한 사람의 이름을 새기는 것은 예나 지금이나 별반 차이가 없었다.

사실 아쇼까가 고대의 스뚜빠를 헐어 다시 8만 4천 스뚜빠를 조성한 것도 공덕과 관련된다. 아쇼까가 우빠굽따 비구를 만났을 때, 비구는 왕의 몸이 거칠고 껄끄러운 것은 전생에 붓다에게 흙을 보시했기 때문이라고 말한다. 아쇼까가 자신이 "옛날에 어리석어 지혜라고는 조금도 없어서 최상의 복전福田이신 불세존을 만나 흙을 보시했기에 지금 이와 같은 과보를 얻었다"[2]고 후회하자, 다시 비구는 복전의 뛰어나고 묘함은 흙을 보시한 것으로도 존귀한 과보를 얻게 한다고 일러준다. 이에 아쇼까는 전생에 붓다에게 흙을 보시함으로써 또한 전륜왕의 과보를 얻었음을 알고, 비구에게 탑을 세우고 싶다고 말한다.

> 부처님께서 유행하고 머무신 곳 모두에 탑을 세우고 싶습니다. 왜냐
> 하면 장차 나올 중생들에게 신심과 존경이 생겨날 수 있도록 하기 위함
> 입니다.[3]

아쇼까에 의해 정례화된 성지순례 또한 큰 공덕이 되는 것으로 간주되었다. 그 후 특히 북인도의 8대 성지는 불자들의 중요 순례지가 되었으며, 이곳 성지를 순례하는 것은 큰 공덕이 된다고 여겨졌다. 아쇼까왕이 남긴 여러 명문은 이러한 순례를 '경건한 행위'라고 말하고 있으며, 룸비니와 보

---

2) 한글대장경 『대당서역기 외』, p.438.
3) 한글대장경 『대당서역기 외』, p.438.

드가야의 명문에서 보는 것처럼, 아쇼까왕이 친히 이곳을 순례했다는 기록도 있다.

지금 인도의 불적지를 둘러보면, 과연 아쇼까의 불탑 건립이 '장차 나올 중생들에게 신심과 존경이 생겨날 수 있게 하기 위함'이었다는 것을 절감한다. 인도의 불적지들은 태국이나 미얀마의 사원에서 보는 그런 화려함이 있는 곳이 아니며, 중국의 대찰들에서 볼 수 있는 그런 웅장함이 있는 곳은 더욱 아니다. 산치와 보드가야의 몇몇 유적들 외에는 제대로 보존되고 관리되는 곳이 드물 정도로 내버려져 있는 것이 인도 불적지들의 현실이다. 무수한 잡초와 깨어진 탑파의 편린 속에서 붓다의 숨결을 느끼고, 황량한 데칸고원의 내버려진 굴원石院에서 눈 푸른 납자들의 혼을 읽어내는 것이 오로지 순례자의 몫으로 남을 때, 문득 아쇼까가 남긴 흔적들이 이정표가 되는 경우가 한두 번이 아니다. 불연不然이면, 적벽돌의 흔적 위에 흩어지는 스산한 바람 한 자락을 안고 돌아서기 일쑤다.

오늘날 인도에서는 불교가 서부 벵골의 일부와 앗삼 지방을 중심으로 면면히 이어지고 있을 따름이다. 그럼에도 불구하고 인도가 모든 불자들에게 영원한 그리움의 땅이요, 한번쯤 몸을 닿아 직접 느껴보고 싶은 나라인 것은 여기에 붓다의 숨결이 어려 있는 까닭이다. 아쇼까의 탑과 석주를 이정표 삼아 붓다의 숨결을 더듬어본다.

불교 탑파塔婆의 산실, 산치

딱히 불적佛跡을 염두에 두지 않은 여행자가 산치를 찾는 일은 드물다. 델리를 기점으로 산치가 있는 남쪽으로 여행하는 사람들의 경우에도 대개 산치를 그냥 지나쳐버리거나, 아니면 산치까지 내려가지 못하고 잔시에서 카주라호로 빠져 버린다. 산치를 그냥 지나치기는 기차도 마찬가지다. 대부

▲ 산치 제3 스뚜빠

분의 기차는 이 작은 역을 인정하지 않는다. 어쩌다 나 같은 답사자의 발길
이나 닿을 뿐, 외지인의 출입이라고는 거의 없는 산치는 더없이 한적한 시
골 마을이다. 역사驛舍 마당에는 그 흔한 릭샤人力車꾼들조차 보이지 않는다.

　유적지는 역에서 아주 가까운 거리에 있어, 역사를 나서면 눈어림으로도
금방 그 위치를 짐작해 낼 수 있다. 역사 정면으로 뻗은 길을 따라 곧장 가
다 보면 나직한 언덕이 보이고, 언덕으로 오르는 초입에 산치 고고학 박물
관이 있다. 박물관 마당을 끼고 왼편으로 난 언덕길을 조금 오르면 작은 못
이 나오고, 여기서 다시 오른쪽으로 꺾어 올라가면, 먼발치에 스뚜빠 유적
이 보인다. 멀리서 보아도 그 장중함은 보는 이를 압도하는 힘이 있다.

유적지 한가운데 있는 마하스뚜빠大塔는 원래 아쇼까왕이 부처님의 사리를 모셔 건립한 것이다.4) 그 후 백여 년이 지나 승가 왕조에 이르러 원형의 두 배 크기인 지금의 형태로 증축된 것이다.5) 스뚜빠의 전체적인 구조는 단순하다. 원형의 기단부 위에 반구형의 복발覆鉢이 놓여 있고, 그 위에 세워진 산개傘蓋와 이를 사방에서 둘러싸고 있는 울타리 형국의 평두平頭가 전부이다. 그러나 이것은 후대 모든 탑파 양식의 전형이 된다. 다보탑과 석가탑의 고향도 여기라 할 것이다. 전파 과정에서 기단부가 점차로 두드러짐과 동시에 복발 부분이 약화되어가는 유형론적인 변천 과정을 겪게 되지만, 기단 · 탑신 · 상륜의 기본 구조는 그대로 유지된다.

스뚜빠의 기단부 위로 오르는 계단과 난간이 드리워진 요도繞道는 보다 후대에 만들어진 것이며, 기단부 밖에 세워진 난순欄楯이라 불리는 울타리와 동서남북 사방의 탑문은 그보다 더 나중에 세워진 것이다. 요도는 탑돌이를 위한 것이다. 신자가 경전을 낭송하며 오른쪽으로 세 번 도는 것이 일반적인 의례였다.

동서남북의 네 방위에 맞추어 조성된 탑문들은 스뚜빠의 축을 향해 밖에서 곧장 안으로 들어갈 수 있게 한 것이 아니라, 일단 오른쪽으로 꺾어 들어가 다시 그 축을 향하게 하여 네 문이 전제적으로 만卍자를 형성하게 한 것은 특이하다. 탑문의 기둥과 횡량에 빈틈없이 양각된 조각들은 그것이 단순한 장식이 아님을 느끼게 한다. 그 내용은 불전도와 자따까의 이야기가 주를 이루지만, 아직 불상은 보이지 않고 다만 보리수 · 법륜 · 족적 등으로 부처님을 암시하고 있다.

4) 벤자민 로울랜드 지음, 이주형 옮김, 『인도 미술사』, 도서출판 예경, 1999, p.86.

5) Archaeological Survey of India, *Archaeological Museum Sanchi*, 1981, p.3.

네 문 가운데 북문의 조각이 가장 정교하고 잘 보존된 것으로 보이지만, 동문 오른편 기둥 위에 비스듬히 비껴선 약쉬니天女의 관능적인 자태는 탑문을 들어서는 사람의 시선을 끌기에 족하다. 여기 탑문의 약쉬니는 당시의 불교가 민간신앙과 무관하지 않았음을 단적으로 말해준다. 남문 옆에 있는 아쇼까왕 석주는 원래 남문이 주된 입구가 아니었던가 하는 생각이 들게 한다. 사자 머리는 언덕 아래 박물관에 두고, 부서진 몸만 맥없이 누운 품이 애처로운 기분마저 감돌지만, 이 석주 말고는 여기서 아쇼까왕을 본 물건이 없다.

마하스뚜빠의 북동쪽으로 고만고만한 스뚜빠들이 여럿 엎드려 있고, 조금 더 내려가면 외겹 산개를 꽂은 스뚜빠가 있다. 유적지 초입에서 보면 마하스뚜빠의 왼편에 보이는 이 스뚜빠는 사리불舍利弗과 목건련目犍連의 사리를 모신 것이다.[6] 전체의 양식으로 보아 마하스뚜빠와 비슷한 시기에 조성된 것으로 보이며, 마하스뚜빠 쪽으로 난 하나밖에 없는 탑문의 부조와 조각은 마하스뚜빠의 것에 뒤지지 않는다.

마하스뚜빠의 서쪽 언덕 아래로 다소 멀리 떨어져 있는 스뚜빠는 대개 그냥 지나쳐버리기 쉽지만 현재의 마하스뚜빠보다 오래된 것으로 보다 원시적인 형태를 보인다. 이 스뚜빠로 내려가는 고색창연한 돌길을 걷는 것도 빼놓을 수 없는 즐거움이다.

산치 유적지에는 스뚜빠 외에도 여러 시대에 속하는 사원이나 승원들이 여럿 남아 있다. 특히 남문 밖에 있는 두 사원은 눈여겨 볼 만하다. 이 중 왼편에 위치한 편편한 사각 지붕의 작은 사원은 마우리야 왕조 때에 조성된 것으로, 북인도 사원 양식의 가장 초기 형태를 보여준다는 점에서 중요

6) 정각, 『인도와 네팔의 불교성지』, 불광출판부, 1992, p.97.

하다.[7] 고대 희랍의 신전을 연상하게 하는 그 오른편의 사원도 이와 비슷한 시기에 조성된 것으로, 훤칠하게 뻗어 올라간 돌기둥이 이채롭다.

유적지 동쪽 언덕 위에 있는 사원은 마하스뚜빠의 웅장함과는 사뭇 다른 이미지로 다가온다. 폐허의 돌 더미 위에 덩그러니 몸을 드러낸 본당의 처연함은 물론이려니와, 쇠창살에 갇힌 불상은 보는 이의 마음조차 답답하게 한다. 그렇게 가두어 구지레한 존재를 오래 지탱시키느니, 차라리 풍상에 제 몸을 내맡겨 세월을 따라가게 하는 것이 도리어 낫지 않을까. 이 사원의 외벽 곳곳에는 힌두교의 색채를 띠는 부조들이 여럿 보인다.

이것으로 산치의 볼거리는 다 본 셈이다. 땀을 씻고 한 호흡 돌리기에는 남문 밖의 그 '희랍 신전'이 좋다. 돌기둥에 기대어 발아래 탁 트인 벽해碧海를 내려다 보면, 푸른 안개가 감도는 속세가 그렇게 평온하게 보일 수가 없다.

서부 데칸 포교의 교두보, 깐헤리 굴원

웃자인을 중심으로 번성하던 서인도의 불교 교단은 남하를 거듭한 끝에 마침내 데칸 서부에까지 이르게 된다. 이 지역은 기원전 2세기 이래 서방 세계와의 무역으로 인해 활기를 띠었던 지역으로, 그 후 8세기에 이르기까지 수많은 굴원이 조성된 곳이다. 인도 전역에 산재해 있는 천여 개의 불교 굴원 가운데 8할 이상이 여기 데칸 서부에 집중되어 있다. 서부 데칸의 불교 굴원은 주로 고대의 상업도시 가까이나 이 도시들을 잇는 교역로상에 있는데, 이것은 당시의 굴원 조성이 법시法施와 재시財施의 상호관련 속에서 이루어졌다는 것을 의미한다. 불교 굴원의 발달과정이 곧 고대 인도의 해

---

7) *Archaeological Museum Sanchi*, p.5

외무역의 성쇠와 일치한다는 것도 이러한 맥락에서 이해되어야 할 것이다.[8]

산치에서 아잔타, 엘로라, 아우랑가바드를 따라 남하하던 길을 잠시 멈추고 서쪽으로 방향을 잡아 고다바리강을 거슬러 올라가면, 고대 인도 상공업의 중심인 나시끄Nāsik에 닿는다. 고대 서데칸 불교의 중심지이기도 한 이 도시의 근교에는 24개의 불교 굴원이 있다. 이 굴원군은 특히 사따바하나 왕조의 비호를 받았던 것으로 보이며, 탑원塔院을 포함한 다수의 굴원들이 이 왕조의 제2대 왕 칸하의 치세 동안에 조성된 것이다. 당시 왕이 금전이나 전답을 이곳의 굴원에 기진했다는 기록이 여럿 보이며, 때로는 한 마을 전체를 기진한 경우도 있었다.

나시끄라는 서데칸 내륙의 불교 중심지와 연결해 서해 연안에는 깐헤리 굴원이 번성했다. 깐헤리는 당시의 교역항이었던 깔얀, 소빠라, 차울 등과 인접해 있었을 뿐 아니라, 나시끄나 떼르 또는 사따바하나 왕조의 초기 수도였던 쁘라띠슈타나와 같은 내륙의 상공업 도시와도 긴밀하게 연결되어 있었으며, 이러한 이상적인 지리 조건은 깐헤리가 서데칸의 또 다른 불교 중심지로 성장하게 만들었다.

나시끄에서 깐헤리로 가자면 우선 뭄바이로 가야 한다. 거리상으로 보나 차편으로 보나 그렇게 하는 것이 편하다. 이처럼 편한 길을 두고 굳이 돌아가는 길을 택해 뿌나행 밤 버스를 탔다. 단지 번잡한 뭄바이가 싫다는 이유에서였다. 물론 뿌나로 돌아간다고 해서 뭄바이를 지나지 않고 깐헤리 굴원으로 갈 수 있는 것은 아니지만, 어쨌든 그 시끄럽고 삭막한 도시에서 하루를 묵지 않아도 될 것 같다는 생각에서 그렇게 한 것이다. 합리적인 이성

8) 나라 야스아키 지음, 정호영 옮김, 『인도불교』, 민족사, 1990, pp.177~178.

보다는 느낌을 존중한 셈이다. 상식을 무시하고 느낌을 좇은 대가로 밤새 버스 안에서 추위에 떨어야 했다.

어스름 새벽에 닿은 뿌나는 전에도 두어 번 스쳐지나간 적이 있는 곳이 지만, 늘 어두운 밤 시간에 와 닿는 묘한 인연을 되풀이하는 곳이다. 뿌나 의 새벽 풍광을 음미할 겨를도 없이 역 구내의 짐 보관소에 배낭을 맡기고 봄베이행 기차를 탔다. 안내서에는 깐헤리 굴원이 뭄바이 외곽 보리블리의 남동쪽 약 10킬로미터 지점에 있다고 간단하게 소개되어 있으나, 이곳에 닿기란 말처럼 그렇게 간단하지 않다. 굴원에서 가장 가까운 역인 보리블 리역으로 가려면 우선 뭄바이 다다르역에서 전철을 갈아타야 하는데, 다다 르역에 내리면 어디서 표를 사야 할지 모를 지경으로 온통 아수라장이다. 보리블리역에서 도보로 5분 거리에 국립공원이 있고, 깐헤리 굴원은 이 공 원의 정문을 통해 들어간다.

깐헤리의 검은 바위산에 조성된 크고 작은 백여 개의 굴원은 일시에 조 성된 것이 아니라, 오랜 시간에 걸쳐서 그 수가 불어난 것이다. 이곳의 옛 이름인 깡하기리黑山가 나시끄 굴원의 명문에 나타나는 것으로 보아 이 굴원 의 일부는 오히려 나시끄의 굴원보다 오래된 것이라 할 수 있으나, 아쇼까 왕 시대보다 오래된 것을 시사하는 명문은 없다. 대략 1세기 말에서 7세기 사이에 조성된 것으로 전해진다.

굴원 초입에 있는 차이띠야 굴은 깐헤리 굴원이 가장 번성하던 시기인 가우따미뿌뜨라 야갸슈리 왕조 때 조성된 것으로, 이 굴원의 입구에 세워 진 두 기둥의 명문은 탑원 건축의 역사를 소상하게 전한다. 정면 좌측 위의 연화수蓮花手보살과 따라Tara의 부조는 그 섬세함과 균형미에 있어서 가장 돋 보이는 작품이며, 아잔타나 엘로라의 조각에 결코 밑지지 않는 아름다움을 지니고 있다. 전실 입구의 좌우에 있는 이 굴원 기진자의 부조는 굴원의 기진이 곧 공덕을 쌓는 것이라는 당시의 관념이 잘 표현된 것이라 할 것이다. 전실 좌우에 세워진 거대한 불상Mahāpuruṣa Buddha도 그 위용이 대단하다.

이 차이따야 굴원을 제외하고는 대개가 비하라Vihara,僧院굴로, 소수의 비구들이 거주할 수 있도록 만들어진 것이다. 승원에는 좌우 양면과 뒷면에 굴착된 여러 개의 승방은 대개 독방으로 바위를 침상과 베개 모양으로 파놓은 것도 적지 않다. 침상이 놓여 있는 벽에는 벽감壁龕이 있는데, 이것은 사물私物이나 등불을 놓아두던 곳으로 보인다. 승원의 제일 안쪽 중앙에는 불상이 안치되어 있는데, 이것은 불상에 대한 숭배가 재가신자뿐 아니라 비구들에게도 일종의 예배의식으로 받아들여지고 있었다는 것을 의미한다.

전체적으로 보아 깐헤리 굴원은 아잔타나 엘로라 혹은 나시끄나 아우랑가바드의 굴원에 비해 하나하나의 규모도 작고 조형미도 떨어지는 것이 사실이지만, 다른 곳에서는 볼 수 없는 독특한 건축양식을 보여준다. 굴원과 굴원을 연결하는 잘 다듬어진 계단이나 격자창을 통해 채광이 가능하도록 설계된 훌륭한 실내 공간은 당시의 장인들이 지니고 있었던 고도의 축조 기술을 대변한다. 특히 이 굴원에서 볼 수 있는 정교한 집수체계는 놀랍다. 산 정상에서부터 바위 표면에 홈을 파고, 이를 통해 뽀디라 불리는 수조水槽에 물이 흘러들도록 하여 늘 풍부한 수량을 확보할 수 있었으며, 지금도 인근의 아낙들이 이곳에서 빨래를 할 정도로 맑은 물이 흔하다.

불교 굴원양식의 완성, 까를라 탑원塔院

해질 무렵 깐헤리 굴원을 내려와 다다르 역으로 갔다. 까를라 굴원으로 가자면 다시 뿌나로 돌아가야 하기 때문이다. 아침에 왔던 길을 되밟아 가는 길이지만 길눈이 어두운 나에게는 올 때와 마찬가지로 생소하다. 때마침 러시아워여서 뭄바이를 빠져나가는 직장인들로 역은 이미 대혼잡이다.

밀고 당기는 인파를 헤치고 뿌나행 기차에 올랐을 때 나는 이미 기진맥진이다. 곧 기차가 출발하고 웅성거리던 차안의 분위기가 가라앉는가 싶더니, 또다시 차안은 떠돌이 장사꾼들의 외침으로 시끌벅적하다. 짜이, 커피, 칙끼, 땅콩, 액세서리, 음료수, 머리빗, 고무줄 장수가 지나가고, 동냥그릇을 절그렁거리며 거지떼가 지나가고, 졸음이 몰려온다.

밤 열한시경에 뿌나 도착. 짐 보관소에 맡겨두었던 배낭을 찾아 걸머지고 역사를 나서는데, 역 광장에 괴물처럼 버티고 선 콘돔 선전용 광고탑이 새삼 뿌나를 실감하게 한다. 뿌나는 라즈니쉬의 도시다?

이튿날 새벽에 까를라 굴원을 찾았다. 어제처럼 뿌나역에서 봄베이행 기차를 탔고 말라블리역에 도착하니 벌써 아침나절이다. 이 역은 까를라 굴원에서 가장 가까운 간이역으로, 뿌나에서 이곳까지는 약 세 시간 거리다. 굴원을 찾는 이가 드문 듯, 역사에는 길을 알리는 표지판도 없고 안내하는 사람도 없다. 지도를 더듬어 대충 방향을 잡고 들판 한가운데로 난 흙길을 따라 걸었다. 산 안개가 채 걷히지 않은 시골의 아침나절은 더없이 평화롭기만 하다. 어느 나라건 시골이 좋기는 마찬가지다. 버스가 다니는 도로변에서 오토릭샤를 타고 굴원 초입에 닿을 수 있었다.

이른 아침인데도 꽃이며 코코넛이며 뿌자pūjā, 禮拜에 필요한 예물을 챙겨들고 산을 오르는 사람들이 많다. 굴원으로 오르는 길이 가파르다. 차오르는 숨을 고르며 경내에 들어서면, 전혀 예상 밖의 시멘트 건물이 시야를 가로막는다. 일견하여 힌두 사원이다. 지붕에 매달아 놓은 확성기 소리는 귀가 따가울 정도로 시끄럽다. 확성기로 쏟아내는 법음이 어디 법음이겠는가, 소음도 그런 소음은 없다. 탑원굴 입구를 막아선 이 힌두 사원의 꼴불견은 도무지 납득하기 어렵다.

탑원 정면 왼편에 세워진 돌기둥은 아쇼까왕 석주를 연상하게 한다. 그

위에 서로 등을 맞대고 사방을 내려다보는 네 마리의 석사자는 세월을 이기지 못하는 듯, 온몸에 검버섯이 피고 그 발 아래는 잡초가 무성하다. 문 앞에 서서 근 2천년을 지냈으니 그럴 법도 하겠지만, 등어리에 돋아난 잡초의 강인함보다는 방치된 옛 흔적에 대한 안쓰러움이 앞선다. 이 석주의 건너편에 서 있는 꼴불견의 힌두 사원 자리에 원래는 다른 하나의 석주가 있었다 하니 더욱 기가 막힐 노릇이다. 이것을 두고 단지 사람이 살고 안 살고의 차이라 할 것인지, 아니면 누구에 대한 누구의 횡포라 할 것인지, 또 아니면 누구의 직무유기라 할 것인지, 하여간 순리가 아니라는 건 분명하다.

꼴불견을 뒤로 하고 성큼 탑원으로 들어서면, 서부 데칸의 숱한 탑원 가운데서도 백미로 일컬어지는 내실이 눈에 들어온다. 기원후 100~120년에 만들어진 것으로, 과연 명불허전이다. 터널 모양의 둥근 천정에 조형된 서까래며, 그것을 지탱하는 기둥들이 만들어내는 조화와 그 정제된 아름다움은 절로 탄성을 자아내게 한다. 말안장 모양으로 아름답게 조형된 살창은 깊고 좁은 굴의 가장 내밀한 곳에 모셔진 작은 스뚜빠로 광선이 스며들 수 있게 하여 탑원 전체의 장중함을 더해주고 있다. 2층 기단 위에 안치된 스뚜빠는 비교적 가늘고 높은 복발 위에 목재로 된 커다란 산개를 얹어놓아 조금도 흔들림이 없는 엄정한 기품이 서려 있다.

실내에는 스뚜빠를 모신 내실과 측량을 구분하는 좌우 각각 15개씩, 모두 30개의 석주가 배치되어 있는데, 팔각형으로 된 석주의 윗부분에 종모양의 주두柱頭를 얹어 놓았고, 그 위에 무릎을 꿇고 앉은 두 마리의 코끼리와 그 위에 앉아있는 두 남녀의 미투나mithuna상을 새겨 놓았다. 이 상들은 설법에 도취한 듯, 모두 상체를 앞으로 숙이고 스뚜빠 쪽을 바라보는 형국을 취하고 있어, 장중한 실내 공간을 더욱 팽팽한 긴장감으로 조인다. 이처럼 장중하고도 정제된 아름다움을 지닌 내실의 긴장감은 당시 이 지역에 존재하던 불교 교단의 흐트러짐 없는 종교성을 반영하는 것이라 해야 할 것이다. 우측의 석주에 부조된 불상은 탑원굴 내부에 불상이 나타난 최초의 사례로 그 의미가 크다. 이외에도 석주들에는 아쇼까왕과 관련된 몇몇 문양들이 보인다.

이 탑원굴의 정면 입구와 측량으로 통하는 3개의 문 양쪽에는 이 굴원을 기진한 부부로 짐작되는 남녀의 상이 부조되어 있다. 깐헤리의 탑원에서도 볼 수 있었던 이 부조들은 조형 미술이라는 견지에서도 전혀 손색이 없는 것으로 박력과 정교함을 겸비하고 있다. 이와 같이 세속의 보시자를 굴원 내부에 새겨놓는다는 것은 굴원을 기진한 자의 공덕을 길이 보전하자는 생각에서일 것이다. 작공덕作功德의 관념은 사후의 생천生天을 기원하는 것으로, 당시 인도의 민간신앙에 널리 성행하고 있었으며, 일반 불교도의 신앙생활을 지탱하는 것도 실제로는 이러한 공덕의 관념이었던 것으로 여겨진다. 재가신자뿐 아니라, 비구도 이를 원했음은 나시끄나 깐헤리의 몇몇 명문銘文에서 확인되고 있다. 물론 작공덕을 통한 사후 생천은 불교 본래의 깨달음과는 차원을 달리하는 것이다.

이곳에는 탑원굴 외에도 여러 승원굴이 있으며, 탑원굴 바로 왼편에 있는 승원굴을 제외한 여타의 승원들은 이미 상당 부분 힌두교 신자들에 의해 개조되고 힌두 사원으로 변해가고 있다. 한 구석에 두르가 여신을 모시거나 링가 숭배의 흔적을 보이는 승원도 여럿 보인다.

까를라 굴원은 결코 볼거리가 많은 굴원이 아니다. 그러나 거기에 탑원이 건재하는 한, 이 탑원 하나만을 보기 위해 이곳을 열 번 찾아온다 해도 그 수고로움은 결코 아깝지 않다. 다만 걱정스러운 것은 저 웅장한 석조물의 장중한 고풍 속에 슬그머니 끼어든 경박한 시멘트 문화의 꼴불견은 혹 이곳이 망가져가는 서곡은 아닌지, 거기에 확성기의 법음은 이미 갈 대로 가버린 에필로그는 아닌지 모를 일이다.

버려진 바쟈 굴원을 슬퍼하며

까를라 굴원에서 바쟈 굴원까지는 이십 리 길, 그다지 먼 거리가 아니다. 뭄바이서든 뿌나서든 아침 일찍 나선다면 이 두 곳을 하루 만에 돌아볼 수도 있다. 말라블리역을 사이에 두고 까를라 굴원은 북쪽에 그리고 바쟈 굴원은 그 반대편에 있으니, 어느 곳을 먼저 가든 반드시 다시 역으로 돌아와야 그 다음 목적지로 갈 수 있다. 아침에 이 역에 내렸을 때는 먼 곳부터 다녀오는 것이 좋을 듯해 먼저 까를라 굴원으로 갔던 것이다.

▲ 바쟈 석굴사원 내부, 석굴 안을 여러 개의 석주로 장식하여 안과 밖을 나누었다. 석주에는 법륜 모양이 여럿 보인다.

정오 무렵에 까를라 굴원을 내려왔다. 뜻밖에도 아침에 타고 왔던 릭샤가 산 아래 초입에 그대로 서 있다. 너무 오랫동안 기다리게 할 것 같아서 그럴 필요가 없다고 누차 일러두었던 릭샤가 세 시간도 넘게 기다리고 있는 것이다. 아마 빈차로 돌아가 봤자 태울 손님이 없기는 마찬가지라고 생각했는지, 아니면 드물게 오는 외지 사람의 몇 푼 선심이 그를 기다리게 했는지는 알 수 없지만, 하여간 속절없는 그의 기다림이 안쓰럽고, 또 한편으로는 반갑기도 하다.

괜스레 죄인 된 기분으로 릭샤를 돌려 바쟈 굴원으로 향했다. 아침에 내렸던 역까지 왔더니 뜻하지 않게 건널목에 화물열차가 길게 드러누워 길을 막고 섰다. 기차가 고장난 것이다. 내 답답한 마음을 아는지 모르는지 태평한 릭샤꾼은 연방 "No problem!"이다. 어디 '노 프라블럼'에 속은 적이 한두 번이던가? 두 시간이 지난 후에야 열차가 길을 비켜섰다. 역에서 바쟈 굴원으로 가는 길은 굴곡이 심하다. 그렇지 않아도 무게 중심이 위로 쏠려 가뜩이나 불안한 오토릭샤에 앉아있자니 오금이 다 저린다.

서부 데칸의 굴원 가운데서 가장 초기의 유적에 속하는 것으로 전해지는 바쟈 굴원은 모두 15개의 굴원으로 이루어져 있다.9) 이 중에서 눈길을 끄는 것은 역시 차이띠야 굴이다. 이 탑원은 내실과 외부를 차단하는 벽이나 문이 전혀 없기 때문에 바깥의 먼 거리에서도 실내의 모든 것을 볼 수 있다. 내실로 들어설 때 오른편의 석조 발코니를 눈여겨볼 필요가 있다. 그것은 목조 가옥의 전형적인 발코니를 본뜬 것이다. 티크 목재의 서까래를 사용한 독특한 형태의 내실 천장도 이 탑원이 고대의 목조 사원 양식을 따서 디자인된 것임을 증명한다.

---

9) 기원전 1세기 초에 만들어졌다(벤자민 로울랜드, 『인도미술사』, p.107).

깊이 2십 미터, 폭 십 미터 정도의 크기로 조성된 내실은 까를라의 것보다는 작지만 결코 외소한 편은 아니다. 지붕은 아치형으로 둥글게 만들었고 스뚜빠가 안치된 가장 안쪽은 돔이 조성되어 있으며 27개의 석주로 지탱하게 했다. 스뚜빠의 최상부에 놓인 정육면체에 가까운 평두나, 별도로 주두를 조성하지 않은 내실의 석주는 인접해 있는 까를라 굴원의 그것에 비해 단순하고 보다 투박한 양식을 보이고 있다. 선뜻 눈에 띄는 세련된 기교와 정제된 아름다움은 없지만, 그 생긴 품이 시원시원하고 힘차다.

  탑원 좌우로 조성되어 있는 다른 승원들은 그다지 볼 만한 것이 없고, 그 모두가 빼어난 탑원의 여운에 지나지 않는 것이다. 그러나 답사는 볼품없는 곳까지도 간다는 데 의미가 있는 법이라 여기고 오른편으로 난 비탈길을 따라 돌아가면 일군의 스뚜빠를 볼 수 있다. 굴 내부에 5기, 그리고 바깥에 9기, 모두 14기의 스뚜빠가 안치되어 있다. 더러는 여러 기의 스뚜빠를 한 곳에 모신 불적지가 있는 것이 사실이지만, 여기처럼 석굴 안에 여러 기의 스뚜빠를 모신 경우는 드물다. 직경 3미터 내외의 스뚜빠들은 모두 바위 벼랑을 굴착하여 조성한 것으로 외부의 석재를 가져다 쌓아 만든 것이 아니다. 스뚜빠의 꼭대기에 조성된 여러 가지 형태의 평두 양식도 눈길을 끈다. 더러는 평두 위에 버섯 모양의 일산을 조성한 것도 보이고 또 더러는 계단식의 역逆피라미드형 평두도 보이는데, 이것은 탑원에서 보았던 것과는 다른 양식이다. 평두 양식에 기준을 둔다면, 모르긴 해도 이 스뚜빠군은 탑원보다 나중에 조성된 것이다.

  내친 걸음에 남쪽 끝으로 조금 더 돌아가니 겉보기에도 허름한 굴원이 하나 눈에 들어온다. 원래는 탑원으로 조성되었으나 지금은 거의 폐허가 된 자그마한 굴원이다. 그러나 겉보기와는 달리 이 탑원의 전실 정면과 측면에는 섬세하고 아름다운 조각들이 있다. 불상은 물론이거니와 구상적인 이미지의 조각이라고는 거의 없는 바샤 굴원에서는 특별한 탑원이라 하지 않을 수 없다. 이 지역 사람들에게는 힌두 사원으로 통할 정도로 조각의 내용이나 그 양식이 힌두 사원을 닮아 있고 그 꾸밈도 화려하다. 내실은 자물쇠로 굳게 채워져 있어 문틈으로 겨우 들여다보았더니 벽에는 불상을 안치했던 것으로 보이는 다수의 벽감이 보일 뿐 고요하다. 내부의 훼손을 막고자 쇠창살을 만들고 자물쇠를 채운 것은 이 나라의 문화재 보호능력이 지니는 한계라 할 것이지만, 금세기의 역량이 고작 그것밖에 안 된다는 사실이 씁쓰레하다.

답사를 마치고 다시 탑원 앞으로 돌아왔더니 가관이다. 토요일 오후의 행락객들이 탑원마당으로 꾸역꾸역 밀려들고, 어른 아이 할 것 없이 삼삼오오 짝을 지어 더러는 마당에 또 더러는 탑원 안 시원한 그늘에 퍼질러 앉아 점심을 먹는다. 한껏 음악을 켜놓고 몸을 흔들며 소란을 떠는 작태가 한심하다. 이 굴원이 애초에 선견지명이 없어 뭄바이와 가깝게 앉은 죄 치고는 지나친 형벌이라 하지 않을 수 없다. 말이 그렇지 이천 년이란 세월이 어디 짧은 세월인가? 온갖 풍우에도 썩지 않고 용케 견뎌온 저 서까래며 돌기둥이 어찌 생명 없는 나무토막이며 돌덩이라 할 것인가? 그저 한순간에 세웠다 한순간에 허물어버릴 수도 있는 콘크리트 건물 정도로 여기지 않고야, 어찌 저토록 천연덕스럽게 점심 보자기를 끌러놓고 그것도 모자라서 귀가 따갑도록 음악을 높이고 난리법석을 떨 수 있겠는가? 원래는 인공이었으되 이미 자연이 주는 무게와 감동을 지닌 저 생명이, 허연 속살을 드러낸 채 마구잡이로 짓밟히는 저 딱한 생명이 슬프다.

굴원을 내려가려 하니 문득 무한강산의 우리 가람이 다시 보고 싶어진다. 수일 동안 데칸의 석굴사원들을 돌며, '장엄하여라', '아름답기도 하여라' 했더니, 이제 문득 내 나라의 고풍스런 가람이 그리운 것이다. 이같이 장엄하게 깎아 만든 굴원이야 없지만, 장엄한 산, 해묵은 노송들이 시원스레 뻗어 올라 있고, 청정한 솔바람 소리 실려 오는 내 나라의 절집이 어디 그만 못하겠는가.

데칸 고원의 한점 섬, 베드샤 굴원

뿌나에서 베드샤 굴원으로 가는 길은 멀고 험하다. 실제 이수里數로 따진다면 백리 남짓한 길이며, 그렇다고 고산준령을 넘어야 하는 것도 아니다. 그럼에도 불구하고 대중교통 수단에 의지하는 초행자에게 이 길이 멀고 험하게만 느껴지는 것은, 도무지 신통찮은 차편 탓이다. 첩첩산중을 더듬어 길을 찾는다 해도 이보다는 나을 듯싶다. 우선 베드샤 굴원에서 가장 가까운 깜쉐뜨 역에 서는 기차를 만나기가 어렵고, 역에 내려서는 까룬즈 마을까지 가는 버스를 만나기가 어려우며, 마을 어귀에 내려서는 굴원으로 오르는 길이 멀고 가파르다.

우여곡절 끝에 까룬즈 마을 어귀에 버스가 닿았을 때는 이미 정오가 넘은 뒤였다. 아침 8시에 뿌나에서 기차를 탔으니 백리 길을 무려 4시간이 걸린 셈이다. 버스에서 내려 멀리 산허리에 보일 듯 말 듯한 점으로 찍힌 굴원을 건너다보았을 때, 돌아서기에는 너무 멀리 와버렸다는 생각으로 배수진을 치지 않을 수 없었다.

굴원 방향으로 나 있는 소로를 따라가면, 그 끝에 베드샤 마을이 있다. 30~40호 정도의 아담한 마을이다. 담벼락에 덕지덕지 붙여놓은 쇠똥만 없었다면, 30년 전의 우리나라 산간벽촌과 별반 다를 것이 없는 것 같다. 외지 사람의 출입이 드문 듯, 호기심에 찬 아이들은 답사자의 꽁무니를 졸졸 따라 다니고, 그러다가도 혹 길이라도 물으려 하면 얼른 달아나 버린다. 꾸밈없는 아이들이다. 마을 한복판에 학교가 하나 있다. 물론 우리나라의 그런 학교가 아니다. 벽을 치지 않은 널찍한 교실 하나에 20~30명의 아이들이 맨바닥에 앉아서 공부를 한다. 다소 산만하기는 하지만 즐거운 공부 시간인 듯하다. 교실 한구석에 있는 붉은 색칠의 가네샤 신상이 인상적이다. 이들의 길흉화복을 책임지는 신이다.

산은 가파르고 날씨가 무덥다. 산비탈 여기저기에는 동네 아낙들이 땔나무를 하느라 부산하다. 이곳 아낙들은 평상시나 일을 할 때나 사리를 입기는 마찬가지다. 편의를 좇아 옛 것을 수이 버리지 않는 이들의 아름다운 마음을 모르는 바 아니지만, 숨이 턱에 차도록 무더운 날씨에도 불구하고 긴 사리를 끌며 낫질을 하는 모습들이 딱하다. 산을 오를수록 선인장이 무성해지고 곳곳에 바위를 깎아 만든 돌계단의 흔적이 보이지만 길이 험하기는 마찬가지다. 가파른 산기슭의 8부 능선에 굴원이 있다.

가쁜 숨을 고르며 굴원 초입에 들어서면 잠부꽃 향기가 코를 찌른다. 이미 고목이 되어 그 원래 모습을 짐작하기조차 어렵게 되었지만, 이 황량한 굴원을 지키고 서 있는 두 그루의 잠부나무는 낯선 객지에서 오랜 벗을 만난 것만큼이나 반갑고, 고요한 경내를 더욱 고요하게 한다.

기원후 1세기경에 조성된 것으로 전해지는 이 굴원은 1개의 차이띠야굴과 4개의 비하라굴로 이루어져 있다. 여기서 가장 눈길을 끄는 것은 역시 탑원이다. 바위를 굴착해 만든 좁은 통로를 통해 안으로 들어서면, 4개의 기둥이 버티고 선 주랑柱廊 현관이 나온다. 아름다운 조각이 부조된 기둥 그 자체는 물론이거니와, 페르세폴리스양식의 기둥머리가 일품이다. 한 쌍의 남녀를 태운 말, 물소, 코끼리의 조각은 근 2천년이라는 세월의 추이에도 살아 움직이는 듯 생생하다. 주랑 현관의 내벽에 꾸두kudu, 즉 편자 모양의 퇴창을 모티브로 한 다층 누각 디자인도 이색적이다.

현관의 화려한 조각에 비해 내실은 매우 간소하다. 천정은 아치형이며,

스뚜빠가 있는 가장 안쪽에는 반구형의 돔을 조성했다. 내부와 요도續道를 구분하는 26개의 팔각기둥도 단순하기 이를 데 없다. 화려한 기둥머리를 얹은 것도 아니고, 그렇다고 밑동에 멋을 부린 것도 아닌, 그저 수수한 시골 아낙처럼 편안하다. 천정에는 목재 서까래를 설치했던 흔적이 남아 있으며, 한때 단청을 했던 것으로 여겨지는 흔적도 보인다. 소박하기는 스뚜빠도 마찬가지다. 2층 기단 위에 놓인 복발형 탑신으로 이루어진 이 스뚜빠는 전체적으로 홀쭉하다는 느낌이 들게 한다. 기단의 상부에 새겨진 난간은, 이 스뚜빠가 산치나 아말라바띠 일대의 스뚜빠를 전형으로 하면서도 실내에 안치되는 상황에 따른 일종의 변형이라는 것을 의미한다. 역피라미드형 평두平頭 위에는 산개를 꽂았던 대만 남아 있어, 온갖 잡스런 낙서로 훼손된 스뚜빠의 아픔을 더욱 가중시킨다.

탑원굴 바로 오른편에 있는 승원굴도 눈여겨 볼 만하다. 대개의 승원이 전체적으로 장방형을 이루는 것이 일반적이지만, 이 굴은 우선 천정이 아치형으로 되어 있고 그 안쪽이 반원을 이루고 있어 탑원굴을 연상하게 하는 점이 없지 않다. 그러나 좌우 벽과 뒷부분에 조성되어 있는 9개의 승방은 이 굴이 승원굴이었다는 것을 여실히 증명한다. 승방 안에는 바위를 깎아 만든 2인용 침상이 남아 있으며, 그 밑에 감龕을 만들어 둔 곳도 있다. 입구 가까이에 있는 3개의 방―상당히 훼손되어 있는―은 내부의 승방과는 다른 구조로 되어 있다. 원래는 이 방들이 있는 현관과 내실 사이에 나무로 된 벽이 있었다고 전해진다. 세 개의 방 가운데 둘은 미완인 것으로 짐작되며, 이외에도 베드샤 굴원에는 미완의 흔적들이 여럿 남아 있다. 탑원 왼편에 있는 소규모의 석굴에는 새기다 만 스뚜빠가 1기 있으며, 탑원 앞을 가로막고 있는 바위―통로만 깎아 만들어둔―도 치워져야 제 모습이 아닌가 짐작된다.

답사를 끝내고 잠부나무 밑에 앉아 땀을 식힐 즈음이면, 돌아갈 일이 막막하다. 머뭇거리다가는 오늘 중에 뿌나로 돌아갈 수 없을지도 모른다는 생각으로 배수진을 치지 않을 수 없다. 어제 바샤 굴원에서 돌아오는 길에 마드라스행 기차표를 예매해 두었으니, 마음은 이미 어제 데칸 고원을 내려간 셈이다.

용수보살의 숨결, 남인도 불교의 중심, 나가르쥬나꼰다

마드라스행 기차가 남으로 남으로 내달린다. 엊저녁에 뿌나를 떠나 하루 동안 꼬박 달려왔지만 아직 목적지는 멀다. 이글거리던 태양이 지평선 너머로 지고, 가도 가도 끝이 없는 대지에 어둠이 내린다. 어느 새 눈썹달이 떴다. 음력 초닷새는 지난 듯 다소 살이 올라 노란색이 더욱 선명하다. 무엇이든 어린 것은 밉지 않다. 따지고 보면 흙덩이에 불과한 저 눈썹달조차도 그렇다. 아름답다는 말은 곧 선하다는 말일 것이다.

홀연히 왔다 문득 가는 것이 삶이라면, 그것이 삶의 실상이라면, 삶의 면면이 찰나 아닌 것 없고 처음 아닌 것 없다 할 것이지만, 처음보다는 처음 아닌 것이 더 많은 것이 범부의 삶이요 나의 모습이다. 이러한 나의 삶에 마드라스는 대단한 곳이었다. 서른 살이 넘도록 외국으로는 인도가 처음이었고, 그 중에서도 마드라스였으니 보는 것마다 새롭지 않은 것이 없었고 만나는 사람마다 새롭지 않은 사람이 없었다. 이곳에서의 두 해는 실로 늘 처음이고 늘 새로운 것이었다. 최초는 최고와 일맥상통한다.

이번에 마드라스로 가는 것은 남인도의 불적을 돌아보기 전에 우선 마드라스의 꼰네마라 박물관을 보는 것이 순서라고 여겼기 때문이다. 이 박물관은 남인도, 특히 나가르쥬나꼰다 계곡과 안드라 지방의 불적지에서 나온 수많은 유물들을 보관하고 있다.

마드라스에 도착한 날로부터 연 사흘 동안 이 박물관을 드나들며 사진을 찍었다. 사진 촬영이 금지된 다른 여러 고고학 박물관에서 맺힌 한을 푼 셈이다.

나가르쥬나꼰다로 가자면, 하이데라바드에서 끄리슈나강을 따라 내려가든가, 아니면 벵골만의 군뚜르에서 이 강을 거슬러 올라갈 수도 있다. 이끄슈바꾸Ikṣvāku(A.D.세기) 왕조의 수도로 한때 남인도 불교의 중심이었던 이곳은 원래 비자야뿌리라는 이름으로 알려졌다.[10] 현재의 이름은 대승불교 중관학파의 개조로 칭송되는 나가르주나龍樹의 이름에서 따온 것으로, 중세에 붙여진 것이다.

전통에 따르면, 나가르주나는 이곳에서 약 60년 동안 승가를 이끌었다고 한다. 그러나 이를 뒷받침할 어떤 고고학적인 발굴이나 뚜렷한 문증이 있는 것은 아니다. 현장의 『대당서역기』에는 남인도 지방의 교살라국憍薩羅國[11]에서 용맹龍猛보살[12]과 제바提婆보살[13]이 만났다는 기록이 있으나, 교살라국의 위치에 대한 해석이 제마다 다르니, 나가르주나가 교학을 논한 것이 반드시 오늘날의 나가르쥬나꼰다였다고 말하는 것은 어려울 것 같다. 다만 분명한 것은 오래전부터 이곳에서 불교—특히 대승불교—가 번성해 왔으며, 발견되는 명문의 내용으로 보아 당시에 이미 중국이나 스리랑카 등지에서 학승들이 이곳으로 몰려들었다는 사실이다.

---

10) Archaeological Survey of India, *Nagarjunakonda*, 1987, p.3.
11) 대개 불교경전에서 교살라(憍薩羅, Kosala)라고 불리는 나라는 북인도의 사위성을 가리키며, 한글대장경 『대당서역기 외』 제10권에 나오는 교살라국과는 다르다.
12) 나가르주나의 제자 Āryadeva를 말한다.
13) 한글대장경 『대당서역기 외』, pp.315~316.

‘꼰다’ Konda는 이 지방 언어인 뗄루구어로 ‘언덕’을 의미한다. 이처럼 나가르쥬나꼰다의 유적은 원래 끄리슈나강 언덕에 있었지만, 1969년에 완공된 나가르주나사가르 댐 공사로 대부분의 유적은 인공 호수 아래 잠기게 되었으며, 이때 주요 유적들을 인공 호수 내의 한 섬으로 옮겨 놓았다. 지금 우리가 나가르쥬나꼰다라고 부르는 것은 바로 이 섬을 가리킨다.

유적이 있는 섬으로 가기 위해 이른 아침에 선착장으로 갔다. 생각보다 섬으로 가는 사람들이 많다. 짐작컨대, 남인도의 큰 명절 가운데 하나인 뽕갈Pongal축제 기간이기 때문일 것이다. 발 디딜 틈 없이 빼곡히 사람들을 태운 낡은 철선은 그야말로 위험천만이다. 설상가상으로 도중에 폭우가 쏟아지고, 우왕좌왕하는 사람들 틈에 끼어 속수무책으로 비를 맞을 수밖에 없었다. 삐죽삐죽한 바위산 기슭에 배를 대고 사공이 외나무 다리 하나 댕그라니 걸치면, 사람들은 마치 곡예를 하듯 배를 내린다. 십년감수라는 말이 절로 나오는 삼십 리 뱃길이었다.

섬은 조용한 낙원이다. 언제 그랬느냐 싶을 정도로 하늘은 맑게 개어 있고 길섶에 휘늘어진 부겐베리아 붉은 꽃이 고요하다. 약간 경사진 길을 한참 따라가면, ‘ㄷ’자 모양의 고풍스런 고고학 박물관이 나온다. 수몰지역에 있었던 유물들을 보관하고 있는 박물관이다. 박물관 초입에 코브라를 모티브로 한 돌조각 두 점이 세워져 있고, 이 문양은 박물관 외벽 아랫도리에 빙 둘러 장식되어 있다.

역시 ‘사진 촬영 절대 불가’의 벽을 넘지 못한 채, 박물관 뒷문으로 나와 소로를 따라 모퉁이를 돌면, 이 섬에 복원된 유적 가운데 대표적인 가람 양식을 보여주는 싱하라 비하라 유적이 먼발치에 보인다. 우선 시야에 들어오는 것은 절터가 아니라, 흔히 사진으로 보는 예의 그 불상이다. 나중에 안 일이지만 여기에 세워진 불상은 모조품이며, 진품은 박물관 안에 보관된 것이다.

이 가람에는 만다빠mandapa,內園를 둘러싼 3면에 승방을 배치했고 주방이나 창고로 사용되었던 것으로 보이는 방도 있다. 그리고 나머지 한쪽 면에는 직사각형의 사당이 배치되어 있으며, 그 좌우에는 말굽 모양의 작은 사당을 조성해 각각 붓다의 입상과 스뚜빠를 안치했다. 이것은 스뚜빠와 비하라로 구성되는 전통적인 가람 양식에 변화가 일어난 것을 의미하며, 불상이 도입된 이후에도 스뚜빠 숭배가 공존했다는 것을 말한다. 또한 이 지방의 불교가 차츰 대승불교를 지향해 갔음을 보여주는 것이기도 하다. 전체적으로 장방형을 이루는 이 건물에 인접하여 마하스뚜빠를 조성한 것은 이 지역의 전형적인 가람 배치 양식 가운데 하나라고 한다. 문지방 앞에 놓인 반달 모양의 석재 장식도 이채롭다.

섬 안으로 조금 더 들어가면, 대개 힌두교도였던 당시의 왕들이 마사제馬祀祭, aśvamedha를 행했던 것으로 보이는 유적이 있으며, 또한 이 섬에서 가장 웅장하고 중요한 스뚜빠를 볼 수 있다. 이 스뚜빠는 이끄슈바꾸 왕조 초대 왕의 여동생인 찬타쉬리가 기진한 것으로, 명문에 따르면 아난 존자의 감독 하에 조성된 것이다.[14] 전체적으로 짜끄라 모양을 하고 있는 이 스뚜빠의 상부에는 네 방위에 아야까āyaka 석주를 세우고 명문을 새겼는데, 이 또한 스뚜빠 양식의 변천 과정에 있어서 하나의 독특한 예로 기록된다.

다만 옛 유적을 공허하게 재현하고 있는 이 섬은, 전해지는 이름 만큼 그다지 큰 감흥을 주지 못한다. 나가르주나의 숨결을 느끼기란 더욱 어렵다. 유적은 역시 그 자리에 있어야 한다. 그래도 굳이 이 섬에서 나가르주나를 찾아내라 한다면, 박물관 초입에 서 있는 코브라 문양의 조각을 들어야 할

---

14) Archaeological Survey of India, *Nagarjunakonda*, p.32.

것 같다. 박물관 건물 아랫도리를 돌아가며 이 문양으로 강조한 것도 이 때문이 아닌가 싶다. 범어로 '나가'^{nāga}는 뱀 또는 용을 가리킨다.

남인도 불교의 중심, 아마라바띠

나가르쥬나꼰다의 감회를 추스를 겨를도 없이, 무심한 버스는 끄리슈나 강을 따라 하류로 내려간다. 아마라바띠로 가는 길이다. 깊이 모를 물 밑에 제 몸을 담가 댐이 되었으니, 나가르쥬나꼰다는 대승 보살들의 장엄한 삶을 따라간 것이다. 그래도 서운하기는 마찬가지다.

사가르를 출발한 버스가 아누뿌의 고대 불교대학 터를 지나고, 동네 아이들 놀이터가 되어버린 스뚜빠 유적이 있는 곳에서 잠시 머뭇거리다가 가파른 고개 하나를 넘으면, 이제 버스는 나가르쥬나꼰다를 완전히 벗어나게 된다. 아누뿌 마을에 잠시 내렸다 갈까 했으나, 오늘 안으로 가야 할 길이 멀다. 나가르쥬나꼰다에서 아마라바띠까지는 근 삼백 리 길이다.

마첼라에서 군뚜르행 버스로 갈아탔다. 차창 밖의 달이 밝다. 푸른 달빛 아래 끝없이 펼쳐진 목화밭은 혹 평창·대화의 '메밀꽃 필 무렵'이 아닌가 싶을 정도로 눈부시다. 자정 무렵에 군뚜르에 도착해 버스 정류장 부근 숙소에 여장을 풀었다. 날이 밝는 대로 아마라바띠로 갈 작정이다.

'불멸자의 땅' 아마라바띠는 군뚜르에서 서북으로 35킬로미터 떨어진 곳에 있다. 군뚜르에서 이곳으로 가는 버스는 이른 새벽부터 저녁 늦은 시각까지 수시로 있으며, 우기에는 비자야바다에서 배를 타고 끄리슈나강을 거슬러 올라 이곳에 닿을 수도 있다. 끄리슈나강의 남쪽 언덕에 있는 이 작은 도시는 한때 마하 안드라의 수도였으며, 아쇼까왕 통치 말엽으로부터 그 후 수세기 동안 남인도 불교의 중심이었다. 이곳은 또한 힌두교의 성지로 이름이 높다. 오늘날에도 순례자들의 발길이 끊이지 않는다. 아마라바띠라는 이름도 이 도시에 있는 힌두교 사원 아마레슈와라에서 유래된 것이다.

아마라바띠 불적의 중심은 마하 차이띠야Mahā-chaitya다. 버스정류장에 내려 끄리슈나강 쪽으로 난 큰길을 따라 5분 정도 걸으면, 길 왼편에 아담한 벽돌 건물의 고고학 박물관이 있고, 그 뒤로 보이는 숲 속에 이 스뚜빠의 유적이 있다. 그리고 이 길이 끝나는 곳에 아마레슈와라 힌두 사원이 있다. 아마라바띠에서 볼 만한 곳은 이 세 곳뿐이다.

이곳 사람들에게는 오히려 '디빨라딧네' Dipāladinne(燈의 岸)라는 이름으로 더 익숙한 마하 차이띠야는, 한때 그 웅장하고 아름답기가 산치의 마하스뚜빠에 못지않은 것이었다고 한다. 직경 50여 미터에 탑신의 높이가 27미터에 달했다 하니, 가히 그 규모가 어떠했는지 짐작할 만하다. 그러나 지금은 그저 나지막한 흙무덤에 깨진 석주 몇 개가 옛 흔적을 전하고 있을 뿐 지난날의 위용을 찾아볼 수 없다. 이미 아쇼까왕 당시에 초석이 놓이고, 그 후 수 세기 동안 장구한 세월의 역사를 간직한 유적에 대한 대접치고는 너무하다 싶을 정도로 그 관리가 소홀하다. 찾는 이 또한 드물다.

여기서 출토된 석판에는 온전했을 당시 탑 전체의 완전한 모습이 부조되어 있어 원래의 모양을 짐작할 수 있으며, 고고학 박물관 뒷마당에 이 탑의 모형이 축소된 크기로 복원되어 있다. 탑은 난간으로 둘러싸여 있으며, 네 개의 문이 있는데, 산치 대탑에서 보는 것과 같은 또라나torana, 塔門는 없다. 그 대신에 동서남북으로 장방형의 아야까āyaka를 만들고 여기에 다섯 개의 돌기둥을 세워 놓았다. 이것은 붓다의 생애 가운데 다섯 가지 중요한 일들, 즉 탄생, 출가, 정각, 초전법륜, 열반을 상징한다. 산치나 바르후트와 마찬가지로 부조의 주제는 자따까이며 특히 불전도가 주를 이룬다.

고고학 박물관에는 주로 마하 차이띠야에서 발굴된 유물들을 보관하고 있으나, 그 외에도 굼마디둘루, 알루루 등 끄리슈나강 유역에서 발굴된 유물도 다수 있다. 인도의 주요 유적지에 있는 고고학 박물관은 현지에서 발굴된 유물의 주요 부분을 보관하고 있는 게 일반적이지만, 아마라바띠 박물관의 경우는 사정이 다르다. 18세기 말엽부터 발굴되기 시작한 마하 차이띠야 유적의 상당 부분은 영국으로 건너갔고, 이때 남겨진 것들도 대부분은 마드라스의 꼰네마라 박물관에 있기 때문에, 정작 아마라바띠 고고학 박물관에는 소수의 불상과 부조들이 있을 뿐이다. 이 박물관의 뒷마당에 전시된 상당수의 부조는 꼰네마라 박물관에 있는 유물들의 모조품이다.

갤러리에 들어서면 제일 먼저 눈에 들어오는 실제 크기의 붓다 입상은 마하 차이띠야 유적지에서 발굴된 것으로, 이 지역의 전형적인 불상이다. 스리랑카와 동남아시아의 불상 양식에 커다란 영향을 준 것으로 전해진다. 특히 법의의 오른쪽 어깨와 흉부를 터놓은 것이 특징적이며, 나선형으로 소용돌이치는 머리카락의 양식은 원래 이 지역에서 시작되어 마투라 지역으로 전파된 것이라 한다. 연꽃을 모티프로 한 원형의 양각들이 많은 것도 인상적이다. 안드라 불교에 독특한 불상이 제작되었다고 해서 종래의 법륜, 보리수, 불족적 등 붓다의 상징이 곧 사라진 것은 아니었다. 기원후 250년 무렵에 중수되어 완전한 모습을 갖춘 마하 차이띠야의 탑신과 난간에는 불상과 법륜이 함께 나타나 있는 부조도 있다. 이것은 상징이 단순히 붓다의 존재를 나타내는 것으로 그치는 것이 아니라, 하나의 독자적인 의미를 지니는 신앙의 대상이 되었다는 것을 뜻한다.

후기 사타바하나 왕조의 근거지가 되면서 번창하던 이곳의 불교 교단은 대체로 기원후 3세기경부터 쇠퇴하기 시작했으며, 이에 따라 남인도 불교의 중심은 나가르쥬나꼰다로 옮겨가게 된다. 이것은 곧 후기 사따바하나 왕조의 몰락과 함께 이끄슈바꾸 왕조의 흥기를 의미한다. 그러나 7세기 현장이 이곳을 방문했을 때에도 이곳에는 여전히 천여 명 비구들이 거주하고 있다는 기록이 있으며,[15] 그 이후에도 수세기 동안 불교가 번창했던 것으로 전해진다. 마하차이띠야가 14세기까지도 불교의 중심으로 계속되었다는 것은 스리랑카의 캔디에 있는 다르마끼릇띠의 명문A.D.1344에서도 확인할 수 있다.

깨달음의 땅, 보드가야

부처님의 발자취가 어린 북인도의 여러 불적 가운데 특히 중요한 네 곳을 일컬어 흔히 4대 성지라 한다. 4대 성지는 부처님이 탄생한 룸비니, 깨달음을 얻은 보드가야, 전법轉法의 첫 인연이 있었던 사르나트, 그리고 열반에 든 꾸쉬나가르를 가리키는 것으로, 이 네 곳은 성지 중의 성지다.

▲ 보드가야 대각사의 불상

이번 답사길처럼 남인도를 돌아 북상하거나 아니면 캘커타를 기점으로 하는 경우에도, 위치로 볼 때 4대 성지 가운데 첫 경유지는 보드가야가 된다. 우선 기차로 가야역까지 가서 버스나 다른 대중교통 수단을 이용해 보드가야로 갈 수 있으며, 가야에서 보드가야까지는 삼십 리 길이다. 역에서 자전거 릭샤로 십분 거리에 버스 정류장이 있다. 수시로 버스가 있으며, 역 앞에서 오토 릭샤를 탈 수도 있다.

가야 시가지를 빠져나가는 길은 좁고 혼잡하다. 힌두교의 유서 깊은 도시 가야는 연중 순례자들의 발길이 끊이지 않는 곳으로, 늘 만원이다. 버스가 길 옆 지붕에 닿지 않을까 싶을 정도로 아슬아슬한 길을 벗어나면, 전형적인 인도 시골의 풍광이 시원스럽게 펼쳐진다. 길 왼편으로 나이란자나강이 흐르고 그 오른편에는 먼발치에 상두산象頭山이 있다. 나이란자나 강변에 있는 보드가야 버스 정류장에 닿을 즈음이면 전정각산으로 눈이 간다.

대각사의 역사는 아쇼까왕 시대까지 거슬러 올라간다.[16] 부처님 성도 후 약 250년이 지나서 이곳을 찾은 아쇼까왕이 보리수 나무 옆에 가람을 세우고, 부처님이 앉았던 바로 그 자리에 금강좌金剛座를 조성했다. 아쇼까왕의 보드가야 방문은 산치 대탑 동문에도 양각되어 기념되고 있으나, 현재 이곳에는 아쇼까왕 당시의 흔적을 전하는 유물은 없다. 경내에 서 있는 부서진 석주 몇 점이 아쇼까왕 석주로 말해지고 있으나, 사실 여부는 불확실하다. 대탑을 둘러싸고 있는 아름다운 석재 난간 또한 흔히 아쇼까왕 석주라고 하지만, 이 난간의 몇몇 기둥들에서 발견되는 명문은 그것이 상당히 후대의 것

15) 한글대장경 『대당서역기 외』, p.323.
16) 암벽칙령 viii에 따르면, 아쇼까왕은 즉위 10년에 보드가야 보리수를 순례했다. "본래 이 정사가 있던 땅에는 무우왕이 먼저 작은 정사를 세웠는데, 후에 어떤 바라문이 이것을 더 넓혀서 지었다고 한다."(한글대장경 『대당서역기 외』, p.252.)

임을 보여준다. 뿐만 아니라, 아쇼까 시대의 난간이 지니는 일반적인 특징에 비추어 볼 때에도 현재의 난간은 이와 거리가 멀다. 현재의 난간은 우선 사용된 돌이 아쇼까 시대의 것에 비해 연마가 덜 되어 있으며, 여러 가지 상들을 새긴 부조와 원형의 양각들이 많이 있는데, 이것은 거의 꾸밈이 없는 아쇼까 시대의 것과 완전히 다른 양식을 보이는 것이다. 짐작건대 현재의 난간은 원래 아쇼까왕에 의해 세워진 것을 대체했을 가능성이 높다.

현재의 대각사는 아쇼까왕이 세웠던 사원 터 위에 다시 조성한 것이다. 현장의 기록으로 보아 이미 7세기에는 오늘날과 같은 형태와 규모를 지니고 있었으며,[17] 그 후에도 여러 차례 중수된 기록이 있다. 한때는 힌두교 사원으로 바뀌어버리는 어처구니없는 역사도 있었다. 50여 미터에 달하는 대탑은 멀리서도 볼 수 있으며, 탑 뒤편으로 늘어선 보리수는 높은 탑의 원경에 아름다움을 더한다. 탑의 외벽에 조성된 수많은 감실에는 불상이 안치되어 있다. 사방으로 문을 내고 피라미드 형식으로 세운 이 탑은 현재 인도에 남아 있는 불교 사원 가운데 가장 오래되고 아름다운 것으로 꼽힌다.

대탑 안에는 가부좌의 대불大佛이 안치되어 있는데, 이것은 부처님이 보리수에 등을 기대고 선정에 들었던 바로 그 자세로 동쪽, 즉 입구 쪽을 향하고 있다. 가끔 이 불상은 석굴암의 본존불과 어떤 관련을 지니고 있는 것으로 추측되기도 한다. 우선 신체 각 부위의 치수와 항마촉지인降魔觸地印을 짓고 있는 수인이 유사하며, 앉은 방향 또한 동편으로 같다는 이유로 이 불상이 석굴암 본존불의 원형이 아닐까 하는 추측을 낳게 하지만, 단지 이러한 유사성만으로 두 불상 간의 어떤 직접적인 관련을 유추하기에는 아무래도 무리인 것 같다.

---

17) 한글대장경 『대당서역기 외』, pp.251~252.

보드가야 유적의 중심은 대탑의 서편에 있는 보리수다. 원래는 아슈밧따aśvatta나무 혹은 삐빨pipal 나무라 불렸던 것을 부처님이 이 나무 아래서 깨달음을 얻었다 하여 깨달음의 나무, 즉 보리수라고 부르게 된 것이다. 보드가야라는 마을 이름이 보드가야로 된 것도 이와 마찬가지다. 부처님 재세 때에는 수백 척의 높이에 달했다 하나, 그동안 너덧 차례 벌채되는 수난을 겪었으며, 수고樹高 십여 미터에 달하는 현재의 보리수는 원래 보리수의 현손玄孫 격에 해당된다. 나뭇잎이 푸르고 윤기가 있으며, 겨울에도 잎이 지지 않지만, 부처님 열반일에만 갑자기 잎이 졌다가 다시 잎을 낸다[18]고 하니 신기한 일이 아닐 수 없다. 이 보리수 밑에는 부처님이 깨달음을 얻은 자리를 기념하는 금강좌가 있으며, 그 옆에 있는 불족적은 부처님이 깨달음을 얻은 후 첫발을 내디딘 곳이다.

경내에는 이 금강좌를 포함해 부처님께서 깨달음을 얻은 후 이레씩 머물렀던 일곱 성적聖跡이 있다. 첫 이레 동안을 보리수 아래서 머문 후 입구 동쪽 언덕으로 자리를 옮겨 이레 동안 보리수만 뚫어지게 응시하며 선정에 들었다는 아니메샤로짜나 스뚜빠, 북쪽 난간 안에 동서로 놓인 연꽃 대좌, 법문을 청하는 바라문에게 『법구경』을 설했다는 반얀Banyan나무, 범천梵天과 제석천帝釋天, Sakra-devanam-Indra이 헌공한 거처에서 선정에 든 가운데 몸에서 오색 광명을 발했다는 라뜨나그라하 사당, 서문 밖에 있는 무짤린다 용왕못, 깨달음을 얻은 후 마지막 이레를 머물렀던 라자야따나rajayatana 나무가 있다.

이외에도 보드가야 주변에는 여러 불적들이 있다. 특히 나이란자나강 건너의 수자따 집터, 전정각산前正覺山, 유영굴留影窟 등은 부처님 당시 행적과 관련된 중요한 유적이다. 지난 사 오십 년 동안 지어진 아시아 각국의 사원들

18) 한글대장경 『대당서역기 외』, p.250.

도 제마다 자기 나라 고유의 멋을 지니고 있다. 티베트 사원의 법륜, 일본 사원의 불상은 멀리서도 아름답다.

근래의 보드가야는 달라이라마가 있는 다람살라를 연상케 한다. 온갖 얼굴의 이방인들이 북적대는 것이 그렇고, 그 가운데 티베트 사람들이 눈에 띄게 많은 것도 그렇다. 대각사의 새벽을 여는 사람들 또한 오체투지五體投地로 절하는 티베트 사람들이다. 이제 어쩌면 보드가야의 주인은 티베트 사람들이라는 생각이 든다.

전법의 첫 인연, 사르나트

이제는 으레 초전법륜지라는 수식어가 앞서는 사르나트, 이 유서 깊은 성적聖蹟은 바라나시에서 북쪽으로 약 8킬로미터 가량 떨어진 곳에 있다. 지난날 부처님의 행적을 따라 답사했던 법현의 기록으로 짐작해 본다면, 부처님은 깨달음을 얻은 후에 보드가야를 떠나 라지기르, 날란다, 파트나, 바라나시의 순으로 이어지는 길을 따라 이곳 사르나트로 왔다. 오늘날에는 가야에서 바라나시로 이어지는 대로가 있어 굳이 이렇게 돌아갈 필요가 없어졌지만, 당시에는 이 길이 여의치 않았던 것 같다. 근 3백 킬로미터에 이르는 이 먼 길을 걸어온 것은 지난날 함께 수행했던 다섯 도반에게 법을 전하고자 함이었다.

바라나시에서 사르나트로 가는 길은 이른 아침 자전거 릭샤가 격에 맞는다. 어스름 새벽부터 저녁 늦도록 언제나 사람들이 북적대는 바라나시 역사를 떠나 철교 하나를 건너 '인환의 거리' 바라나시를 빠져나오면, 전혀 다른 세계가 된다. 노변에 늘어선 해묵은 가로수가 싱그럽고, 촉촉해진 마당을 비질하는 농가의 아낙들이 푸근하다. 노변 구멍가게에서 흘러나오는 라가rāga의 선율, 시따르sitar와 따블라tabla의 경쾌한 어울림은, 늦가을 날씨

▲ 사르나트 초전법륜지

처럼 알싸한 사르나트의 아침을 더욱 상쾌하게 만든다.

　가는 길에 제일 먼저 만나게 되는 유적은 차우칸디 스뚜빠迎佛塔이다. 초전법륜지 조금 못미처 길 왼편에 있으며, 대개는 일단 유적지로 갔다가 돌아가는 길에 들르게 되는 곳이다. 이 스뚜빠는 부처님이 다섯 비구를 재회한 사건을 기념해 굽타 왕조 시대에 조성된 것으로, 당시에는 높이 3백여 척에 달하는 웅장한 규모였다고 한다. 현재의 팔각기둥 형태로 올려진 건물은 1588년 무굴 제국의 아끄바르 황제가 세운 것으로, 부왕 후마윤의 방문을 기리는 것이라 한다. 계단을 따라 탑 위로 오르면 사르나트 마을 전체가 한눈에 들어온다.

　이 스뚜빠에서 도보로 5분 거리에 초전법륜지가 있다. 입구 오른편에 단층 석조 건물의 사르나트 고고학 박물관이 있으며, 이곳에는 유적지에서 발굴된 수많은 불교 유물들이 전시되어 있다. 이 박물관은 특히 초전법륜상으로 유명한 곳이다. 설법인說法印을 맺은 결가부좌의 이 불상은 굽따Gupta 왕조 시대의 불상 가운데서 최고 걸작의 하나인 동시에 인도 조각 예술을 대표하는 작품으로 꼽힌다. 회백색 사암에 새겨진 심원한 표정이 오묘하다. 그 외에도 연화대 관음보살 입상, 미륵보살 입상, 자따까 이야기를 새긴 부조 등 많은 불교 걸작품이 전시되어 있으며, 갤러리 입구에 버티고 선 아쇼까왕 석주 머리 부분의 사자 장식 또한 이 박물관의 명물이다. 온화하면서도 위엄어린 이 석사자상은 마치 살아 움직이는 듯 생생하다. 아쇼까왕 당시의 간소함이 차츰 화려한 꾸밈으로 바뀌면서, 이에 따라 정신적인 긴장감도 사라져 가는 것이 아닌가 싶다.

유적지 안으로 들어서면, 우선 다메크스뚜빠로 눈길이 간다. 오른편 먼

▲ 다르마라지까스뚜빠

발치에 당당한 자태로 우뚝 솟은 이 거대한 스뚜빠는 오늘날 사르나트의 상징처럼 초전법륜지를 지키고 서 있다. 이 스뚜빠는 부처님이 다섯 비구에게 처음으로 설법한 곳을 기념해 아쇼까왕이 조성한 것이라고 하나 그 내력은 확실하지 않다. 지금 우리가 보는 것은 굽따 왕조 시대에 증축된 것으로, 기단부 외벽을 장식하고 있는 기하학적 문양이 특히 인상적이다. 유적지 입구 정면 가까이에 있는 다르마라지까스뚜빠 터는 뒷전이고, 입구에서부터 눈길이 자꾸 다메크스뚜빠로 가는 것은, 보이는 물상에 대한 우선을 물리치지 못하는 답사지의 한계다. 지금의 다르마라지까스뚜빠 터는 둥그렇게 적벽돌을 쌓고 그 안에 붉은 흙을 채운 품이 흡사 씨름장 같지만, 현장이 이곳을 찾았을 때는 이 터에 백 척이 넘는 웅대한 스뚜빠가 있었으며, 그 앞에는 칠십여 척 높이의 석주가 서 있었다고 하니 실로 격세지감이 있다. 터만 남은 이 다르마라지까스뚜빠는 부처님의 사리를 담고 있었으니, 의미로 친다면 다메크스뚜빠에 결코 뒤지지 않는다 할 것이다.

유적지 한가운데 있는 사원 터는 서기 2세기경의 것으로 입구가 동쪽으로 향해 있으며, 이곳으로 향하는 길 양편으로는 여러 기의 작은 스뚜빠들이 있다. 이 사원의 벽은 아랫부분에 석재를, 그리고 윗부분에는 적벽돌을 사용해 쌓아 올려 독특한 양식을 보이고 있으며, 내부의 벽에는 불상을 안치했던 흔적도 있다. 이 사원의 서쪽에 있는 아쇼까왕 석주도 의미 깊은 유적이다. 원래는 부처님이 다섯 비구들에게 처음으로 법을 설했던 곳에 세워졌던 것으로 추정되지만, 현재로서는 그 정확한 위치를 가늠할 수 없다고 한다. 비록 머리 부분은 박물관에 맡겨 두고 부러진 몸 몇 토막을 겨우 유지하고 섰지만, 회백색 사암의 매끈한 표면은 서늘한 생기를 내뿜는 듯하다. 석주 표면에 브라흐미 문자로 새겨진 '파화합'破和合에 관한 아쇼까왕의 명문은 당시 승단의 분열을 반영하는 것이 아닌가 싶다.

아쇼까왕 석주를 지나 유적지 북쪽에 있는 세 곳 승원터를 둘러본 후, 이곳 아이들이 파는 야채 한 광주리를 사 들고 사슴동산으로 가면, 사르나트 유적지의 답사는 대개 끝나는 셈이다. 돌아 나오는 길에 이 주변에 있는 스리랑카 사원을 비롯한 동남아 제국의 사원들을 둘러보는 것도 의미 있는 일이 될 것이다. 사슴동산 뒤편에는 수년 전에 조성된 한국 절이 있다.

반열반般涅槃에 드신 붓다, 꾸쉬나가르

자정 무렵에 바라나시에서 고락뿌르행 기차를 탔다. 열반의 땅, 환희의 땅 꾸쉬나가르로 가는 길이다. 지난날 부처님은 바이샬리 근처의 죽림촌에서 마지막 안거를 보낸 후, '낡은 수레가 가죽 끈의 도움으로 겨우 움직여 가듯', 노쇠한 몸을 재촉해 꾸쉬나가르로 향했다. 전세前世로부터 숙연宿緣이 있는 그곳에서 열반에 들어, 그 은혜를 갚고자 했던 것이다. 이렇듯 부처님은 자신의 죽음을 지극히 당연한 것으로 받아들였으며, 그의 죽음을 염려하는 아난다에게 타이른다. "태어나고 죽는 것은 때가 있기 마련이다. 세상에 난 사람은 죽지 않을 수 없는 것이다." "자신을 등불로 하고 자신을 의지처로 하며, 남을 의지처로 하지 마라. 법을 등불로 하고 법을 의지처로 하며, 다른 것을 의지처로 하지 마라."

아침 7시경에 고락뿌르 도착, 역 앞 노변에서 뿌리puri 한 접시와 짜이 한 잔으로 아침을 대신하고, 꾸쉬나가르로 가는 버스에 올랐다. 길 양편으로 한없이 펼쳐지는 아름드리 활엽수들이 울창하다. 말라족의 우빠밧따나 언덕이, 그 사라나무 숲이 멀지 않음이다.

꾸쉬나가르는 작은 시골 마을이다. 버스 정류장에 내리면, 눈어림으로도 어디로 가야할지 짐작할 수 있는 작고 아담한 마을이다. 찾는 사람이 드문 듯, 그 흔한 자전거 릭샤 하나 보이지 않고 길거리는 한적하다. 야채며 과

▲ 꾸쉬나가르 부처님 다비장

일이며 짜이를 파는 노점상들이 있는 길을 따라 한참 가다 보면, 왼편으로 미얀마 사원이 보이고 그 바로 옆에 열반사가 있다. 정면에서 보면 흡사 열반사와 아쇼까왕 스뚜빠가 한 건물인 양 겹쳐 보인다. 부처님 재세 때에도 꾸쉬나가르는 그다지 큰 도시는 아니었던 것 같다. "이 성은 비록 겉보기에 하찮은 것이나, 영묘한 공덕이 장엄되는 곳이다. 이곳은 모든 여래와 보살이 수행하던 곳인 까닭이다."

열반사涅槃寺, 무우수가 늘어선 입구를 지나 법당 안으로 들어서면, 머리는 북향으로 얼굴은 서향으로 하고, 오른쪽 옆구리를 아래로 두고 두 발을 포개어 모로 누우신 부처님, 흡사 시골 노인이 따스한 봄날 툇마루에 팔베개 하고 눕듯, 그렇게 누우신 부처님, 인간적인 너무나 인간적인 부처님, 이미 무명의 언덕을 넘어 생사의 바다를 건너시고, 열반의 저 언덕에 닿으시고, 그러고도 사십오 년을 세간에 계시다가 마침내 적정에 드신 인간 붓다를 본다.

아치형 지붕 위에 사방으로 난 둥근 창을 통해 부드러운 햇살이 들어 실내의 분위기를 더욱 편안하게 한다. 열반상 기단부에는 좌측에 꼬살라국 쁘라세나짓 왕비 말리까末利夫人, 우측에는 아난존자가 슬픔에 젖은 표정으로 앉아 있고, 그 중앙에는 이 열반상을 기진한 하리발라 비구가 열반상을 향해 돌아앉아 있다. 붓다의 죽음, 열반은 환희라 했다. 그럼에도 불구하고 이것을 맞이하는 인간의 정서는 슬픔이다. 아난존자조차도 그 예외는 아니었다.

▲ 열반사 안의 부처님 열반상

슬픔에 잠긴 아난존자가 묻는다.

"세존께서 세상에 계실 때 저희는 많은 가르침을 받을 수 있었습니다. 그런데 이제 세존께서 열반에 드시면 저희는 가르침을 원해도 받을 곳이 없을 것입니다. 그때는 어찌하면 좋겠습니까?"

"아난존자야, 여래가 열반에 든 것을 보고 정법이 끊어졌다고 여겨서는 안 된다. 나는 너희 비구를 위해 계율을 정하고 법을 설했다. 이제 그것이 너희의 스승이 될 것이다." "부귀영화도 덧없는 것이요, 색신도 무상하여 썩어갈 그릇"임을 들어 알고 있지만, 그래도 죽음이 슬프기는 마찬가지다.

부처님은 이 경계를 뛰어넘은 것이다. 죽음이 환희로 통하는 등식을, 그 길을 여실하게 꿰뚫은 것이며, 인간 붓다의 깨달음이기에 우리에게는 더욱 소중한 것이다. "제행은 무상이니, 방일하지 말고 정진하라." 그리하면 누구나 "삶의 유전流轉을 떠나 괴로움에서 벗어나리라."

열반사 뒤편에 거대한 스뚜빠가 있다. 원래 아쇼까왕이 조성한 것이라고 하나, 그 후 수차례의 증축이 있었으며, 현재의 스뚜빠는 금세기 미얀마 스님들에 의해 증축된 것이다. 이 스뚜빠 뒤쪽에 있는 약간 불룩한 언덕은 아난존자의 스뚜빠가 있던 자리라고 전한다. 그러나 그 진위는 불확실하다. 이외에도 열반사 주변에는 연대나 내력을 추측할 수 없는 수많은 승원 유적들이 흩어져 있다. 기원후 5세기 벽두에 이곳을 답사했던 법현은 부처님이 열반에 드신 곳 외에도 수바드라善賢가 깨달음을 얻은 곳, 세존을 금관에 안치하고 이레 동안 공양한 곳, 금강역사가 금강저를 놓은 곳, 8왕이 사리를 나눈 곳 등을 기념하는 탑과 사원이 세워져 있다고 전한다.

열반사에서 희련하希連河 쪽으로 꺾어드는 길목에 마따꾸아르 사원 유적지가 있다. 근래에 지은 작은 사당 안에 이곳에서 발굴된 아름다운 좌불상이 안치되어 있으나, 굳게 잠긴 문틈으로 겨우 들여다볼 수 있을 뿐이다. 조금 더 가면 길 오른편에 흰 대리석으로 웅장하고 아름답게 세워진 일본 절이 있고, 그 건너편에 터를 잡은 대한사는 우리나라 절이다. 이 길을 따라 쉬엄쉬엄 걸어서 반 시간을 더 가면, 부처님의 다비지 라마바르스뚜빠 유적에 닿는다. 원래 이곳은 말라족 역대 왕들의 대관식이 행해지던 성지로, 부처님이 열반에 드신 지 이레 만에 말라족 사람들이 부처님의 시신을 이곳으로 옮겨와 전륜성왕과 같은 다비식을 치렀다고 한다.

가던 길을 되짚어 돌아와 룸비니로 향한다.

다시 태어나는 룸비니

네팔과 인도를 갈라놓는 국경은 허술하기 짝이 없다. 긴 나무 작대기 하나 걸쳐 놓고 이쪽이 인도 땅이고 저쪽은 네팔 땅이다. 국경을 건너면서 "여기가 정말 국경이냐?"고 몇 번이나 물어야 할 정도로 실감이 나지 않는 국경이다. 인도 말고는 나라 밖을 나가본 적이 없는 나로서는 국경이라면 우리나라의 휴전선처럼 으레 높은 철책이 가로막히고 무장 군인들이 지키고 섰을 것이라 여겼는데, 이런 생각을 비웃기라도 하듯, 막아서는 사람도 없고 길은 이쪽에서 저쪽으로 그대로 이어져 있다. "철마는 달리고 싶다"는 외침으로 끝을 맺는 휴전선 부근 그 철길이 생각나게 하는 국경이다.

수나울리에서 국경을 건너 자동차로 한 시간 거리에 부처님 탄생지 룸비니가 있다. 부처님 당시 룸비니는 숲이 우거진 아름다운 동산이었다고 전해지며, 아쇼까왕이 이곳을 방문하고 석주를 세웠을 때도 이곳은 융성한 마을이었다. 7세기경에 이곳을 답사했던 현장 또한 그렇게 기록하고 있다.

"여기에 사끼야족의 한 인물이 목욕하던 연못이 있는데, 그 물은 맑아 거울과 같다. 온갖 꽃들이 어지러이 피어 있다."

지금의 룸비니는 이렇듯 아름다운 동산이 아니다. 허허 벌판에 허리춤까지 오는 억새풀이 무성한 황량한 들판이다. 아쇼까왕이 석주에 명문을 새겨 조세를 면해 주고자 했던 룸비니 마을은 없다. 버스길에서 유적지까지 근 십리 길에 보이는 것은 사방으로 온통 억새풀뿐이고 오가는 사람도 없다.

사실 룸비니의 위치에 대해서는 19세기 말까지만 해도 분명하게 알려지지 않고 있었다. 그러던 중 1896년 독일의 고고학자 휘러가 오늘날의 네팔령 떼라이 지역에 있는 옛 사원을 조사하는 과정에서 아쇼까왕 석주를 발견했다.[19] 울창한 숲에 버려져 있었던 이 석주의 명문에는 이곳에서 붓다 샤끼야무니가 태어났으며, 왕은 즉위 20년이 되던 해, 즉 기원전 244년 무

▲ 인도에서 룸비니로 가는 국경

19) 나라야스아키, 「인도불교」, p.61.

렵에 이곳을 순례했다고 기록되어 있다. 이로써 오랜 세월 동안 잊혀 있었던 부처님 탄생지가 확인된 것이다.

이미 현장의 기록에도 나타나 있는 것처럼, 오늘날 남아 있는 아쇼까왕 석주는 중간 부분에서 부러져 있으며, 그 윗부분과 마상馬像의 주두柱頭는 유실되고 없다. 7미터 안팎의 석주 중간 부분에 브라흐미 문자로 다섯 줄의 명문이 새겨져 있다. 명문의 내용은 아쇼까왕의 부처님 탄생지 순례의 사실뿐 아니라, 위대한 성인이 탄생한 이 마을에 대해 조세를 감면한다는 칙령을 담고 있어 불교에 대한 아쇼까왕의 심중을 짐작할 수 있게 한다.

아쇼까왕 석주의 동쪽에 접해 있는 마야데비 사원은 복원 공사가 한창이다. 사방에 둘러친 포장을 비집고 들여다보았더니, 이미 사원은 없고 허물어진 돌무더기만 눈에 들어온다. 원래 이 사원은 10세기경에 조성된 것으로 그동안 수차례의 부분적인 개축이 있었으나, 이번에는 완전히 허물고 새로 태어나는 것이 아닌가 싶다. 사원을 지키고 섰던 아름드리 보리수 나무도 잘리고 없다. 그 까닭을 물었더니 나무 뿌리가 사원의 지반을 망가뜨릴 염려가 있어서라고 한다. 어련히 알아서 결단을 내렸을까마는 사원 앞에 섰던 그 보리수를 볼 수 없다는 서운함을 떨칠 수가 없다. 사원에 모셔져 있던 부처님 탄생 장면 부조는 경내 사무실에 임시 보관되어 있다. 오른손으로 사라수 가지를 휘어잡고 부처님을 출산하는 마야데비 부인과 그 옆으로 부인을 시중드는 범천梵天 및 천녀들을 새긴 이 부조는 기원전 3세기경의 유물이다.

사원 남쪽에 싯다르타 연못이 있다. 법현이 전하는 바에 의하면, 이 연못은 마야데비가 부처님을 출산한 후에 목욕한 곳이며, 중승衆僧이 그 물을 떠서 마실 정도로 맑은 연못이었던 것 같다. 현장 또한 이 연못의 물이 맑아 거울과 같다고 전한다. 연못 주변으로 승원 터와 고대 스뚜빠 유적이 다수

남아 있다.

　현재 룸비니는 곳곳에 개발공사가 한창이다. 이미 오래 전에 발족된 룸비니 개발공사의 청사진에 따라 박물관, 도서관이 세워지고 여러 가지 사업들이 진행 중이다. 이 사업은 주로 네팔 정부와 인근 불교국이 주도하고 있으며, 우리나라도 동참하고 있다. 인도에서 불교가 새로 태어나는 몸부림이라 할 것이다.

불법佛法의 모천 회귀, 다르마빨라

불교가 그 발상지에서 거의 사라져 가고 있을 때, 그 회생을 도모하는 기운은 인도 내부가 아니라 스리랑카에서 일어났다. 그 이전에도 인도 내에서 불교부흥운동의 기미가 전혀 없었던 것은 아니지만, 실질적으로 그것이 하나의 운동으로 발전해 전국적인 호응을 얻게 되는 것은 19세기 말엽 스리랑카의 호법護法 아나가리까 다르마빨라를 통해서였다. 이것은 지난날 아쇼까왕이 스리랑카에 뿌린 전법의 씨앗이 2천 3백여 년의 세월이 지난 후에 다시 모천으로 돌아온 역사적인 일이다. 스리랑카의 역사서들에 따르면, 현재 보드가야의 보리수 또한 아쇼까왕의 딸 상가밋따 비구니가 지난날 스리랑카의 아누라다뿌라에 심었던 보리수의 모천회귀로 되살아난 것이다.

인도 불교부흥운동의 선구 다르마빨라는 1864년 9월 17일 콜롬보의 전통적인 불교 가정에서 태어났다. 그의 양친은 모두 싱할라 불교 가문 태생으로 일생 동안 재가 불교도로서의 엄격한 삶을 살았으며, 이것은 다르마빨라의 종교적인 삶에 모범이 되었다. 아버지 무딜리야르 헤와위타라나는 콜롬보의 유능한 사업가였으며, 73세로 세연을 마칠 때까지 언제나 다르마빨라의 활동에 재정적인 버팀목으로 서 있었다. 그는 스리랑카의 유서 깊은 불교대학 비디요다야 칼리지의 설립자 가운데 한 사람이기도 하다. 어머니 말리까는 특히 대각회Mahabodhi Society 활동과 사르나트의 물라간가꾸띠 사원 조성에 깊은 관심을 보였던 독실한 불교도였다.

이렇듯 불교적인 가정환경에도 불구하고, 다르마빨라는 유년시절부터 근 15년 동안을 줄곧 기독교 선교학교에서 교육을 받았다. 그가 태어날 당시 콜롬보는 기독교가 성행하고 있었으며, 민족 종교인 불교는 오히려 금기시되고 있었다. 민족적이고 불교적인 전통들은 무가치한 것으로 여겨졌으며, 이것은 특히 사회적으로 유력한 지위에 있는 사람들 간에 팽배한 분위기였다. 심지어 보조금으로 운영되는 불교 학교에서는 기독교 출판협회에서 편집한 기독교 서적들이 읽혀지고 있었으며, 이것은 불교도 아이들의 개종을 의도한 것이었다. 다르마빨라의 원래 이름이 기독교식의 데이비드였던 것도 그 당시 스리랑카의 기독교적인 분위기를 반영하는 것이다. 당시에는 콜롬보에서 태어나는 불교 가정의 아이들도 기독교 교회에서 기독교식 이름을 받는 것이 관례였다고 한다. 그가 이러한 환경 속에서도 끝까지 기독교로 개종하지 않고 불교도로 남을 수 있었던 것은 그의 부모님과 조부모님의 영향 때문이었다. 다르마빨라는 아홉 살 때 조상 전례의 싱할라 불교 사원에서 브라흐마짜리야brahmacarya(梵行) 서원을 했다.

다르마빨라는 여섯 살 때 뻿따의 가톨릭 학교에 입학했다. 그 이전에는 네덜란드인 자녀들이 다니는 유아학교에서 영어를 배웠다. 비록 가정에서는 매일 부처님께 예를 올리는 불교도였지만, 다른 한편으로는 기독교의 성경을 읽고 가톨릭 수도사들이 하는 특별 강좌에 참석해야 하는 어린 시절이었다. 12세 때 꼿떼의 개신교 기숙학교에 입학한 이후 근 2년 반 동안 새벽 6시 반부터 저녁 늦도록 더욱 철저한 기독교 교육으로 일관했다. 이때 그는 개신교 목사와 선교사들로부터 불교 다르마에 대한 심한 비판을 경험하게 되며, 그의 마음속에서도 기독교에 대한 저항이 싹트기 시작한다. 어린 시절 기독교 선교학교에서의 교육은 결과적으로 다르마빨라에게 자기 문화에 대한 자기 반성의 기회를 가져다 주었던 것으로 보인다. 부자연스러운 외래문화 속에서 표류하고 있는 자기 고유의 문화를 자각하게 된 것이다.

 1879년 다르마빨라는 꼿떼의 개신교 기숙학교에서 초급대학 수준의 토머스 스쿨로 옮겼다. 이때 그는 학교로 가는 길에 매일 메겟뚜밧떼의 하무두루보스 사원을 지나다니게 되었으며, 나중에는 토요일 오후에 그 사원의 예불에 참석하게 되었다. 그가 신지학회의 창시자 올코트 대령과 블라바츠키 여사에 대해 듣게 된 것은 바로 그 사원에서였다.

 다르마빨라가 올코트 대령을 만난 것은 그의 나이 열여섯 살 때였다. 이 만남은 그의 생애에 있어서 커다란 전환점이 된다. 올코트 대령은 다르마빨라를 불교부흥운동의 일선으로 인도해낸 인물이다. 이미 다르마빨라의 가슴속에 자라고 있었던 불교 부흥에 대한 생각이 올코트 대령과의 만남을 통해 보다 확고해지고 구체화된 것이다. 올코트 대령 자신도 세계의 모든 사람들에게 영감을 주는 충실한 봉사자로서, 불교부흥과 아시아 특히 인도와 스리랑카 사람들을 위해 그의 삶을 바쳤다. 다르마빨라는 수년 동안 올코트 대령의 불교부흥운동에 동참했으며, 스리랑카 각지를 다니면서 다수 대중들의 눈뜨고 볼 수 없는 참상들을 접하게 된다.

 그의 나이 스물두 살 되던 해에 드디어 부모의 허락 하에 세속적인 모든 포부를 버리고 다른 사람들을 위한 봉사에 헌신하기로 원을 세웠다. 장래가 촉망되는 정부 관리 데이비드는 아나가리카 다르마빨라, 즉 거처 없는 anagarika 법의 수호자dharmapala가 되어 불교의 부흥과 불교도들의 보다 나은 삶을 위해 혼신의 노력을 시작하게 된 것이다.

 어린 시절부터 인도의 불교 성지들을 돌아보고 싶은 소망을 지니고 있었던 다르마빨라는 마침내 1891년 1월에 보드가야 사원을 순례하게 된다. 짐작건대 에드윈 아놀드경이 런던의 계간 『전신』 The Telegraph에 발표한 '아시아의 빛' 이라는 글이 그가 보드가야로 향하게 했던 것 같다. 아놀드경은 이

글에서 황폐한 보드가야 사원의 근황을 상세하게 전하고 있을 뿐 아니라, 인도 정부에 이 중요한 불교 성지의 복구를 촉구한 적이 있다.

다르마빨라가 보드가야 사원을 찾았을 때 불교는 부처님의 나라에서 거의 자취를 감추었고, 성적聖跡들은 버려진 채 여기저기 흩어져 있었다. 더욱 놀라운 일은 성지 중의 성지인 보드가야 사원이 힌두교 마한뜨mahant(行政官)의 소유 하에 있었다는 사실이다. 이렇듯 황폐해진 불교와 버려진 불적들을 목격한 다르마빨라는 보드가야를 비롯한 인도의 불교 성지들을 회복하고 인도에 불법을 널리 전파하겠다는 결심을 하게 되었으며, 이 결심은 그 해 5월 스리랑카 대각회의 설립으로 구체화되었다.

같은 해 7월 네 명의 스리랑카 비구가 보드가야에 파견되고 인도에서 대각회 활동이 시작되었다. 이것은 불교의 발상지에서 불교부흥운동이 실질적으로 시작되는 중대한 사건이다. 10월에는 전 세계 불교계에 보드가야의 상황을 알리기 위해 다르마빨라는 보드가야에서 국제불교회의를 개최했으며, 스리랑카, 중국, 일본, 치타공 등지에서 비구들이 참석했다.

그 후에도 다르마빨라는 대각회 활동을 중심으로 보드가야 사원의 회복에 총력을 기울였다. 이를 위해 근 10년 동안 법적인 투쟁을 계속했으며, 이 과정에서 캘커타의 무께르지와 올코트 대령의 도움이 컸다. 심지어는 마하뜨마 간디, 바부 라젠드라 쁘라사드, 따고르, 그리고 그 외의 다른 유명 인사들에게도 보드가야 사태의 심각성을 알리고 이들의 협조를 호소했다. 인도 정부의 허락으로 1920년 캘커타에 다르마라지까비하라를 세울 수 있었으며, 그 후 수년 후에는 부다가야에 불교 순례자들이 머무를 수 있는 다람살라를 조성했다.

다르마빨라는 보드가야 성지 외에도 사르나트, 꾸쉬나가르, 산치 등 인도에 있는 다른 여러 성지들의 회복을 위해서도 많은 노력을 기울였다. 실로 오늘날 인도의 불적들이 그나마도 보존될 수 있었던 것은 다르마빨라의 사심 없는 노력의 직접적인 결과라고 해야 할 것이다. 인도 고고학회가 1904년 사르나트 불적 발굴을 시작했을 때, 수많은 유물 유적들이 온전히 보존될 수 있도록 측면 지원했던 사람도 바로 다르마빨라였다. 그는 또한 불교도들의 복지를 위해 인도 각지에 대각회 지부를 설립했으며, 나아가서는 미얀마, 태국, 일본, 치타공, 다르질링, 바라나시, 시카고 등지에도 대각회의 지부를 세워 불교의 부흥을 도모했다.

그가 창간하고 주도한 『마하보디』저널도 인도의 불교부흥운동에 큰 기여를 했다. 오늘날 최고의 세계적인 불교 저널이 된 「마하보디」저널은, 다르마빨라가 인도에서 활동을 시작한 그 이듬해인 1892년 5월에 시작되었으며, 아시아의 여러 불교 국가들과 보드가야 간에 뉴스를 실어 나르는 수레 역할을 성공적으로 수행했다. 궁극적으로는 전체 불교도들을 사랑과 형제애의 공동 토대 위에서 하나로 결합하는 데 기여한 것으로 평가된다.

1893년 다르마빨라는 대각회를 대표해서 시카고 종교의회에 참석했다. '넓은 이마 뒤로 넘겨진 검고 구불구불한 머리칼과 청중들을 향한 그의 예리하고 투명한 눈빛, 그리고 우렁찬 목소리로 토해내는' 그의 메시지는 세계의 종교인들에게 깊은 인상을 남겼다. '붓다에 대한 세계의 빛'이라는 제하의 연설을 통해 그는 '4억 7천 5백만 불교도들의 선의'善意에, 그리고 수세기를 통해 아시아의 평화에 이바지해온 불교와 그 개조의 가르침에 응답할 것을 촉구했으며, 나아가서 그들에게 '편견 없이 배우고 생각하며, 사심 없이 모든 존재를 사랑하며, 두려움 없이 믿는 바를 표현하며 청정한 삶을 영위하라'고 외쳤다.

유서 깊은 콜럼부스홀에서 있었던 그의 연설은 특히 서구 세계에 깊은 인상을 주었으며, 수많은 미국인들이 불교에 귀의하게 되는 놀라운 결과를 가져왔다. 미국의 언론들은 고대 그리스의 웅변가 데모스테네스도 다르마빨라를 능가하지 못했을 것이라고 평가했으며, 그의 연설은 시카고 청중들이 지금까지 들어보지 못한 훌륭한 것이었다고 극찬했다. 그는 점차 미국인들 사이에 유명해지게 되었으며, 그가 불교에 대해 강연한다는 광고만으로도 장소가 비좁을 정도로 수많은 청중들이 모여 들었다. 종교의회가 끝나고 나서도 미국의 여러 곳으로부터 초청되어 강연을 했다. 이것은 불교가 단지 아시아 불교 국가들의 종교가 아니라 전 세계를 위한 것임을 확인한 쾌거였다.

잘 알려진 것처럼, 다르마빨라와 비베까난다의 교우 관계가 깊어진 것도 바로 이 종교 의회를 통해서였다. 비베까난다는 이 종교의회에서 힌두교를 세계에 알렸다. 이들은 서로 깊이 존경하는 동료로서의 관계를 오래도록 유지했다. 이 두 사람에 의해 세워진 인도의 대각회와 라마끄리슈나미션은 전 세계의 사람들에게 역동적인 인도 문화의 탁월함을 알렸으며, 기실 인도 역사를 통해 처음으로 인도인들에게 세계적인 지위를 부여한 인물들이다. 비록 그들의 방법은 달랐다 할지라도, 그럼에도 불구하고 그들의 목적은 동일했다. 즉, 인도의 영원한 메시지를 세계에 전하는 것이 그들의 목적이었다.

시카고 종교의회를 마치고 스리랑카로 돌아가는 길에, 호놀룰루 항구의 선상에서 다르마빨라는 하와이의 왕족 포스터 여사와 운명적인 만남을 하게 된다. 나중에 포스터 여사는 다르마빨라의 양모가 되었으며, 그의 활동에 재정적인 후원자가 되었다. 캘커타의 다르마라지까 사원 건립, 1904년 사르나트에서 개교한 사르나트 농업학교 등 인도 내의 수많은 불교 활동들이 그녀의 재정적인 지원으로 가능할 수 있었다. 다르마빨라가 당시 세계의 심장부라 할 수 있는 런던에서 불교부흥운동을 시작할 수 있었던 것도 포스터 여사의 후원에 힘입은 바가 크다.

1926년 그는 런던 근교에 '포스터의 집' Foster's House을 마련하고 여러 탁월한 인사들을 초청해 강연을 갖는 정기 모임을 주선했다. 그리고 이때『영국의 불교도』The British Buddhist라는 월간 저널을 발행하기 시작했다. 2년여 동안 기반을 다진 후에 1928년 6월에는 스리랑카로부터 세 명의 승려들이 그곳에서 정착할 수 있었다. 이것이 런던에서 불교 비하라僧院의 출발이며, 이때부터 2차 세계대전이 발발하기 전까지 싱할리 비구들은 다르마빨라의 사명을 헌신적으로 수행했다. 이 사원은 아시아 대륙 밖에 건립된 최초의 불교 사원으로 기록된다. 그때 불교는 영국, 프랑스, 독일, 그리고 미국의 수많은 지식층들에게 알려졌다.

이 사원은 그 후 서 런던의 치스윅으로 이사했지만 지금도 활발한 활동을 전개하고 있으며, 영웅적인 설립자가 보여주었던 것과 똑같은 열정으로 붓다의 법을 전파하는 일에 열심이다. 이 사원은 아나가리카 다르마빨라 재단에 의해 운영되고 있으며, 스리랑카 대각회로부터 포교를 위한 비구가 파견된다.

비베까난다의 지적처럼, 다르마빨라는 만민의 선善을 위해, 만민의 행복을 위해 평생을 바쳤다. 그의 주된 관심사는 상실된 인간성을 회복하는 것이었으며, 이것이야말로 불교의 가르침이 지향하는 궁극의 목표라고 믿었다. 그에게 있어서 종교란 단지 높고 거룩한 이상을 논구하는 고고한 삶이 아니라, 대중들의 이익과 행복을 위해 현실 속으로 뛰어드는 것이었다.

기실 다르마빨라의 불교부흥운동이 성공을 거둘 수 있었던 것은, 무엇보다도 불교를 인도주의적인 입장으로 접근했기 때문이다. 그의 주안점은 종교 그 자체가 아니라, 오히려 종교를 통한 참된 인간성 회복에 있다. 마치 고대 인도의 최고 호법 아쇼까왕이 그랬던 것처럼, 다르마빨라는 불교를 보편적 인도주의 차원에서 이해하고 실천했던 것이다. 물론 이것은 자기 자신의 선 자리가 확고하지 않고서는 불가능하다. 선 자리가 확고하지 않은 인도주의는 방종으로 치닫기 마련이다. 그의 불교부흥운동이 성공할 수 있었던 또 다른 하나의 이유를 든다면, 그것은 아버지 무딜리야르 헤와위타라나와 미국인 양모 포스터 여사의 재정적인 지원이다. 이들이 없었다면, 인도에서의 불교부흥은 시작부터 불가능했을지도 모른다.

다르마빨라로부터 시작된 인도의 불교부흥운동은 그 후 암베드까르 박사의 신불교운동으로 오늘날 인도 사회 전반에 정착되기에 이르렀다. 적어도 외적으로 보아 불교도의 수가 크게 늘었고 불교에 대한 인식이 새로워진 것도 사실이다. 그러나 현재의 신불교운동이 안고 있는 문제점 또한 적지 않다. 이 운동은 대개 사회 개혁이라는 차원에서 받아들여지는 측면이 강하고, 따라서 불교를 모르는 신불교도들이 많다. 말하자면 선 자리가 확고하지 못한 인도주의로 흐르고 있는 셈이다. 짐작건대 이 문제는 신불교도들이 대개 하층 천민들이라는 점과 맞물려 있는 것 같다. 이들에게 있어서 개종은 불교 그 자체에 대한 이해와 감화라는 의미보다는, 오히려 불가촉천민으로서의 사회적인 신분을 벗어난다는 의미가 강하다. 물론 그 자체로도 무의미한 것은 아니지만, 이런 경향이 지속된다면 결국에는 신불교도라는 이름의 새로운 힌두 카스트가 하나 더 생겨나는 것으로 그칠 가능성도 없지 않다.

암베드까르의 신불교운동

빔라오 람지 암베드까르는 인도가 영국의 지배를 받고 있던 1891년 인도 중부 인도레 지역 모우라는 작은 도시에서 14남매의 막내로 태어났다. 그의 가문은 마하르 계급의 불가촉천민에 속했으나 경제적으로는 풍족한 편이었다. 이 지역 불가촉천민들은 일찍이 영국군의 군속으로 복무한 사람들이 많았으며, 암베드까르의 집안도 할아버지 때부터 군인이었다. 아버지 수베다르 람지 사끄빨 또한 군인이었으며, 나중에는 군인학교 교수장을 지내기도 했다. 어머니 비마바이는 암베드까르가 5살 되던 해에 세상을 떠났으며, 그는 숙모의 슬하에서 어린 시절을 보냈다. 아버지는 불가촉천민으로서는 보기 드물게 순수 채식주의자였으며, 그 지역 언어인 마라띠 뿐만 아니라 영어에 능통했다. 그는 또한 당시 이 지역에 성행하던 박띠 종교 중에서도 카스트에 대해 가장 비판적이었던 까비르 박띠파派 신봉자였다.

다섯 살 되던 해에 다뽈리의 학교에 입학해 아버지의 직장을 따라 마하라슈뜨라주州의 각지를 다니며 교육을 받았으며, 인도에서의 마지막 고등교육은 뭄바이에서 마쳤다. 학교에서는 불가촉천민 신분이라는 이유로 뼈아픈 체험을 많이 했다. 교실에서도 의자에 앉지 못하고 한쪽 구석에 앉아 공부해야 했으며, 범어 선생은 그에게 범어 가르치는 것을 거부했다. 심지어는 선생님께 공책을 건넬 수도 없었으며, 그가 입을 벌리면 교실의 공기가 오염된다는 이유로 책을 소리 내어 읽거나 질문도 하지 못하게 했다. 이러한 신분적 굴욕은 심지어 그가 장성해 관리와 교수가 되었을 때도 겪었다. 주택 소유에 제한을 받거나 구타를 당하기도 했다.

1904년 아버지를 따라 뭄바이로 이사했다. 그 이듬해에 불교 가정 출신의 라마바이와 결혼했다. 1908년 불가촉천민으로는 처음으로 뭄바이 엘핀스톤 대학 입학시험에 합격했으며, 이를 기념하는 축하 파티에서 당시 작가 겸 사회개혁가로 유명하던 켈루스카르를 만나 그가 쓴 『붓다의 일생』을 입학선물로 받았다. 암베드까르와 불교의 첫 만남이었다. 이 인연으로 암베드까르는 켈루스카르의 추천을 받아 바로다주州 왕의 장학금으로 공부하게 된다. 대학에서는 영어와 페르시아어를 전공했다. 1912년 졸업과 동시에 바로다주 왕의 초청으로 공무원이 되었으나, 동료 공무원들의 차별대우를 견디지 못해 사임했다.

이미 대학시절부터 암베드까르를 후원해 온 바로다 왕의 주선으로 암베드까르는 다시 미국 유학길에 오른다. 당시 미국 유학은 상층계급에서도 쉽지 않은 일이었으며, 귀국 후 10년 동안 바로다 왕국을 위해 일한다는 조건으로 장학금을 받았다. 미국의 콜롬비아 대학에서 1915년 「고대 인도의 상업」"Ancient Indian Commerce"이라는 논문으로 석사학위, 그리고 1916년에는 「인도의 국가재정 분배－역사적 분석적 연구」"National Dividend for India : A Historical and Analytical Study"라는 제목의 논문으로 철학박사 학위를 받았다. 암베드까르는 미국 유학시절에 이미 사회개혁운동에 관심을 보였으며, 당시 인도의 국가적 지도자였던 람 라즈빠뜨 라이와 교류했다. 카스트 제도의 개혁에 관한 논문을 발표하기도 했다. 미국 유학을 마치고 영국에서 경제학 및 정치학을 공부했으며, 또한 변호사 자격을 얻기 위해 법학협회 그레이즈 인Gray's Inn에 입학했다. 그러나 1917년 약속된 장학금 기간이 끝나 인도로 귀국했다.

인도로 돌아온 암베드까르는 약속대로 바로다 왕의 군사관계 비서로 임명되었으나, 불가촉천민으로서의 굴욕적인 대우는 여전했다. 거주할 곳을 구하기 어려웠을 뿐만 아니라, 사무실에서 동료들과 함께 물도 마실 수 없었다. 카스트 제도의 벽을 넘지 못하고 또한 사직했다. 그 후 1918년 뭄바이 시덴함 대학의 정치 경제학 교수가 되었으며, 불가촉천민의 권익을 도모하기 위한 여러 가지 활동을 했다. 이때에도 동료들의 멸시를 받았으나 그의 해박한 지식과 진지한 교수 활동은 많은 학생들의 마음을 끌기에 충분했다. 1920년 다시 영국으로 돌아가서 영국 법학협회 그레이즈 인으로부터 변호사 자격을 취득했으며, 1923년에는 런던 대학에서 경제학 전공으로 박사학위를 받았다.

1923년 인도로 귀국한 후 암베드까르는 불가촉천민들의 지위 개선을 위한 투쟁에 앞장섰다. 그는 힌두교인의 호의나 영국의 지원 혹은 불가촉천민들의 개별적인 노력으로 인도 사회를 변화시키는 것은 불가능하다고 생각했다. 불합리한 인도 사회에 변화를 가져올 수 있는 것은 오직 대중적인 차원의 사회혁명뿐이라는 확신으로 같은 해 6월 하층민 복지협회Bahishkrit Hitakarsani Sabha를 결성했으며, 1927년에는 「하층민 인도」Bahishkrit Bharat라는 신문을 창간했다. 그는 이러한 활동을 통해 불가촉천민에 대한 교육 기회의 확대 및 경제적 여건의 개선, 현실적 고통의 의식화에 주력했다. 1930년 미래의 인도 헌법에 대한 문제를 논의하기 위해 런던에서 열린 원탁회의Round Table Conference에 불가촉천민 대표로 참석해 불가촉천민의 분리 선거를 주장했으며, 이 문제로 간디와 심각한 갈등을 겪게 된다. 결국 절충안으로 합동선거에 의한 하층민의 할당 대표권을 가지는 것으로 합의한 뿌나 협정Poona Pact을 맺게 된다.

이 무렵 암베드까르는 불가촉천민들이 힌두교 안에 머물러 있으면서 자신들의 권익을 위해 투쟁하는 데는 한계가 있다는 것을 느끼기 시작했다. 그는 불가촉천민들이 인간 이하의 범주로 분류되는 힌두교를 버리고 모든 사람을 평등하게 여기는 다른 종교로 개종하는 것이 우선 필요하다고 보았으며, 이때부터 그의 투쟁은 종교적인 측면에 초점이 맞추어진다. 당시 대중 집회에서 『마누법전』을 불사르는 의식을 거행한 것도 이런 맥락에서 이해될 수 있다. 인도의 여러 종교 중에서 특히 불교에 관심을 가지게 되었으며, 하층민들에 대한 연설에서 『법구경』 등 불교 경전을 자주 인용하기도 했다.

1935년 나시끄 집회는 암베드까르의 사회개혁운동에 획기적인 사건으로 기록된다. 그는 이 대회에서 "나는 힌두교인으로 태어났으나, 힌두교인으로 죽지는 않는다"는 유명한 선언을 했다. 힌두교와의 결별을 선언한 것이다. 그는 이 집회에서 모든 불가촉천민들이 불교로 개종할 것을 촉구했으며, 이를 계기로 이른바 신불교운동이 시작되었다. 간디는 카스트 제도의 틀 안에서 불가촉천민의 지위개선을 주장한 반면, 암베드까르는 카스트 제도 자체를 부정했다. 이 점에서 암베드까르는 간디와 첨예하게 대립했다. 암베드까르는 당시 인도를 망치고 있는 것은 영국이 아니라 카스트 제도라고 역설했다.

같은 해 암베드까르의 주도 하에 결성된 독립노동당Independent Labor Party은 뭄바이 의회에서 15석을 얻었으며, 이것은 그의 사회개혁운동이 보다 체계적인 형태로 자리잡는 계기가 되었다. 독립노동당은 의회를 통해 농노제도의 철폐, 노동자의 단체행동권 보장 등, 하층민들의 권익옹호를 위해 노력했으며, 여러 측면에서 간디의 국민회의와 대립되는 입장을 견지했다. 2차 세계대전이 발발했을 때, 국민회의는 영국에 대한 협조를 거부했으나, 독립노동당은 평화를 파괴하는 나치주의에 항거하기 위해 불가촉천민들이 인도 정부군에 적극 동참할 것을 촉구했다.

1947년 인도의 독립과 함께 암베드까르는 네루 수상의 제의를 받아들여 초대 법무장관이 되었으며, 헌법기초위원회 의장을 맡았다. 그러나 카스트 제도나 외교 문제, 특히 힌두법안Hindu Code Bill에 관해 네루와 심각한 의견 차이를 보였다. 그가 초안한 힌두법안은 결혼, 이혼, 상속 등에서 하층민들의 권익을 옹호하는 성격을 지니는데, 결국 의회 내외의 강한 반발에 부딪쳐 일부 조항을 제외하고는 폐기되었다. 1947년 인도헌법 초안을 의회에 제출했다. 이 헌법 초안은 1949년에 거의 원안대로 확정되어 1950년 1월 26일 인도공화국 헌법으로 선포되었다. 그를 인도 헌법의 아버지라고 부르는 것은 이런 이유이다.

힌두법안의 실패로 암베드까르는 거의 정치 일선에서 떠나 개종을 통한 사회개혁운동에 전념하게 된다. 1949년 카트만두 세계불교도우의회 1차 대회The World Fellowship of Buddhists의 연설을 비롯해 1951년에는 스리랑카 콜롬보에서 열린 청년불자협회와 캔디에서 개최된 세계불교도우의회 2차 대회에서도 연설했다. 암베드까르는 이러한 일련의 연설을 통해 불가촉천민들이 불교로 개종해야 한다는 것을 역설했으며, 보다 조직적인 불교개종운동을 위해 1951년 9월에는 인도불교도회Bharatya Buddha Janasangh를 결성했다. 이 모임은 나중에 인도불교도협회로 확대 개편된다. 1956년에는 불교에 관한 그의 입장을 체계적으로 밝힌『붓다와 그의 가르침』The Buddha and His Dharma을 출판했으며, 이 책은 그가 주도했던 신불교운동의 사상적인 토대가 된다.

1956년 10월 14일 나그뿌르에서 있었던 암베드까르의 수계의식은 신불교운동의 신기원으로 기록된다. 그의 수계의식에는 40만 명의 불가촉천민들이 참여해 동시에 계를 받고 불교도가 되었으며, 이를 계기로 찬다 등 여러 도시에서 집단 개종의식이 활발하게 이루어졌다. 11월에는 신불교도의 자격으로 카트만두에서 열린 4차 세계불교도우의회에 참석했으며, 돌아오는 길에 꾸쉬나가르, 보드가야, 사르나트 등의 불교성지를 순례했다. 델리로 돌아와『불교와 칼 막스』의 마지막 장章을 집필하고『붓다와 그의 가르침』의 서문을 쓴 다음날인 1956년 12월 6일 생을 마감했다.

암베드까르에게 불교는 사회개혁 수단이라는 의미가 강하다. 어떤 의미에서 그가 불교를 선택한 것은 불가촉천민들을 구속하는 카스트 제도를 타파하기 위해서였다고 해도 과언이 아니다. 따라서 그의 불교 이해는 주로 사회 정치적인 측면에 초점이 있으며, 전통적인 불교 이해와 상당한 차이를 보인다. 그에게 불교는 무엇보다도 만인의 평등을 보장하는 종교이며, 붓다는 깨달은 자이기 이전에 핍박받는 자들의 해방자 혹은 위대한 사회개혁가였다.

암베드까르는 우선 불교의 근본 가르침이라 할 수 있는 사성제에 대한 재해석을 통해 자신의 불교사상을 확립한다. 이 과정에서 사성제의 첫 번째인 고제苦諦와 네 번째인 멸제滅諦, 즉 삶이 고통이라는 인식과 고통의 제거 방법이 강조된다.『붓다와 그의 가르침』에 나타난 그의 불교 이해는 다음 몇 가지로 특징지을 수 있다.

첫째, 불교는 철저하게 무신론이다. 불교는 그 어떤 형태의 신이나 자아의 존재를 인정하지 않으며, 이 점에서 불교는 지극히 합리적이고 논리적인 종교일 수 있다. 둘째, 영혼의 존재를 부정하는 논리적인 필연으로 불교는 개별 영혼의 구원이나 해탈을 부정한다. 업業을 인정하지만 그것은 단지 현재 생애에만 작용하는 도덕률일 뿐이며, 내생에서 개인의 운명을 결정하는 요소는 아니다. 따라서 개별 영혼의 윤회 환생은 부정된다. 셋째, 붓다의 가르침은 본질적으로 사회적인 차원의 구원에 초점이 있기 때문에 고苦에 대한 인식이 무엇보다도 중요하다. 고통의 원인은 개개인의 업의 결과가 아니라 사회의 구조적인 모순에서 오는 것이다. 즉 모든 고통과 불행은 갈등, 특히 계층 간의 갈등에 기인한다. 넷째, 붓다의 출가는 지속적이고 포괄적인 계층 간의 갈등을 해결하기 위한 것이다. 이 점에서 암베드까르는 전통적으로 주장되는 붓다의 출가동기, 즉 사문유관四門遊觀 이야기를 허구로 간주한다. 29세 때에 처음으로 생로병사의 현상을 경험했다는 것은 비합리적이라는 것이다. 다섯째, 출가 수행자 집단, 즉 비구 승가는 불교적인 삶의 이상적인 모델일 뿐이며, 재가신자와 본질적인 차이가 있는 것은 아니다. 따라서 비구 승가와 재가신자는 모델을 공급하는 자와 그것을 수용하는 자의 관계일 뿐이며, 비구 승가가 재가신자들에게 숭배의 대상으로 간주될 필요는 없다. 암베드까르는 사부대중의 근본적인 평등을 가르쳤다. 비구가 비구 승가에 귀의하는 것과 마찬가지로, 재가신자가 재가신자 공동체에 귀의하는 것은 지극히 정당하며 또한 꼭 필요하다. 이런 의미에서 암베드까르는 재가 신자에 대한 수계의식을 마련하고 신불교도들이 자기 정체성을 가지고 불법을 현실 속에서 실천할 수 있게 했다.

1956년 12월 6일 열반에 들기까지, 암베드까르는 단지 7주간의 불교도였다. 그러나 신불교운동의 선구자로서 그의 활동은 인도에서 실질적인 불교 부흥운동의 효시로 간주되기에 부족함이 없다. 그의 신불교운동은 단지 힌두교인을 불교인으로 개종시키는 차원이 아니라, 수천 년 동안 억눌리고 핍박받아온 불가촉천민들에 대한 최초의 체계적이고 집단적인 해방운동으로 간주될 수 있을 것이다. 비록 그의 불교 이해가 전통적인 이해의 차원에서 벗어나는 파격이라 할지라도, 하층민들의 권익보장이라는 그의 공헌으로 본다면, 오늘날 인도의 신불교도들에게 붓다와 나란히 숭배되고 있는 것은 오히려 당연하다.

부록 ■ 아 쇼 까 왕 연 표 ■

연대는 역사의 척추이다. 아쇼까의 명문들과 빨리어 연대기들, 그리고 붓다고샤의 『사만따빠사디까』는 아쇼까의 생애에서 어떤 중요한 사건들의 연대를 제시하고 있다. 아바다나 이야기들은 어떤 순서에 따라 아쇼까의 생애를 기술하고 있지만, 정확한 연대는 언급하지 않는다. 명문들에 보이는 즉위년 관련 언급은 스리랑카의 연대기와 『사만따빠사디까』에서 기술하는 아쇼까 생애 관련 연대 기술의 정확성을 확인하는 준거가 될 수 있을 것이다.

붓다의 생애에서 정각이 그의 위대한 생애가 시작되는 출발점이 되는 것과 마찬가지로, 제왕으로서 아쇼까에게 의미심장한 생애의 출발은 대관식 abhiṣeka이다. 스리랑카 연대기는 아쇼까의 대관식을 불멸 후 218년의 일로 기술하는 반면에 북전의 『아쇼까바다나』는 이 일이 불멸 후 100년에 있었다고 전한다. 붓다의 입멸 연대에 대해서도 문헌에 따라 상당한 차이가 있다. 우리나라 불교는 붓다의 입멸 연대를 기원전 544년으로 잡는다. 이 연대는 처음에 스리랑카에서 채택되고 나중에는 미얀마와 태국 등에서 받아들여진 전통에 따른 것이다. 이를 기준으로 스리랑카 연대기의 입장에서 아쇼까의 즉위년을 추산하면 기원전 336년이 된다. 그러나 이 연대는 아쇼까의 명문 내용과 그리스의 역사기록과 조화되기 어려운 점이 있으며, 학자들은 그리스 사가들의 기록에 근거해 아쇼까의 즉위년을 대개 기원전 270년 또는 269년으로 추산한다. 여기서는 빈센트 스미스, 바샴 등의 견해에 따라 아쇼까의 즉위년을 기원전 269년으로 잡는다. 아쇼까가 왕권을 잡은 후 대관식을 거행하기까지 4년이 걸렸다는 것은 이미 앞에서 말한 바 있다. 아쇼까의 통치기간에 대해서도 문헌에 따라 차이가 있다. 스리랑카연대기들은 대관식 후에 37년 동안 생존했다고 전하지만, 뿌라나 문헌은 그가 36년 동안 통치했다고 한다. 아쇼까의 비문과 스리랑카의 연대기를 토대로 아쇼까의 주요 연표를 작성하면 다음과 같다.

아 쇼 까 왕　연 표

연대	주요사건
B.C. 284	웃자인 반란 진압, 베디사데비와 결혼
284~273	웃자인 부왕으로 재임
283	아들 마힌다 출생
281	딸 상가밋따 출생
273	빈두사라왕 사망, 아쇼까의 왕권 장악, 마힌다 10세
269/즉위 원년	대관식, 불멸 후 218년, 마힌다 14세
269~267/즉위 1~3년	불교 이외의 96개 종파들을 외호했으며, 매일 6만 명의 바라문들에게 식사 대접
266/즉위 4년	수도 빠딸리뿟뜨라의 아쇼까라마를 포함해 인도의 8만 4천 도시에 불교사원 건립, 부왕이자 동생인 띳사, 조카이자 사위인 아그니브라흐마가 출가함
264/즉위 6년	즉위 4년에 96꼬띠의 금으로 시작한 8만 4천 사원 완공, 20세의 마힌다와 18세의 상가밋따가 동시에 출가함, 아쇼까는 불교승단의 상속자가 됨, 까운띠의 아들 띳사 장로의 죽음
262/즉위 8년	깔링가 전쟁
260/즉위 10년	보드가야의 보리수 순례
260~254/즉위 10~16년	승가 내의 분열, 7년 동안 빠딸리뿟뜨라의 아쇼까라마에서 포살이 제대로 이루어지지 않음
258/즉위 12년	다르마를 위한 특별법칙을 가지고 5년마다 순찰을 떠나도록 유끄따yukta들을 임명, 소암벽칙령 i~iv를 공표하고 바위에 새기도록 명령함, 아지비까邪命外道들에게 니그로다와 칼라띠까산의 동굴들을 기증함, 이를 기념하여 석굴 암벽에 2개의 비문을 새김

335

257/즉위 13년	법대관法大官제도 실시, 소암벽칙령 공포하고 바위에 새김
256/즉위 14년	14장章 암벽칙령 공포, 다울리와 자우가다에서 발견된 2개의 깔링가 별각법칙, 꼬나가마나붓다의 스뚜빠를 두 배로 증축함
253/즉위 17년	아쇼까라마에 관리를 파견해 아쇼까라마의 수행자들을 일일이 심사해 분별부 이외의 교설을 불법으로 말하는 자들을 외도로 간주해 승원 바깥으로 추방함
253 또는 252/ 즉위 17년 또는 18년	빠딸리뿌뜨라의 아쇼까라마에서 목갈리뿟따의 주제로 제3결집, 이 과정에서 목갈리뿟따는 『까타밧투』를 저술함, 인도의 각 지역과 국외에 불교 포교사 파견, 스리랑카 뭇따시바왕의 죽음과 그의 아들 데바남삐야띳사왕 즉위
252/즉위 18년	마힌다 비구 등 5인 스리랑카 도착, 스리랑카 포교 시작, 스리랑카에 보낼 보리수의 싹을 취하기 위해 수승한 장로 일행과 보드가야 순례, 상가밋따 일행 스리랑카로 출발
251/즉위 19년	칼라띠까산의 두 개의 석굴사원을 아지비까 교도들에게 2차로 기증함
250/즉위 20년	룸비니 순례, 룸민데이와 니글리바의 석주 비문들
244/즉위 26년	독실한 불교신자였던 아산디밋따 왕비의 죽음
244/즉위 26년	석주칙령 1~6 공포
243/즉위 27년	델리-또쁘라 석주칙령 7 공포
242/즉위 28년	후궁 띠쉬야라끄쉬따가 왕비로 승격됨
239/즉위 31년	띠쉬야라끄쉬따 왕비의 보리수 훼손
233/즉위 37년	아쇼까왕의 죽음

＊지문 부분은 아쇼까왕 비문에 언급된 내용이다.

참고문헌

■ 나라 야스아키, 『인도불교』, 정호영 옮김, 민족사, 1990.

■ 람 샤란 샤르마 지음, 『인도 고대사』, 이광수 옮김, 김영사, 1994.

■ 사사키 시즈카, 『인도불교의 변천』, 이자랑 옮김, 동국대학교출판부, 2007.

■ 에띠엔 라모뜨 지음, 호진 옮김, 『인도불교사 1』, 시공사, 2006,

■ 후지타 코타즈(藤田宏達) 外, 『초기 부파불교의 역사』, 권오민 옮김, 서울, 민족사, 1992.

■ 이만 외, 『불교사의 이해』, 조계종출판사, 2008.

■ 이지수, 『인도에 대하여』, 통나무, 2002.

■ 조길태, 『인도사』, 민음사, 2003.

■ 츠카모토 게이쇼(塚本啓祥), 『아쇼까왕 비문』, 호진/정수 옮김, 불교시대사, 2008.

■ 현장 외, 한글대장경 『대당서역기 外』, 동국역경원, 2004.

■ 박금표, 「Mauryas 제국과 Aśoka 王의 Dharma 정책」, 숙명여자대학교 석사학위논문, 1983.

■ 中村元, 『宗敎と 社會倫理』, 東京, 岩波書店, 1959.

■ 中村元, 『ィソド 古代史 上』, 東京, 春秋社, 1963.

■ 山崎元一, 『アショーカ王傳說の硏究』, 東京, 春秋社, 1979.

■ 西義雄, 「阿育王の佛教受用と其の法の意味」, 『東洋學硏究』, 東京, 東洋大學, 1976.

■ 金倉円照, 『印度中世精神史』上, 東京, 岩波書店, 1962.

■ Dīpavaṃsa, An Ancient Buddhist Historical Record, ed. and trans. by Hermann Oldenberg, London, Williams and Norgate, 1879.

■ Mahāvaṃsa, The Great Chronicle of Ceylon, ed. and trans. by Wilhelm Geiger, Dehiwela, Buddhist Cultural Centre, 2003.

■ Altekar, Anant Sadashiv, State and Government in Ancient India, Delhi; Motilal Banarsidass, 1984.

■ Barua, Beni Madhab, Asoka and His Inscriptions, Calcutta; New Age Publishers LTD, 1946.

■ Chatterjee, Asim Kumar, Political History of Pre-Buddhist India, New Delhi; Indian Publicity Society, 1980.

- Chattopadhyaya, Sudhakar, *Early History of North India: from the Fall of the Mauryas to the Death of Harsa*, Delhi; Motilal Banarsidass, 1976.

- Dikshitar, V.R. Ramachandra, *Mauryan Polity*, Delhi; Motilal Banarsidass Publishers, 1993.

- Dodwell, H., ed, *The Cambridge History of India*, vol. i, Ancient India, Cambridge University Press, 1978.

- Dwivedi, R. C., *Contribution of Jainism to Indian Culture*, Delhi; Motilal Banarsidass, 1975.

- Geruge, Ananda W.P., *Asoka, A definitive Biography*, Colombo; The Ministry of Cultural Affairs and Information, 1993.

- Gokhale, Balkrishna Govind, *Asoka Maurya*, New York; Twayne Publishers, Inc, 1966,

- Hultzsch (1925), *The Inscriptions of Aśoka*, vol, 1, Oxford, Clarendon Press.

- Jain, Kailash Chand, *Ancient Cities and Towns of Rajasthan: a Study of Culture and Civilization*, Delhi; Motilal Banarsidass, 1970.

- Keith, Arthur Berridale, *Ṛgveda Brāhmaṇa*, Delhi; Motilal Banarsidass, 1998.

- McCrindle, *The Invasion of India by Alexander The Great*, Kessinger Publishing, 2004.

- Mittal, Amar Chand, *An Early History of Orissa* – Rrom Earliest Times upto First Century B.C., Varanasi; Jain Cultural Research Society, 1962.

- Monahan, F. J. *Early History of Bengal*, Oxford; Oxford University Press, 1925.

- Mookerji, Radha Kumud, *Candragupta Maurya and His Times*, Delhi; Motilal Banarsidass, 1988.

- Mookerji, Radha Kumud, *Asoka*, Delhi; Motlal Banarsidass, 1972.

- Sastri, K.A. Nilakantha, *The Age of the Nandas and Mauryas*, Delhi; Motilal Banarsidass, 1988.

- Seneviratna, Anuradha, *King of Aśoka and Buddhism.* Kandy, Buddhist Publication Society, 1994.

- Sharma, L. P., *History of ancient India* : pre–historic age to 1200 A.D. New Delhi; Konark, 1987.

- Sharma, Ram Sharan, *Aspects of Political Ideas and Institutions in Ancient India*, Delhi; Motilal Banarsidass, 1991.

- Smith, R. Morton, *Dates and Dynasties in Earliest India*:: : Translation and Justification of a Critical Text of the Purana Dynasties, Delhi; Motilal Banarsidass, 1973.

- Smith, Vincent A., *Asoka – The Buddhist Emperor of India*, Jaipur; Arihant Publishers, 1988.

- Strong, John S., *The Legend of King Ashoka, A Study and Translation of the Aśokā vadāna*, Princeton, N.J; Princeton University Press, 1982,

- Thapar, Romila, *Aśoka and the Decline of the Mauryas*. Oxford, Oxford University Press, 1997.

- Winternitz, Maurice, *History of Indian Literature*, vol.1, Motilal Banarsidass, 1981.

고유명사 색인

345

서명 색인